普通高等学校"十四五"规划旅游管理类精品教材
国家级一流本科专业建设旅游管理类特色教材

旅游统计学 理论、技术与应用

Tourism Statistics: Theory, Techniques and Applications

主　编　◎　孙小龙

华中科技大学出版社
http://press.hust.edu.cn
中国·武汉

内 容 提 要

本书结合旅游研究方法与统计学基本原理两个核心知识体系构建全书框架，以帮助本科层次学生完成一次完整的旅游统计分析为逻辑线，使得学生既能掌握统计学分析的基础内容，同时也能够掌握旅游量化研究设计的基本结构，并能够根据教材中相关统计分析软件的过程展示，进行旅游现象研究。本书根据"旅游量化研究设计、统计分析基本原理、SPSS应用操作"三个核心主题进行内容设计，以"旅游研究概念化、研究方法选择、测量与数据收集、数据分析与软件操作、调研报告写作"为逻辑思路，旨在帮助学生掌握旅游研究的基本分析框架，了解不同研究方法的使用环境与约束条件，认识不同统计分析的基本原理，学会使用常用统计分析软件（SPSS）开展独立的统计分析，并最终形成完整的分析报告。

图书在版编目(CIP)数据

旅游统计学：理论、技术与应用 / 孙小龙主编 . -- 武汉：华中科技大学出版社，2024.12. --（普通高等学校"十四五"规划旅游管理类精品教材）. -- ISBN 978-7-5772-1518-1

Ⅰ．F590-32

中国国家版本馆CIP数据核字第2025P35T99号

旅游统计学：理论、技术与应用　　　　　　　　　　　　　　　　　　　　孙小龙　主编
Lüyou Tongjixue：Lilun，Jishu yu Yingyong

策划编辑：王雅琪　王　乾	
责任编辑：王梦嫣	
封面设计：原色设计	
责任校对：刘小雨	
责任监印：周治超	
出版发行：华中科技大学出版社（中国•武汉）	电话：(027)81321913
武汉市东湖新技术开发区华工科技园	邮编：430223
录　　排：孙雅丽	
印　　刷：武汉科源印刷设计有限公司	
开　　本：787mm×1092mm　1/16	
印　　张：16.5	
字　　数：349千字	
版　　次：2024年12月第1版第1次印刷	
定　　价：49.80元	

本书若有印装质量问题，请向出版社营销中心调换
全国免费服务热线：400-6679-118　竭诚为您服务
版权所有　侵权必究

普通高等学校"十四五"规划旅游管理类精品教材
国家级一流本科专业建设旅游管理类特色教材

出版说明

为深入落实全国教育大会和《加快推进教育现代化实施方案(2018—2022年)》文件精神,贯彻落实新时代全国高校本科教育工作会议和《教育部关于加快建设高水平本科教育全面提高人才培养能力的意见》、"六卓越一拔尖"计划2.0系列文件要求,推动新工科、新医科、新农科、新文科建设,做强一流本科、建设一流专业、培养一流人才,全面振兴本科教育,提高高校人才培养能力,实现高等教育内涵式发展,教育部决定全面实施"六卓越一拔尖"计划2.0,启动一流本科专业建设"双万计划",并计划在2019—2021年期间,建设143个旅游管理类国家级一流本科专业点。

基于此,建设符合旅游管理类国家级一流本科专业人才培养需求的教材,将助力旅游高等教育专业结构优化,全面打造一流本科人才培养体系,进而为中国旅游业在"十四五"期间深化文旅融合、持续迈向高质量发展提供有力支撑。

华中科技大学出版社一向以服务高校教学、科研为己任,重视高品质专业教材出版,"十三五"期间,在教育部高等学校旅游管理类专业教学指导委员会和全国高校旅游应用型本科院校联盟的大力支持和指导下,率先组织编纂出版"普通高等院校旅游管理专业类'十三五'规划精品教材"。该套教材自出版发行以来,被全国三百多所开设旅游管理类专业的院校选用,并多次再版。

为积极响应"十四五"期间国家一流本科专业建设的新需求,"国家级一流本科专业建设旅游管理类特色教材"项目应运而生。本项目依据旅游管理类国家级一流本科专业建设要求,立足"十四五"期间旅游管理人才培养新特征进行整体规划,邀请旅游管理类国家级一流本科专业建设院校国家教学名师、资深教授及中青年旅游学科带头人加盟编纂。

该套教材融入思政内容,助力旅游管理教学实现立德树人与专业人才培养有机融合;引导学生充分认识专业学习的重要性,培养学生的专业技能,并使其个人职业发展与国家建设紧密结合,树立正确的价值观。同时,本套教材基于旅游管理类国家级一流本科专业建设要求,在教材内容上体现"两性一度",即高阶性、创新性和挑战度的高质量要求。此外，依托资源服务平台，打造新形态立体教材。华中科技大学出版社紧抓"互联网+"时代教育需求，自主研发并上线了华中出版资源服务平台，为本套系教材提供立体化教学配套服务，既为教师教学提供教学计划书、教学课件、习题库、案例库、教学视频等系列配套教学资源，又为教学管理构建集课程开发、习题管理、学生评论、班级管理等于一体的教学生态链，真正打造了线上线下、课内课外的新形态立体化互动教材。

本项目编委会力求通过出版一套兼具理论与实践、传承与创新、基础与前沿的精品教材，为我国加快实现旅游高等教育内涵式发展、建成世界旅游强国贡献一份力量，并诚挚邀请更多致力于中国旅游高等教育的专家学者加入我们！

前言

在旅游产业蓬勃发展、创新变革的当下,精准的数据洞察对推动行业前行起着关键作用。对于旅游管理、酒店管理、文化产业管理专业本科二、三年级的学生而言,掌握以统计学为核心的旅游研究方法,已然成为深入学习和开展旅游现象研究的必要途径。

统计学作为本科必修课程,是同学们接触量化研究的重要窗口。相较于研究生教育,本科阶段并未单独开设旅游研究方法类课程,学生主要依靠统计学相关课程来了解与旅游相关的研究方法及其应用。一般意义上的统计学教材更侧重于统计学概念的阐释与公式推导,与旅游管理类专业着重培养学生"应用性"的目标并不完全相符,难以满足专业教学需求。部分现有的旅游统计学相关教材,虽在一定程度上强调统计应用,却忽略了旅游研究设计理论框架这一前置性关键要素,这使得同学们在学习过程中无法构建起系统化的旅游研究思维,难以应对复杂多变的旅游研究场景。虽然旅游研究方法教材的内容涵盖广泛、较为全面,但其"宏观性"特征对于知识储备和学习经验相对有限的本科生来说,无疑增加了他们把握学习重点的难度,并且较难契合旅游管理类本科人才培养方案的设计要求。

鉴于此,本书以旅游管理类本科人才培养方案为导向,以助力本科层次的学生进行一次完整的旅游统计分析过程为逻辑主线,旨在达成多重教学目标。一方面,让学生掌握统计学分析的基础内容,从原理剖析到实操演练,积累统计学的知识体系;另一方面,着重为学生搭建旅游量化研究设计的基本框架,引导学生从繁杂的旅游现象中提炼科学问题和规划研究路径,进而依据不同的研究场景灵活选择适配的研究方法与工具。同时,凭借教材中对SPSS统计分析软件的过程展示,学生能够将所学知识迅速转化为实际操作技能,自主探究旅游现象。

本书立足行业前沿,聚焦"旅游量化研究设计、统计分析基本原理和

SPSS应用操作"三大核心主题,精心规划知识架构。全书以"旅游研究概念化、研究方法选择、测量与数据收集、数据分析与软件操作、调研报告写作"为逻辑主线,贯穿十一个章节,致力于全面培养学生的旅游统计分析能力。在旅游量化研究设计方面,本书通过"研究设计概述"进行导入,厘清旅游研究的设计框架及问题建构思路;通过"变量与模型"和"测量理论"章节界定研究要素,帮助学生掌握测量方法;通过"旅游统计数据来源与收集"章节介绍多种数据获取途径,涵盖传统调研与新兴采集手段,让学生知晓数据来源;通过"数据计算机化处理"章节指导学生运用现代技术整理原始数据;通过"旅游统计数据查核与清洗"章节着重强调保证数据质量的关键环节。在统计分析基本原理方面,本书摒弃烦琐复杂的理论堆砌,力求以简洁易懂的方式呈现统计分析的基本思路,让学生理解数据背后的分析规律。具体从"描述性统计分析"展现变量的基本特征,到"抽样分布与假设检验"掌握假设检验决策的基本思路,通过"均值比较"和"方差分析"探究变量之间的数据关联,再到"相关分析与回归分析"挖掘变量之间的双向关系。在SPSS应用操作方面,本书依据统计分析原理及方法,详细演示SPSS操作步骤,逐一对应SPSS中的分析模块。各章节紧密结合统计原理与软件实操,辅以旅游相关案例,让学生能够在理论与实践结合中掌握统计分析要点,并较好地运用SPSS工具。

本书在编写中得到了宋育典、黄贤桥、唐江南、曹素素、齐雪、谢静、肖欢欢、卢嘉汇及詹晶萍等人的积极协助,涉及资料收集、案例整理、内容编校等诸多环节。

由于作者水平有限,本书难免存在不妥之处,有待在实践过程中进一步完善,敬请广大读者批评指正。

主编
2025年1月

目录

第一章　研究设计概述　/001

第一节　科学研究概述　/002

第二节　量化研究设计　/011

第三节　质性研究设计　/025

第四节　科学研究分析程序　/033

第二章　变量与模型　/041

第一节　变量　/042

第二节　假设　/048

第三节　模型构建　/052

第三章　测量理论　/058

第一节　测量　/059

第二节　量表　/070

第三节　量表来源　/075

第四节　量表信效度评价　/078

第四章　旅游统计数据来源与收集　　/084

第一节　数据　　/085
第二节　问卷调查数据收集　　/092
第三节　抽样与样本量　　/099

第五章　数据计算机化处理　　/105

第一节　编码系统建立　　/106
第二节　SPSS 概述　　/113
第三节　SPSS 数据库建立　　/119
第四节　SPSS 基础操作　　/128

第六章　旅游统计数据查核与清洗　　/142

第一节　数据查核与数据清洗　　/143
第二节　遗漏值处理　　/146
第三节　偏离值处理　　/154

第七章　描述性统计分析　　/161

第一节　集中量数　　/162
第二节　离散量数　　/167
第三节　偏度与峰度　　/170
第四节　数据标准化处理　　/172

第八章　抽样分布与假设检验　　/177

第一节　抽样分布　　/178

第二节　假设检验　　/183

第九章　均值比较　　/191

　　第一节　均值比较概述　　/192
　　第二节　t检验　　/196
　　第三节　卡方检验　　/207

第十章　方差分析　　/214

　　第一节　方差分析概述　　/215
　　第二节　基本原理　　/219
　　第三节　方差分析SPSS案例操作　　/222

第十一章　相关分析与回归分析　　/230

　　第一节　相关分析　　/231
　　第二节　回归分析　　/235
　　第三节　相关分析与回归分析SPSS案例操作　　/240

参考文献　　/249

第一章 研究设计概述

 本章概要

　　统计是指根据研究目的及要求,运用科学方法对客观事物或人类实践活动的数据资料进行调查、整理、分析的过程。统计学则是研究如何对社会总体的数量特征和规律进行描述、推断、认识的一门学科。旅游统计学是研究旅游活动现象、游客行为和旅游经济行为的特征及规律的方法论科学。它是专门收集、整理和分析统计数据的方法,是旅游统计工作实践的科学总结和理论概括。旅游统计学以研究和阐明统计设计、调查、整理和分析统计数据的理论和方法为主要内容,旨在探索旅游活动现象的内在数量、质量规律,以达到对旅游活动现象的科学认识。本章作为全书开篇章节,主要介绍科学研究与旅游统计分析、科学研究概述、主要的量化研究与质性研究方法、科学研究分析程序等。希望学生在进行旅游统计实务操作之前,能够了解科学研究的基本框架及分析思路,并建立旅游统计研究的基本逻辑,从而顺利衔接后续旅游统计数据处理与分析。

 **学习目标**

知识目标

(1) 了解科学研究产生的途径及其目的与特征。
(2) 熟悉主要的量化研究方法与质性研究方法。
(3) 掌握科学研究分析程序,并建立对量化研究的整体认识。

能力目标

(1) 能根据不同研究内容选择合适的研究方法。
(2) 能运用问卷调查法、多元统计分析法等研究方法进行旅游研究设计。

素养目标

(1) 培养运用科学研究方法解决旅游统计学领域问题的能力。
(2) 培养学生的批判性思维、创新意识和科学精神,提升学生对旅游统计学研究的责任感和使命感。

第一节 科学研究概述

一、科学研究与旅游统计分析

(一) 科学研究

科学研究是什么?阿尔伯特·爱因斯坦认为,科学研究是发现事物之间的联系,而不是阐明已知的事实。诺姆·乔姆斯基认为,科学研究就是理解人类认知的本质,并探索人类语言能力的内在结构。托马斯·库恩以"解谜的活动"来定义科学。科学家就是一群充满好奇心,具有解题能力、技巧与创造力的解谜者。在科学研究中,研究者通常面临着未知的问题或现象,这些问题或现象就像未解之谜。他们通过收集数据、提出假设和推理、进行实验等方法来解开谜题。

当然,科学研究可以从不同角度进行描述和解释。从认知的角度来看,科学研究是人类通过观察、实验和推理等认知活动,获得对自然和社会现象的更深层次理解和认识的过程,即通过系统化的方法,帮助人类不断探索和理解世界的本质,并获取新的知识和见解。从方法论的角度看,科学研究是一种遵循科学原理和逻辑推理规律的系统性探索活动,即通过观察、实验、数据收集和分析等方法,来验证假设、解决问题,从而实现积累知识的过程。从创新的角度看,科学研究是为了推动科学知识和技术的创新和进步,不断加深人类对世界的认识和掌握新的科学方法和理论的过程。从社会价值的角度看,科学研究是为了解决现实问题、促进社会进步和提高人类生活质量而展开的活动,对社会发展和人类福祉具有重要价值和意义。从历史演进的角度看,科学研究是一个不断发展和演变的过程,随着科学理论、技术和方法的不断更新和进步,科学研究也在不断拓展和深化。

旅游科学研究是一种系统性、持续性的探究和探索活动,旨在通过科学方法和逻辑推理,获取对旅游活动现象、游客行为及旅游经济行为的深入理解和认识。正如卡尔·波普尔所言,科学研究的过程即通过提出假设,并通过实验或观察来测试这些假设,然后推导出新的理论。他还强调科学理论必须是可验证的,只有通过不断测试并推翻假设,科学知识才能不断进步。由此可见,旅游科学研究以验证性和可重复性为特征,通过观察、实验、数据分析和推理等方法,提出假设、积累知识、发现规律,从而推动科学知识和技术的持续发展和进步。旅游科学研究也是基于客观事实和证据的、追求真理和普遍规律的活动,具有严谨性、创新性和开放性,对解决旅游活动现实问题具有重要意义和作用。

(二)旅游统计分析

1. 旅游统计分析及类型

统计就是将信息收集起来再进行运算,它是一种对数据进行定量处理的方法和手段。统计分析是指利用统计学原理和方法对数据进行处理、描述、分析和推断的过程,它是将数学和统计学的概念应用于现实数据,以揭示数据中的模式、关系、趋势或结构。统计分析通常包括描述性统计分析、推断性统计分析,如方差分析、回归分析等;旅游统计分析则可以被视为统计分析的一个分支,它结合了统计学的理论和方法,以及旅游业的特点和需求,专注于旅游活动现象、游客行为及旅游经济行为的数据收集、整理、分析和解释。旅游统计分析旨在揭示旅游发展的状况、趋势、规律和问题,以及为旅游规划、区域旅游管理和决策等提供科学依据,是旅游研究中的一个重要工具。

旅游统计分析可以划分为两个类型,即描述性统计分析和推断性统计分析。描述性统计分析指将研究中所得的数据加以整理、归类、简化,并绘制成图表,以此描述和归纳数据特征及变量之间的关系的统计方法。推断性统计分析是用概率形式来决断数据之间是否存在某种关系,以及用样本统计值来推测总体特征的一种重要的统计方法。

2. 旅游统计分析步骤

旅游统计分析的基本步骤包括数据收集、数据整理和数据分析,是一系列系统且相互关联的过程。

(1)数据收集。

数据收集是指围绕研究目标明确数据收集目的和需求,并选择合适方法来获取数据。数据收集质量直接影响到后续分析的准确性和可靠性。常用数据收集方法包括:①检索文献,通过查阅相关书籍、期刊文章、报告等,收集现有的研究成果和数据,如旅游接待人次、旅游收入等数据。②实地调查,通过在研究现场进行观察、访谈或记录来获取第一手资料。③问卷调查,设计问卷并发放给目标群体,收集被调查者的主观感知评价。

(2)数据整理。

数据整理是将收集到的原始数据转换成适合分析的格式的过程。这一阶段的任务包括:①数据清洗,识别并处理遗漏值、偏离值和错误数据,确保数据的质量。②数据转换,将数据转换成统一的格式,如将文本数据编码为数值数据。③数据整合,对不同来源或格式的数据进行整合处理。常用工具包括SPSS、Stata、Excel等,它们能帮助研究者高效地完成数据整理工作。

(3) 数据分析。

数据分析指对整理好的数据进行统计运算和解释,是统计分析的核心和关键。这一阶段的任务包括:①描述性统计分析,通过计算平均值、标准差、频率分布等统计量,描述数据基本特征。②推断性统计分析,通过假设检验、相关分析、回归分析等方法,推断总体特征和变量之间的关系。③多变量分析,探索多个变量之间的复杂关系,通过推断相关关系或因果关系为研究结论或对策建议提供支持。

3. 旅游统计分析特征

旅游统计分析具有科学性、直观性和可重复性三个特征。

(1) 科学性。

旅游统计分析的科学性体现在遵循严格的数学和统计原理,使用经过验证的方法和技术对数据进行处理和分析,具有严谨的逻辑思维和规范的程序。它以客观数据为基础,通过逻辑推理和数学计算来揭示数据背后的规律和关系,从而提供可靠的结论和预测。

(2) 直观性。

旅游统计分析的直观性是将复杂的数据和信息以直观的形式展现出来,如图表、图形和可视化表示。这使得数据的趋势、模式和异常更容易被理解和说明。直观的展示方式有助于更快地传达信息,以便能够更有效沟通和决策。

(3) 可重复性。

旅游统计分析的可重复性意味着在相同的条件下,使用相同的数据和分析方法可以得到相同的结果。这是科学研究的一个重要原则,保证了分析的结果是可靠和有效的。可重复性也使得分析过程具有较高透明度,便于验证和复核,增强了统计分析的信度和稳健性。

(三) 科学研究与旅游统计分析关系

科学研究与旅游统计分析之间关系密切,旅游统计分析在科学研究中扮演着至关重要的角色。一方面,科学研究依托于旅游统计分析开展解谜活动。旅游统计分析可以被视为一种工具,是在统计学原理和方法的指导下对旅游数据进行处理、分析和解释的工具。科学研究通过旅游统计分析中的数据收集与整理、描述数据特征、推断和假设检验等路径对游客行为、旅游经济行为等现实问题进行分析,探究旅游活动现象的内在规律与本质特征。另一方面,旅游统计分析以科学研究的范式为指导。旅游统计分析是建立在科学理论基础之上,按照科学研究的基本逻辑与分析框架,指导旅游统计数据收集、分析和解释过程,进而得出具有严密逻辑的科学知识和理论框架。具体如下:

(1) 数据收集与整理。

科学研究常常需要收集大量数据来验证假设或推断规律。旅游统计分析有助于研究者设计数据收集方案,并确保数据的准确性和可靠性。

（2）描述数据特征。

旅游统计分析有助于研究者描述旅游数据的特征,如中心趋势（如均值、中位数）、数据分布（如正态分布、偏态分布）、数据的离散程度（如标准差、方差）等。

（3）假设检验与趋势预测。

科学研究常常需要对假设进行推断和检验。旅游统计分析提供了各种假设检验方法,如 t 检验、方差分析、回归分析等,用于评估假设是否被支持,同时,它还能通过推演数据之间的关系和规律,来预测旅游发展趋势或游客行为。

（4）结果解释与推论。

统计分析结果为科学研究提供了基础,研究者可以根据旅游统计分析的结果对旅游现象中的关键问题进行解释和推论。

二、科学研究目的与特征

（一）科学研究目的

科学研究所获得的知识可以用于对现象的描述与解释、预测与控制。从学术研究的角度来看,科学研究的核心目标是对社会现象与行为特征进行详细的描述和深入的解释。研究者首先需要清楚且全面地描述特定的社会现象或行为模式,以确保自己和他人能够清晰而明确地理解议题的内涵,然后通过系统的研究工作,揭示事件的成因与相互关系,并做出符合逻辑的解释。

描述与解释是科学研究的基本目的。科学研究的目的之一是对自然界及社会现象进行准确和详细的描述。通过描述,研究者能够收集关于旅游现象的基本信息和数据,为进一步分析和理解打下基础。然而,科学研究不能仅停留在现象的表面描述上,更重要的是要探究现象背后的规律和原因。解释涉及对观察到的模式和关系进行理论化处理,构建模型和假设来阐明因果关系。经由科学发现累积的知识,有助于形成一个完整的描述解释系统,构建理论知识体系。通过理论,我们可以深刻理解现象的本质和内在联系,对旅游活动现象进行完整有效的解释与说明。

预测与控制是科学研究的基本功能。基于先前研究发展的概念架构或理论逻辑应用,科学研究能够对尚未发生的事情做出评估,进而引导相应的控制行为。预测不仅具有理论价值,还具有实用价值,可以为旅游政策制定、规划布局和风险管理提供科学依据。此外,预测还具有研究价值,可以启发新的研究问题和假设的提出,推动科学研究的深入和创新。而控制作为科学研究的另一功能,最大的特点在于它具有超越预测的功能,能够通过干预和操纵影响现象发展的因素,实现对现象的人为主动控制。

（二）科学研究特征

科学研究具有系统性、客观性和实证性三个特征。

1. 系统性

系统性是指科学研究过程中所遵循的一系列有序、逻辑严密的步骤和方法。科学研究通常始于一个明确的问题，并以获得显著结果的结论为终点。虽然不同问题的研究方法可能各有不同，但所有科学研究的本质都具有一定的系统性。一般来说，科学研究都会详细说明研究样本的选择过程、变量的确定和定义、测量工具的发展过程和特性、数据的收集、实验的操纵和控制、研究发现和研究的局限性等内容，这些被学术界广泛接受的内容反映了科学研究的系统性特征。

2. 客观性

客观性是指研究者所使用的一切方法和程序，均不受个人主观判断或无关因素的影响。客观性要求研究者必须使用或设计有效的测量工具，在规范的程序下进行观察、测量和记录。同时，数据分析与解释应不涉及个人态度或情绪。在控制实验情境时，研究者应排除无关因素的干扰，确立研究程序的标准流程与步骤，以确保研究结果的可重复性。

3. 实证性

实证性是指科学研究的内容必须是基于实际观察或数据收集所得，可从中获得明确的证据来支持或否定研究者所提出的假设。一个没有实际数据佐证的概念或想法，仅是一种主观推断或想法，无法形成科学知识。通过集体的努力，研究者得以建构出综合的系统科学知识，并推动理论的发展。

三、科学研究方法

科学研究的目的和功能表明，研究者所追求的是对自然界和社会现象的准确描述、深入理解、有效预测和控制干预。这不仅要求科学研究具有系统性、客观性和实证性，还要求它具有创新性和发展性。科学研究的关键在于一套严谨的方法论。方法论是科学研究的指导原则和操作框架，它规定了如何提出研究问题、如何设计研究方案、如何收集和分析数据，以及如何解释结果。遵循科学的方法论，研究者可以系统地探索未知，客观地评价证据，并在理论和实践之间建立有效的联系，确保科学研究的过程和结果的可靠性，使科学知识能够不断积累和发展。

科学活动的探讨可以分为方法论和研究方法两个层次，而这两个层次又与本体论和认识论密切相关。本体论和认识论提供了科学研究的哲学基础，进而影响了方法论的形成，而方法论又指导具体研究方法的选择和应用，这种层次性和相互关联性体现了科学研究的复杂性和系统性。因此，要想了解科学研究的起源，需从本体论和认识论说起。

（一）本体论

本体论是探究世界的本原或基质的哲学理论。这一理论由德国学者戈克伦纽斯首先使用。它回答的是"世界是什么"这类观点性问题。简言之,本体论关注的是事物的根本性质和存在的方式。例如,它试图解答"爱情是什么""生命是什么""旅游是什么"这类描述事物本质的问题。

在现实生活中,人们对世界的理解多种多样。有人认为世界本质上是物质的,有人认为世界是精神的,还有人认为世界是物质与精神的统一。本体论有客观主义和建构主义两种立场。客观主义认为真实世界独立于人类的知识而存在,相信通过经验观察能够认识真实世界。建构主义则主张世界是由人类社会建构的,认为社会现象及其意义是由社会行为者所完成的。

(二)认识论

认识论是有关知识问题的基本观点,探讨的是有关人类认识的本质和结构、认识发生和发展的过程及其规律,以及认识的真理标准等问题的哲学学说。认识论的核心体现在知识形成(问题探寻)过程中,知识的建构者(问题的研究者)与知识的对象(问题的载体)之间的关系,到底是一种客观的关系还是主观的关系,或者是主观与客观相杂糅的一种关系。

认识论有实证主义和解释主义两种立场。与本体论客观主义相一致的认识论是实证主义,它认为人类的知识只能来源于经验观察和实验研究,即人类通过对客观世界的直接观察和测量获得可靠的知识。实证主义强调运用观察、实验、比较和分类等自然科学方法来研究社会现象和人类行为,对现象进行精确的描述和分析,以揭示事物的规律和本质。与本体论建构主义相一致的认识论是解释主义,它认为人类的认识不仅仅是对客观事实的观察和描述,更重要的是对意义和价值的理解和解释。解释主义强调理解是人类认识世界的基本方式,即人类通过理解来揭示事物的意义和价值。同时,解释主义认为受到背景、文化、价值观等因素影响,不同研究者对同一现象有着不同的理解和解释,因此不存在绝对客观的知识。

(三)方法论

方法论是关于方法的理论,是对方法的研究。简单来说,就是人们如何观察和处理事物的方式。世界观是人们对"世界是什么、怎么样"的根本观点,当这种观点指导我们认识和改造世界时,它就成了方法论。方法论的目标是评估和选择一个领域中用于解决问题的工具、方法、途径和程序,寻求解决问题最有效的方法和策略,并最终提出较为一般性的原则。

方法论的定义多种多样,我们可以从广义和狭义两个角度来理解。

广义上,方法论与世界观相联系,是一种关于认识和改造世界的根本方法的学说,由此形成了形而上学方法论、辩证唯物主义方法论等。

狭义上,方法论主要指科学或特定学科中的方法,如朗内斯(1983)在《哲学词典》中所述,方法论是对科学探索中常用的推理和实验原理及过程的系统分析和组织,也被称为科学方法。

(四)方法论与研究方法

本体论是"一元的",回答的是在我们所生活的世界中,最真实的存在是什么样的。

认识论是"二元的",回答的是人和真实的存在之间的关系是怎样的。认识论是现代哲学的核心,可以简单地概括为,我们如何能够获得正确知识的问题,所以认识论亦称知识论,其核心是真理问题。

方法论回答的是人如何去发现最真实的存在。

本体论提供了研究的基础假设,决定了研究者对现象的根本理解。认识论基于本体论,确定了研究者获取和验证知识的方式。方法论将本体论和认识论的原则转化为研究的具体框架和指导原则。因此,本体论是认识论的基础,认识论是本体论的发展与应用。同样,认识论是方法论的基础,而方法论则又是认识论的发展与应用。通过本体论与认识论的不同主义立场,演化出量化研究和质性研究这两类不同的研究方法。研究方法是方法论的具体应用,即通过特定的技术和程序来进行研究。其中,量化研究以实践经验或实证论为基础,通过逻辑推理获得科学知识。质性研究将研究者本人作为研究工具,在自然情境下采用多种资料收集方法对社会现象进行整体性探究,使用归纳法分析资料和形成理论,通过与研究对象互动,对其行为和意义建构获得解释性理解。科学研究方法演化如图1-1所示。

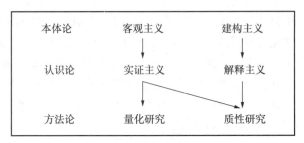

图1-1 科学研究方法演化

从图1-1中可以看出,质性研究也受到实证主义的认识论观点影响,体现了量化研究的规范性特点,这些规范性要求确保了质性研究的科学性和可信度。具体表现在以下三个方面。

(1)研究设计的规范性。

尽管质性研究强调对事物或现象的描述和解释,但其研究过程同样需要严谨的设计。研究者需要明确研究目的、研究问题,并采用适当的数据收集和分析方法。这种规范性要求研究者参照或借鉴实证主义研究的设计逻辑,确保研究结果的可信度。

(2)数据收集的标准化。

质性研究的数据收集通常包括访谈、观察、文献分析等多种方法。为了确保数据的质量和可比性,研究者需要对数据收集过程进行标准化的设计。例如,在访谈过程中,研究者需要制定标准的访谈指南和问题,以确保每次访谈都能获得相关且准确的信息。

(3) 数据分析的逻辑性。

质性研究的数据分析同样需要遵循严密的逻辑和规范。研究者需要对收集到的数据进行系统性的整理、归纳和分析,以发现数据之间的关系。在数据分析过程中,研究者需要保持开放的态度,同时注重数据的内在逻辑和一致性,确保分析结果具有说服力。

四、科学知识产生途径

科学研究是科学知识的获取方法,而科学研究的核心是探究因果关系,人们主要通过收集数据开展数据分析发现其中的因果关系。数据通常来自控制实验和观测研究。如果观测是科学研究中的"是什么"(What),那么假说(假设)就是科学研究中的"怎么样"(How)。假说的来源很广泛,可以来自对数据本身的归纳,也可以来自书本、文献、理论,甚至是人们的直觉和推理。一个科学的假说必须是可以检验的。这也就是说,假说是能够通过实际研究、收集数据来决定是否对其进行调整、拒绝或舍弃。例如,神话故事中的内容就不是假说,因为在人们可控的范畴内,神话故事并不能被检验。除可以检验外,科学假说还应产生新的预测,这些预测可以通过收集额外的数据来检验。由于假说的设定、检验过程的逻辑存在差异,演绎与归纳这两种形成科学知识的途径应运而生。

演绎推理是从一般到特殊的推论过程,通过已知的一般原理或规则推导出特定的结论。演绎的本质是根据已有的普遍性规则或理论,通过逻辑推理和推导得出特定情况下的结论。下面,我们根据亚里士多德提出的演绎三段论来举例说明。

前提1(一般原理):所有海滨城市都是热门旅游目的地。

前提2(特定事实):三亚是海滨城市。

结论3:因此,三亚是热门的旅游目的地。

在这个例子中,我们从一般原理(所有海滨城市都是热门旅游目的地)和特定事实(三亚是海滨城市)出发,通过演绎推理得出了一个特定的结论(三亚是热门旅游目的地)。演绎三段论是一种标准的逻辑形式,包括了两个前提和一个结论,通过对前提的逻辑分析得出结论,其过程体现了演绎推理的本质,即从一般到特殊的推论过程。演绎推理的概念图如图1-2所示。

与演绎推理相反,归纳推理则是从特殊到一般的推断过程。通过观察和实证数据中的个别案例、事实或现象,推断出普遍的规律或概念。归纳的本质是从具体的个体中总结出一般性的结论。下面仍以上述旅游目的地的例子来说明。

观察1(特定情况):三亚是海滨城市,它是热门旅游目的地。

观察2(特定情况):青岛是海滨城市,它也是热门旅游目的地。

观察3(特定情况):大连是海滨城市,它同样是热门旅游目的地。
结论(一般原理):因此,海滨城市通常是热门旅游目的地。

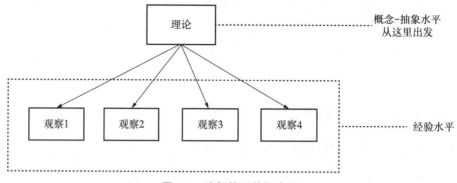

图1-2　演绎推理的概念图

在这个例子中,我们从几个特定的观察对象出发,通过归纳推理得出了一个一般性的结论,即海滨城市通常是热门旅游目的地。这个过程体现了归纳推理的本质,即从特殊到一般的推论过程。归纳推理的概念图如图1-3所示。

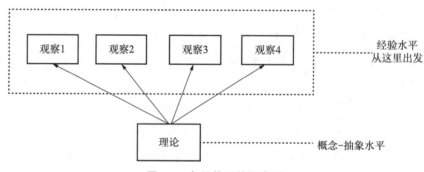

图1-3　归纳推理的概念图

一些哲学家认为演绎推理是完全确定的推理过程,而归纳推理则是一种包含了可能性(带有不确定性)的推理。这种定义符合我们所举的旅游目的地的例子。在演绎推理中,如果前提1和前提2为真,那么结论3在逻辑上必然为真。而在归纳推理中,结论是否为真存在不确定性,对结果的信心通常会随着样本数量的增加而增强。

归纳推理和演绎推理虽然属性不同,但在认识过程中二者是相互依赖和互补的。例如,演绎推理中运用的一般性知识通常源于归纳推理对具体经验的概括。没有归纳推理,就难以形成这些一般性知识,从而也就难以进行演绎推理。当然,归纳推理也离不开演绎推理。比如,归纳活动的目的、任务和方向是归纳过程本身所不能解决和提供的,而需要借助理论思维,依靠人们先前积累的一般性理论知识的指导,因此,这本身就是一种演绎活动。此外,单靠归纳推理是不能证明必然性的,因此,在归纳推理的过程中,人们常常需要应用演绎推理对某些归纳的前提或者结论加以论证。从这个角度来看,没有演绎推理也就不可能有归纳推理。

第二节 量化研究设计

一、问卷调查法

基于方法论的理论溯源,科学研究方法可分为量化研究和质性研究。量化研究重在对事物可以量化的特征进行测量和分析,通过数字资料来研究现象的因果关系,客观地描述问题和现象,以检验研究者的理论假设。不同的量化研究方法因为数据获得的方式与来源的差异,对于数字处理的需求也就不同,因而必须选用适合的统计技术来进行不同程度的分析与应用。

(一)定义

问卷调查法是调查研究中采用最频繁的一种基本方法。该方法最初由英国的弗朗西斯·高尔顿确立,于1882年在英国伦敦设立人类学测试实验室,把需要调查的问题都印成问卷寄发出去。19世纪末,查尔斯·布斯在关于伦敦贫困的研究中使用了问卷调查法,这项研究被认为是社会学领域应用问卷调查法的重要里程碑。问卷调查法是指研究者运用事先设计好的问卷向调查对象了解其观念、意见、特质以及过去或是现在的行为,以获得相关信息资料的方法。问卷调查的核心思想是通过标准化的问题向一定数量的受访者收集数据,以便对特定的研究问题进行分析和解释。这种研究方法最大的特点是运用概率抽样方法抽取样本,或者针对总体的所有个体,使用问卷调查法收集资料,并在对资料进行统计分析的基础上将调查结论推广至样本所属的总体。

问卷调查法最初主要应用于社会学和人口统计学领域,用于收集关于人口、社会问题和生活条件等方面的数据。随着时间的推移,问卷调查法的应用范围扩展至心理学、教育学、旅游学等多个领域。在旅游现象研究中,问卷调查法的适用范围包括但不限于以下几个方面。

(1)旅游者行为研究。问卷调查法可以用于收集旅游者的行为数据,如旅游目的地选择、旅游活动偏好、旅游消费行为等。

(2)旅游态度和满意度评估。通过问卷调查,研究者可以了解旅游者对于旅游目的地、旅游服务、旅游体验等方面的态度和满意度。

(3)旅游市场细分。问卷调查法可以帮助研究者收集不同旅游市场细分群体的特征和需求,为市场定位和产品开发提供依据。

(4)旅游影响评估。问卷调查法可以用于评估旅游活动对环境、经济、社会文化等方面的影响。

(5)旅游政策和规划。问卷调查法可以收集旅游业相关人士(如旅游管理者、政策制定者、旅游企业等)对旅游政策和规划的看法和建议。

(二)基本程序

1. 设计调查问卷

(1)确定调查目的。根据研究课题确定本次调查的目的,首先明确调查的主要目标,比如了解旅游者对某个旅游目的地的满意度,然后将这个总目标细化为更加具体的子目标,比如旅游者对住宿、餐饮、景点等方面的满意度。

(2)设计调查问题。根据细化后的子目标设计具体的、可操作的调查问题,比如为了解住宿满意度,可以设计问题如"您对酒店的卫生情况是否满意",再通过专家咨询或预调查,确保问题设计能够有效地测量调查目的。

(3)优化问卷结构。调整问题的数量和内容,避免问卷过长或问题重复。确定问题的措辞,使问题清晰易懂,选择合适的应答方式(如单选、多选、评分等)。合理安排问题的顺序,使问卷逻辑结构清晰并符合规范。

(4)专家评审。邀请旅游研究领域的专家对问卷初稿进行评审,根据专家反馈意见进一步优化问卷设计。

2. 选择被调查者

(1)确定研究总体。围绕研究目的确定研究总体,明确调查的目标群体,如某个特定旅游目的地的所有游客。

(2)设计抽样框。根据研究总体,设计合适的抽样框,如游客名单或旅游数据库。

(3)确定抽样方法。选择合适的抽样方法,如简单随机抽样、分层抽样等,以确保样本的代表性。

(4)计算样本量。根据研究目的、预期的精度和可接受的误差范围,计算出总体集中趋势参数的估计值,按最大原则确定调查中的最小样本量。

3. 预先测试和修改

(1)进行预调查。在确定的一小部分目标群体中,用设计好的调查问卷进行预调查,以便评估问题的表述方式和答案是否合理,是否能够有效地收集所需的信息。

(2)修订问卷。根据预调查的反馈,对问卷中发现的不妥之处进行再次修改,如修改措辞、调整问题顺序、增加或删减问题等,以提高调查问卷的质量。

4. 确定问卷并实施

(1)打印正式的调查问卷。根据修订后的问卷,打印出足够数量的正式调查问卷。

(2)安排调查时间。确定问卷发放和回收的具体时间,以确保调查的顺利进行。

(3)实施调查。按照计划发放问卷,收集数据,并采取措施确保高回收率,如提醒、核查等方式。

(4)数据分析。对收集的数据进行整理和统计分析,提取有价值的信息,并根据分析结果进行理论研究和结论推断。

(三) 特点

问卷调查法的基本工具是科学和严格设计的测量题项。调查过程是调查者向被调查者发放问卷,由被调查者书面回答来完成的。因而,问卷调查法具有与其他研究方法明显不同的特点。问卷调查法以其众多的优点,越来越受到社会学、政治学、教育学、传播学、人口学、心理学、管理学等学科的研究人员,以及政府决策部门的调研人员的青睐。可以说,问卷为社会科学研究从定性走向定量、从思辨走向实证提供了重要的支持。需要特别强调的是,问卷并不是社会研究中唯一的收集资料的工具,也不是所有的社会研究都适合用问卷来收集资料。面对各种各样的社会现象,面对目的、范围、对象各不相同的社会研究课题,问卷调查法并不是万能的。为了更好地运用这种方法,我们应该对问卷调查法的主要特点有所了解。

1. 问卷调查法的优点

(1) 标准化程度高。

① 调查工具标准化。调查者对所有的调查对象提供形式和内容完全一致的问卷,无论被调查对象在地区、水平、性别、文化背景等方面有多大的差异,他们所面对的问卷的形式和内容是完全相同的。调查问卷的一致性,为统计分析奠定了良好的基础。

② 调查过程的标准化。调查者与被调查者通过书面语言进行交流,被调查者只能根据问卷来回答问题,因此,在实际的调查过程中,这种方法能够避免调查者主观意识对被调查者的暗示影响,能在较大程度上保证客观性。

③ 调查结果的标准化。调查的直接结果是所获得的资料,由于问卷对其测量题项的答案做出了分等级或分层次的限定,被调查者只能根据个人实际情况做出答案选择。因而,问卷调查所获得的直接结果是确定的,便于进行数据统计和量化分析。

(2) 调查效率高。

在问卷调查的过程中,调查者能够同时对大量的被调查对象进行调查,在短时间内能够收集到大量的信息和资料,从而大大节省研究的时间、经费和人力。调查者可以不受地理条件的限制,通过邮寄纸质问卷或在线发送电子问卷的方式进行调查,问卷调查的范围十分广泛,因此,调查的效率就更高。

(3) 匿名性强。

在面对面的访问调查中,被调查者往往难以同陌生人谈论有关个人隐私、社会禁忌或其他敏感性的问题。例如,在自我主导式问卷调查中,不要求被调查者署名,这在一定程度上能减轻被调查者的心理压力,能够消除被调查者在回答对其利益或发展具有威胁性、敏感性的问题时的疑虑,被调查者的回答也更能客观地反映自己的思想、行为。

2. 问卷调查法的缺点

(1) 回答率存在局限。

在自我主导式问卷调查(特别是以邮寄或在线发送问卷的方式来调查)中,问卷的回收率却往往难以保证。原因在于一份问卷能否完成、能否收回,主要取决于被调查者。如果被调查者缺乏兴趣和责任心,并且态度不够好,合作意识不强,或者受到时间、精力和能力等方面的限制,那么,放弃填写问卷而导致问卷不能回收的情况就会发生。

（2）对被调查者有一定要求。

在填写问卷的过程中,被调查者要有一定的文字理解和语言表达能力,能顺利阅读和正确理解问题的含义,领会答题的要求和方法。由于文化程度较低、有沟通障碍的人并不适用问卷调查法,应用范围受限是此法难以克服的缺点。

（3）受外部环境影响。

问卷调查在很多情况下没有调查者在场,被调查者填写问卷的环境无法控制。被调查者既可以同别人商量着填写,也可以和其他人共同完成,甚至完全由别人代填。同时,被调查者在填写问卷过程中遇到不清楚的问题时,可能会因无法向调查者询问而出现错答和未答等情况,进而影响到调查结果。

二、多元统计分析法

（一）定义

多元统计分析起源于20世纪初,1928年约翰·威沙特发表论文《多元正态总体样本协差阵的精确分布》(*The Generalised Product Moment Distribution in Samples from a Normal Multivariate Population*),代表着多元统计分析的开端。卡尔·皮尔逊是现代统计学的奠基人之一,发明了皮尔逊相关系数,对多元统计分析的发展做出了重要贡献。哈罗德·霍特林在20世纪30年代发展了典型相关分析和主成分分析,也是多元统计分析领域的重要人物。最初,多元统计分析主要应用于生物学和遗传学研究,用于探索生物特征之间的复杂关系。随后,这些方法被广泛应用于心理学、经济学、社会学和其他领域,用于分析多个变量之间的关系。

在统计学中,指标通常被称为变量,变量有确定性变量和随机变量之分。如何同时对多个随机变量的观测数据进行有效分析和研究？传统的方法是把多个随机变量分开进行分析和研究,每次只处理一个变量并逐次分析研究,但当变量较多时,变量之间不可避免地存在相关性,如果分开处理变量,不仅会丢失很多信息,也不容易取得较好的研究结果,而多元统计分析法就是对多个变量同时进行分析研究,通过分析多个随机变量的观测数据来研究变量之间的相互关系以及揭示变量内在的变化规律。其优点在于能够同时考虑多个变量之间的关系,可以提供更全面和准确的信息。

（二）常用多元统计分析方法

1. 因子分析

因子分析是一种用于研究变量之间关系的统计方法,旨在从一组观测变量中提取少数几个潜在变量(即因子),并用这些因子来解释观测变量之间的相关性。每个因子代表了影响多个变量的共同源。因子分析的目的是简化数据结构,揭示变量间的潜在关系,并减少分析所需的变量数量。

2. 聚类分析

聚类分析是将具有相似特征的个体归为一类,从而使同类的个体相似性较高,而不同类的个体之间差异较大。聚类分析是一种将数据集中的对象或样本划分为若干个群组的统计方法,使得同一个群组内的对象之间具有较高的相似性,而不同群组间的对象具有较低的相似性。聚类分析的目标是发现数据中的自然分组或模式,以便对数据进行更有效的组织和解释。

3. 多元回归分析

多元回归分析用于研究一个因变量与两个或多个自变量之间的线性关系。通过构建一个数学模型,多元回归分析可以估计自变量对因变量的影响程度,并预测因变量的值。此方法广泛应用于预测、因果关系分析和变量之间关系的定量化研究。

4. 判别分析

判别分析用于研究一个或多个自变量(解释变量)与一个因变量(分类变量)之间的关系。分类变量通常是事先定义好的,表示不同的类别或组别。判别分析的目的是找到一种规则,能够根据自变量的值将观测对象准确地划分到相应的类别中。具体来说,判别分析通过构建一个或多个判别函数(或判别规则)来达成这一目的。这些判别函数是自变量的线性组合,它们将多维空间划分为不同的区域,每个区域对应一个类别,如果出现新的观测对象,则可以根据其自变量的值来判定它属于哪个类别。判别分析在分类问题中广泛应用,在旅游研究中,判别分析可用于识别不同旅游者群体的特征,预测旅游者的行为偏好,等等。

5. 相关分析

相关分析用于评价两个或多个变量之间相互关系的强度和方向。在相关分析中,常用的统计指标是相关系数,它可以评价变量之间关系的程度。相关系数的范围在-1到1之间,1代表完全正相关,-1代表完全负相关,相关系数同样要进行假设检验,防止是偶然造成的相关。在旅游研究中,相关分析可被用来探索各种变量之间的关系,如旅游者满意度与消费水平之间的相关性,或者旅游目的地的知名度与游客数量之间的相关性。通过分析这些关系,研究者可以对旅游现象有更深入的理解。常见的相关系数类型包括:①皮尔逊相关系数,用于测量两个连续变量之间的线性相关性。②斯皮尔曼等级相关系数,用于测量两个等级或顺序变量之间的相关性,适用于非连续或非正态分布的数据。③肯德尔相关系数,用于度量等级相关性,但计算方式不同于斯皮尔曼相关系数。

基于研究主体的需要,研究者可以使用不同的多元统计分析法。多元统计分析法的不同种类及研究内容如表1-1所示。

表1-1　多元统计分析法的不同种类及研究内容

问题	研究内容	方法
数据或结构简化	尽可能简单地表示所研究的现象,但不损失很多有用的信息,并希望这种表示能够很容易解释	因子分析、聚类分析
分类和组合	基于所测量的一些特征,选择恰当的分组方法,对相似的对象或变量进行分组	聚类分析、因子分析
变量关系评价	变量之间是否存在相关关系,相关关系如何体现	多元回归分析、相关分析
预测与决策	通过统计模型或最优准则对未来进行预测或判断	多元回归分析、判别分析

(三) 特点

1. 多元统计分析法的优点

(1) 全面性。多元统计分析法能够综合考虑多个变量之间的相互关系,提供更全面和深入的数据分析,有助于更好地理解复杂现象。

(2) 数据降维。主成分分析、因子分析等方法可以有效地降低数据维度,减少数据冗余,同时保留最重要的信息,便于后续分析和进行可视化处理。

(3) 揭示潜在结构。多元统计分析法可以帮助研究者发现变量之间的潜在关系和结构,如通过聚类分析发现数据中的自然分组,或通过因子分析识别潜在因子。

(4) 具有预测能力。多元回归分析、判别分析等方法可以建立预测模型,用于预测未来事件或分类,提高决策的准确性。

(5) 应用广泛。多元统计分析法适用于多个领域的研究和实际问题,具有广泛的应用价值。

2. 多元统计分析法的缺点

(1) 复杂性。多元统计分析法涉及较为复杂的数学和统计原理,对研究者的数学和统计学相关知识有较高要求。

(2) 数据要求。多元统计分析法要求数据质量高、数据量充足,并且对数据的预处理和清洗有严格要求,以确保最终分析结果的准确性和可靠性。

(3) 解释难度。尽管多元统计分析法可以揭示变量间的关系,但这些关系的实际含义有时可能难以解释,特别是涉及潜在因子或主成分时。

(4) 过度拟合。在使用多元回归分析等方法时,如果模型包含过多变量或参数,可能会产生过度拟合问题,降低模型的泛化能力和预测准确性。

(5) 结果敏感性。多元统计分析结果可能对数据中的异常值、缺失值或多重共线性等问题比较敏感,需要仔细处理这些问题以免产生误导性结论。

三、实验法

(一) 定义

实验法的使用可以追溯到古希腊时期,而现代实验法的发展和形成是在科学革命时期,特别是在17世纪和18世纪的欧洲科学家们的努力下逐步形成的。在科学史上,伽利略·伽利雷、弗朗西斯·培根等人被认为是实验法的重要贡献者。他们通过系统的实验观察,提出假设并验证假设,奠定了现代科学实验方法的基础。伽利略·伽利雷通过实验来验证他的物理学理论,如自由落体实验和斜面上的滑动实验。他的实验方法强调观察、测量和数学分析,对于现代科学方法的形成产生了重要影响。

与其他研究法相似,实验法亦在探讨多个变量之间的关系,但实验法的变量可以明确地区分因(自变量)与果(因变量),其主要目的在于探讨因变量的改变来自何处。在其他可能影响自变量与因变量关系的第三变量被合理控制的情况下,因变量的改变受随机波动与自变量的影响,当统计分析指出自变量的影响大于随机波动时,因变量的变动即可被视为受自变量的影响,而获得因果关系的结论。实验法的成败取决于自变量是否是引起因变量改变的唯一因素,因此,干扰的排除或环境的控制至关重要。一般在实验过程中,自变量可分为受自变量影响的"实验组"与不受自变量影响的"控制组"两组被试。实验组的被试可能分别接受不同的实验处理,而"控制组"被试则完全不受自变量的影响或未进行实验处理,研究者会比较各实验组与控制组在因变量上的差异。

(二) 实验类型

根据对变量的控制程度以及实验设计的严格程度,研究者可将实验分为实验与准实验两个类型。实验是指研究者能够随机地把实验对象分派到实验组或控制组,也可对实验误差来源加以控制,使得实验结果能够完全归因于自变量改变的实验。准实验是指研究者无法随机分派实验对象到实验组或控制组,也不能完全控制实验误差来源的实验。

根据实验的实施场所不同,研究者可以将实验分为实验室实验与自然实验。实验室实验是指研究者通过严谨的实验操作与被试随机分配程序,将一群实验被试随机分配到实验因素(自变量)不同的实验处理中,并控制其他条件,使每一位被试在实验处理以外的情况下都保持一致,然后对于某一特定的行为或态度加以测量的实验。自然实验是指在实际情境中进行的实验,也称现场实验。

此外,研究者还可以根据研究的深度将实验分为探索性实验与验证性实验,根据实验的深度或进程将实验划分为预实验与真实验,等等。

(三) 基本程序

一般来说,实验要经过以下步骤:确定研究问题→提出研究假设→选择研究变量并给出其操作定义→确定实验处理的不同水平→创设实验环境→控制非研究变量→实验设计→确定实验对象并进行分组→实验实施→数据的处理与分析→撰写研究报告。具体如下：

（1）确定研究问题。确定实验的核心问题，这是实验设计的基础，研究问题应该是清晰、具体且可测量的。

（2）提出研究假设。根据理论和已有的研究提出预测性的陈述，即研究假设。假设应该是明确的、可测试的，并且能够被实验数据证实或否定。

（3）选择研究变量并给出其操作定义。确定实验中的关键变量，包括自变量（影响因素）和因变量（反应或结果）。为每个变量提供操作定义，即明确如何在实验中测量或操纵这些变量。

（4）确定实验处理的不同水平。根据实验方案，为自变量确定不同的处理水平或条件，这些不同水平的处理将用于对比实验组和对照组的效果。

（5）创设实验环境。根据实验目的和设计，创建适当的实验环境，以确保实验的有效性和可控性。应该尽量排除影响实验环境的因素，确保实验条件的一致性。

（6）控制非研究变量。识别可能影响实验结果的外部变量，并采取措施控制这些变量的影响。使用随机分配等技术来减少非研究变量的干扰。

（7）实验设计。选择适当的实验设计，如随机对照试验、前后对比设计、交叉设计等。设计应考虑实验的重复性、控制组的设置、数据收集方法等因素。

（8）确定实验对象并进行分组。根据实验需求，选择合适的实验对象。将实验对象随机分配到不同的实验组和对照组中，以确保实验的公正性和有效性。

（9）实验实施。①收集前测数据，在实验处理之前，测量因变量的基线水平。②引入实验处理，对实验组施加自变量的不同水平，同时保持对照组不受影响。③收集后测数据，在实验处理后，再次测量因变量，以评估处理的效果。

（10）数据的处理与分析。对收集的数据进行整理、清洗和预处理。使用适当的统计方法对数据进行分析，如 t 检验、方差分析、回归分析等，以检验研究假设并评估变量间的关系。

（11）撰写研究报告。详细的研究报告需包括研究背景、实验方法、数据分析结果、讨论和结论等。

（四）特点

1. 实验法的优点

（1）实验研究便于寻求因果关系。这是因为实验研究可以通过对其他条件的控制，使自变量发挥的作用独立出来以判断自变量与因变量之间有多大程度的因果关系。

（2）实验研究方法可控性较强。为了验证变量之间的因果关系，实验研究需要对其他因素进行严格控制以确保实验在一种"纯化"的条件下进行。

（3）实验法费用相对较低。例如，一项测试旅游广告效果的实验研究中可能只需要选择40—50个样本，而如果选择通过实地研究了解旅游广告效果时，则需要耗费大量的资金收集更多的样本。

（4）实验法相对容易复制。一般而言，实验研究对其所用的方法都有具体、清晰的说明，这就为其他研究者重复研究提供了便利性，也有助于进一步检验研究结论的有效性。

2. 实验法的缺点

（1）实验研究受到实验人员的影响较大。参加实验本身就是一项社会活动，这一活动本身就影响了被试，使得他们的行为表现与平时有差异，从而对实验结果产生一定影响。

（2）实验研究的现实性有待加强。这主要表现在实验是在"纯化"的状态下进行的，而现实生活中由于各种因素相互影响、错综复杂，实验控制越严苛，现实性就越弱。

（3）实验研究受到伦理和法律的限制。实验对象是人，必须受到伦理和法律的约束。

四、综合评价法

（一）定义

综合评价方法是一个涵盖多个学科领域的概念，其发展经历了多个阶段。从早期简单加权法到复杂的模糊综合评价法、从单一因素到多目标决策方法的涌现，它的发展过程体现了人们对于决策问题处理方法不断探索和创新的过程，不断提高评价方法的科学性、系统性和有效性，以满足日益复杂的决策需求。

综合评价方法是指综合考虑多个评价指标或因素，并通过一定的规则或模型将它们结合起来，从而对某个对象、系统或方案进行全面评价的方法。这种方法旨在综合考虑多方面的信息，从而得出更全面、客观的评价结果，常用于决策支持、绩效评估、项目评估等领域。在旅游领域中，这种方法常运用于旅游目的地评价、旅游资源评估、旅游服务质量或旅游满意度评价等。常见的综合评价方法包括层次分析法（AHP）、模糊综合评价法、熵权法、TOPSIS法等。这些方法在不同的领域和场景中都得到了广泛的应用，为决策提供了重要的参考依据。

（二）常用综合评价方法

1. 层次分析法

20世纪70年代初期，层次分析法（AHP）由美国学者托马斯·萨蒂提出。AHP方法通过构建层次结构，将复杂的决策问题分解为多个层次，并通过专家判断确定各层次之间的权重，从而对各个因素进行综合评价。AHP方法提供了一种系统化、结构化的评价框架，被广泛应用于决策支持、项目评估等领域。其优点在于它能够处理定性和定量相结合的决策问题,层次结构模型的构建和权重的计算,使决策过程更加系统化和科学化。不足之处是如果层次结构建模不当或权重估计不准确,计算结果可能会产生偏差。

具体来说,AHP的基本步骤包括:

(1) 建立层次结构模型。确定决策的目标、准则和方案,并将它们按照不同的层次排列。最顶层是决策的总目标,中间层为准则层(可以有多个层次),用于评价方案,最底层为备选方案。

(2) 构造判断矩阵。在每个准则层,研究者通过成对比较的方式比较各因素的相对重要性。使用1—9标度法进行判断,例如,如果元素A相对于元素B更重要,则赋值为1到9之间的某个数;反之,则为其倒数。每个准则下的各因素相互比较后,构成一个判断矩阵。

(3) 计算权重向量并进行一致性检验。利用数学方法按照判断矩阵计算出各因素的相对权重,这些权重反映了各因素的相对重要性。进行一致性检验,以确保判断的一致性。如果一致性比率(CR)小于0.1,则认为判断矩阵的一致性是可以接受的;否则,需要重新调整判断矩阵。

(4) 综合排序。将各层次的权重向量进行合成,计算出最终的权重向量,即每个方案对总目标贡献的相对重要性。根据最终的权重向量对方案进行排序,以确定最佳方案或方案的优先顺序。

2. 模糊综合评价法

模糊综合评价法是一种基于模糊数学理论发展而来的一种的评价方法。在一些决策问题中,评价因素之间的关系往往是不确定的,为了应对这种不确定性,模糊综合评价法应运而生。模糊综合评价法采用模糊数学的理论和方法,将模糊信息转化为模糊集合,通过模糊逻辑运算和模糊加权求和,得到综合评价结果。其核心思想在于使用模糊集合和模糊关系来描述评价指标和评价标准之间的关系,以及评价对象对各评价指标的隶属程度。通过构建模糊关系矩阵和模糊综合评判模型,研究者可以计算出评价对象的综合评价值,从而对其进行排序或分类。

具体的步骤包括:

(1) 确定评价等级和评价标准。设定评价等级(如优、良、中、差)及相应的评价标准或等级划分标准。

(2) 构建模糊关系矩阵。根据专家打分或调查数据,确定评价对象在各评价指标上的隶属度,构建模糊关系矩阵。

(3) 进行模糊综合评判。根据模糊关系矩阵和评价指标的权重,进行模糊综合评判,得出评价对象的综合评价值。

(4) 评价结果分析。根据综合评价值对评价对象进行排序或分类,并进行相应的分析和决策。

3. 熵权法

熵权法是一种客观赋权的方法,常用于评估具有多个指标或因素的问题。熵权法基于信息熵的概念,通过计算各个指标的信息熵来确定它们的权重。信息熵是这个方法的核心,在信息论中,熵用于度量不确定性或混乱程度,对于一组概率分布,其熵越高,表示其不确定性越大。若某个指标的信息熵越小,表明指标值的变异程度越小,提供的信息量也就越少,在综合评价中起到的作用也就越小,其权重也就越小;相反,某个指标的信息熵越大,表明指标值的变异程度越大,提供的信息量越丰富,在综合评价中能起到的作用也越大,其权重也就越大。熵权法的优点是客观性强,不需要主观判断,能够较好地反映各指标在综合评价中的真实重要性。缺点是对数据的一致性和完整性要求较高,且在某些情况下可能无法充分考虑指标间的相关性。

熵权法的基本步骤如下:

(1) 数据标准化。将原始数据标准化处理,以消除指标量纲和数量级的影响。

(2) 计算指标的信息熵。根据标准化后的数据,计算每个指标的信息熵,以反映指标的离散程度和信息量。

(3) 计算指标的熵权。根据信息熵,计算每个指标的熵权,即权重。

(4) 权重归一化。将所有指标的熵权进行归一化处理,使得所有权重之和为1。

4. TOPSIS法

TOPSIS法是Hwang和Yoon于1981年提出的一种适用于根据多项指标、对多个方案进行比较选择的分析方法。这种方法的核心思想在于确定各项指标的正理想解和负理想解。正理想解是一设想的最好值(方案),它的各个属性值都达到各候选方案中最好的值,而负理想解是另一设想的最差值(方案),然后求出各个方案与正理想解、负理想解之间的欧氏距离。一个方案越接近正理想解且越远离负理想解,则该方案越优。由此得到各方案与最优方案的接近程度,作为评价方案优劣的标准。TOPSIS方法的优点是计算过程简单,直观易懂,能够同时考虑正理想解和负理想解,适用于多目标决策问题。然而,此方法也有一定的局限性,比如结果受到权重分配的影响较大,且对于数据的一致性要求较高。

TOPSIS的基本步骤如下:

(1) 构建决策矩阵。根据评价指标和方案,构建决策矩阵。

(2) 标准化决策矩阵。对决策矩阵进行标准化处理,以消除不同指标量纲的影响。

(3) 确定权重。根据各指标的重要性,确定权重向量。

(4) 构造加权标准化决策矩阵。将标准化决策矩阵的每个元素乘以相应的权重。

(5) 确定正理想解和负理想解。从加权标准化决策矩阵中分别确定正理想解(最优值)和负理想解(最差值)。

(6) 计算各方案与正理想解和负理想解的距离。分别计算每个方案与正理想解和负理想解的欧氏距离。

(7)计算相对接近度。根据各方案与正理想解和负理想解的距离,计算每个方案的相对接近度。

(8)确定方案的优劣排序。根据相对接近度对所有方案进行排序,相对接近度越大的方案越优。

(三)综合评价法构成要素

构成综合评价的要素如下:

(1)评价者。评价者可以是某个人或某团体。评价目的的给定、评价指标的建立、评价模型的选择、权重系数的确定都与评价者有关。因此,评价者在评价过程中的作用是不可轻视的。

(2)被评价对象。随着综合评价技术理论的开展与实践活动,评价的领域也从最初的各行各业经济统计综合评价拓展到生活质量、社会发展等方面。在旅游领域,旅游目的地吸引力、旅游服务质量、旅游业发展水平、旅游市场竞争力等方面都能构成被评价对象。

(3)评价指标。评价指标体系是一种能够从多个视角和层次反映特定评价客体数量规模与数量水平的重要工具。它是一个"具体—抽象—具体"的辩证逻辑思维过程,是人们对现象总体数量特征的认识逐步深化、求精、完善、系统化的过程。

(4)权重系数。对某种评价目的来说,各评价指标的相对重要性是不同的。权重系数的合理确定,关系到综合评价结果的可信程度。

(5)综合评价模型。所谓多指标综合评价,是指通过一定的数学模型将多个评价指标值合为一个整体性的综合评价值。

(四)基本程序

(1)确定评价指标。首先需要确定与评价对象相关的多个指标,这些指标可以涵盖各个方面,如经济、社会、环境等。

(2)建立评价模型或方法。接下来需要建立评价模型或方法,用于将各个评价指标或因素综合起来进行评价。评价模型可以是定量的或定性的,也可以是定量与定性相结合的。

(3)权重确定。各个评价指标或因素可能具有不同的重要性,因此,研究者需要确定它们的权重。权重可以通过专家判断法、问卷调查法、层次分析法等方法确定。

(4)数据收集和处理。收集与各个评价指标或因素相关的数据,并对数据进行处理和归一化,以便进行综合评价。

(5)综合评价。将各个评价指标或因素的数据乘以相应的权重,并将结果进行加权求和或采用其他方法进行综合,得到最终的综合评价结果。

(6)结果解释与应用。对综合评价结果进行解释和分析,了解评价对象的优势和劣势,并根据评价结果进行决策或改进。

（五）特点

（1）多指标综合。综合评价分析法能够同时考虑多个评价指标，不仅包括定量指标，也包括定性指标，从而全面反映评价对象的各个方面。

（2）客观性与主观性结合。综合评价过程既需要客观数据支持，又需要根据实际情况和专家经验确定指标权重，因此，此方法结合了客观性和主观性。

（3）灵活性与适应性。综合评价分析法在具体应用中具有较强的灵活性和适应性，可以根据不同的评价目的和评价对象选择合适的评价指标和方法。

（4）层次性。在进行综合评价时，研究者常常采用层次分析法等方法，将复杂的评价问题分解为多个层次和因素，逐层分析，最终得出综合评价结果。

（5）动态性。综合评价分析法可被用于动态评价，研究者通过对不同时间点的评价结果进行比较，分析评价对象的发展趋势和变化情况。

（6）结果多样性。综合评价分析法可以得出多种形式的评价结果，如综合得分、等级划分、优劣排名等，为决策提供多角度的参考依据。

五、不同量化研究设计比较

通过对四种量化研究方法的介绍，能够初步建立对研究方法体系的认识。由于研究问题的典型差异，不同研究方法的适用范围也有显著的区别。为了全面掌握不同研究方法的特点，我们从研究目的、样本特征、研究工具、研究程序和统计分析技术五个维度出发，对四种研究方法进行横向比较分析，以便选择更加契合研究主题的适用方法。不同量化研究方法的比较内容，具体如表1-2所示。

表1-2　四种量化研究方法的比较

研究方法	研究目的	样本特征	研究工具	研究程序	统计分析技术
问卷调查法	由样本推断总体特征	大样本	问卷	抽样与调查	描述性统计分析、相关分析、回归分析
多元统计分析法	探究多个变量之间的复杂关系	大样本	SPSS、R语言、SAS	预测模型建立、分类和降维	回归分析、因子分析、聚类分析
实验法	确定变量间的因果关系	小样本	实验设备、测量量表	实验操纵（实验设计）	t检验、方差分析、协方差分析
综合评价法	评估和比较不同项目或决策的效果	大样本	评分卡	建立评价模型	综合应用多种统计技术

（一）在研究目的方面

问卷调查法主要用于收集关于人群行为、态度和特性的描述性数据，通过抽样样本数据推断总体情况。这种方法适用于探索性研究或描述性研究，旨在了解广泛人群的普遍趋势或观点。

多元统计分析法主要用于探究和解释变量之间的关系，如因果关系、相关性和交互作用。这种方法适用于解释性和因果推断研究，可以处理复杂的数据集并揭示隐藏的模式。

实验法的目的在于确定变量之间的因果关系。通过操控一个或多个自变量并观察其对一个或多个因变量的影响，实验法能够验证具体的科学假设。

综合评价法用于评估和比较不同项目、政策或计划的效果。它综合了多种数据来源和评估技术，以提供全面的结果评价，常用于政策制定和项目管理。

（二）在样本特征方面

问卷调查法通常涉及大规模样本，以确保数据具有统计意义和代表性。样本可以是随机抽取的，也可以不是随机抽取的，旨在反映更广泛的总体特征。

多元统计分析法要求的样本量依赖于预期的分析复杂性和数据类型。此方法通常需要较大的样本量以满足多变量模型的统计需求。

实验法的样本特征取决于实验设计。实验通常在受控环境中进行，涉及实验组和对照组。样本规模虽然较小，但它必须能够显示统计效力。

综合评价法的样本可以非常多样，包括个人、项目或政策等。样本的选择依赖于评估的目标，并可能涉及从多个数据源中整合信息。

（三）在研究工具方面

问卷调查法主要使用问卷作为数据收集工具，问卷既可以是纸质的，又可以是在线的。

多元统计分析法依赖于统计软件，如SPSS、R语言、SAS，用于进行复杂的数据分析。

实验法使用各种实验装置和工具，包括实验室设备（如眼动仪）、测量量表或特定的软件，以控制和测量关键变量。

综合评价法常用工具包括评分卡、调查表、访谈指南，以及其他定性或定量评估工具。评分卡通常包含一系列预先定义的指标，用于量化评价对象的表现。这些指标根据项目或政策的特定目标来设定，每个指标都有相应的权重。

（四）在研究步骤方面

问卷调查法的研究步骤包括问卷设计、样本选择、发放问卷、数据收集与分析。

多元统计分析法的研究步骤包括数据预处理、选择合适的分析模型、模型拟合、结果验证和解释。

实验法的研究步骤包括实验设计、变量控制、实验实施、数据收集和数据分析。

综合评价法的研究步骤包括评价指标、评价模型的设定、权重确定、数据收集、数据分析等。

(五)在统计分析技术方面

问卷调查法通常使用描述性统计、相关分析及回归分析等基本统计技术。

多元统计分析法包括更高级的技术,如多变量线性回归、因子分析、聚类分析和主成分分析。

实验法常用的分析技术包括t检验、方差分析、协方差分析等。

综合评价法涉及综合应用多种统计技术,从基本的描述性分析到复杂的多级模型。

第三节 质性研究设计

一、扎根理论

质性研究(亦称为定性研究)是指研究者参与到自然情景中,通过观察、访谈等方法参与分析,找出人类生活过程中不同层次的共同特征和内涵,对社会现象进行的整体性探究。它以文字叙述为材料,以归纳法为论证步骤,以构建主义为前提,通过与研究对象互动来理解和说明其行为。常用的质性研究方法有扎根理论、内容分析法、结构式访谈等。

(一)定义

扎根理论是一种质性研究方法,由巴尼·G.格拉泽和安塞尔姆·L.施特劳斯于1967年在其专著《发现扎根理论:质性研究的策略》(*The Discovery of Grounded Theory: Strategies for Qualitative Research*)中首次提出,其核心宗旨是在经验资料的基础上构建理论。在研究开始时,研究者通常不预设理论假设,而是直接以实际观察、访谈等方式获取原始数据,通过系统性地收集和分析资料,从中归纳出经验概括,并逐步上升到系统的理论层面。这是一种自下而上建立实质理论的方法,即在系统性收集资料的基础上寻找反映事物现象本质的核心概念,并通过这些概念之间的联系构建相关的社会理论。扎根理论适用于探索人类行为和社会过程的领域,尤其是在理论尚不成熟或不完善,需要通过实证研究来发展和细化的情境下。扎根理论强调在研究过程中持续地进行数据收集和分析,直至达到理论饱和,即新的数据不再为理论带来重大变化或新增洞见为止。

（二）基本程序

扎根理论的分析程序包括开放式编码、主轴式编码和选择式编码三步。具体如下：

1. 开放式编码

开放式编码，即一级编码。它是一个经由密集地检测资料来对现象加以命名与类属化的过程，不仅要将收集的资料打散，赋予概念，还要以新的方式组合这些资料，并将其转化为操作的形式。在具体操作中，研究者先设置一个主题，同时将最初的代码或标签分配到资料中，从而将大量零散且混杂的资料分为不同的类别。研究者要仔细阅读所得资料，寻找评论的项目、关键的事件或主题，然后标上记号，并赋予它一个初步的概念或标签。开放式编码的结果是一份根据丰富且零散的资料抽象概括得到的概念名单。

2. 主轴式编码

主轴式编码，即二级编码。其主要任务是对一级编码的概念进行探讨，研究它们之间的相互关系，形成更大的类属。更大的类属能够表现资料中各个部分之间的有机关联，如相关关系、因果关系、时间先后关系、语义关系等。

3. 选择式编码

选择式编码，即三级编码。它是指在所有已发现的概念类属中选择一个核心类属概念，通过不断地分析将与之相关的次要类属概念集中起来，以系统地说明和验证主要类属概念与次要类概念之间的关系，并填充未来需要完善或发展的类属概念的过程。在这一步中，研究者已经识别出了研究课题中最重要的、可以统领其他一些相关主题的核心主题，并围绕核心主题来进行研究的总体分析，将所有的研究结果统一在核心主题的范围之内。

（三）特点

扎根理论是一种具有系统特征的理论生产研究方法，主要通过分析定性数据来发展理论。它在社会科学研究中非常流行，但和其他研究方法一样，扎根理论有其优点和缺点。

1. 扎根理论的优点

（1）数据驱动的理论生成。扎根理论强调从数据中生成理论，而不是从现有理论出发验证假设。这种方法使得研究成果贴近实际数据，理论更具原创性和实际应用价值。

（2）灵活性和适应性。在研究过程中，扎根理论不仅注重从定性数据中挖掘结构和意义，同时注重研究过程的开放性和灵活性。这有助于发现以前忽视或未预料到的答案,同时也能够从新角度审视已知的问题。

(3) 深入理解现象。扎根理论通常涉及详尽的数据收集和分析过程,帮助研究者深入理解研究主题和相关的细微差别,并且此方法力求探寻事物的本质和根源,有助于研究者理解社会现象和行为,为社会问题提供更加准确和全面的解决方案。

2. 扎根理论的缺点

(1) 时间和资源密集。在实际研究中,研究者需要花费大量的时间和精力,进行访谈、文本分析等各种数据收集和整理工作,特别是编码和归类数据的过程可能非常耗时。

(2) 受研究者主观性的影响。虽然扎根理论力求客观中立,但研究者的主观性在数据收集和分析过程中可能仍会影响研究结果,尤其是在选择何种数据进入分析时。

(3) 难以复制。由于扎根理论高度依赖特定的数据和研究背景,其研究过程往往难以被其他研究者复制,研究结果难以被其他研究者验证。

(4) 理论饱和度难以判断。在扎根理论中,当新数据不再产生新的信息或主题,即理论达到饱和度,然而这可能很难判断,当下缺乏对理论达到饱和度的客观评价标准。

二、内容分析法

(一) 定义

内容分析法是一种以研究人类传播的信息内容为主的社会科学研究方法。它可以用在对任何信息形式的研究中,比如书籍、诗歌、报刊、广播、电视、网络、歌曲、绘画、演说、信件、法律等,涵盖了纸质文献和音像影像资料。关于内容分析法的定义,被广泛引用的是伯纳德·贝雷尔森于1952年在其著作《内容分析:传播研究的一种工具》中给出的定义。内容分析是一种对传播内容进行客观、系统和定量描述的研究方法。在进行内容分析时,研究者必须抛开个人主观意识,从现存的材料出发,追求共同的价值观;必须将所有的有关材料看成一个有机的整体,对材料进行全面、系统的研究。

内容分析法具有客观性、系统性、定量性的特点,主要应用于社会科学、传媒研究、心理学等领域。内容分析法有多种类型,其中主题分析就可以被视为内容分析的一种形式。主题分析通常用于揭示数据中的隐含意义和深层结构,使研究者能够整理和解释数据的关键方面。尽管它与内容分析在目标上有所重叠,但其侧重点不同,主题分析更加侧重于数据的解释和深入分析,而内容分析则更侧重于数据的描述和量化。

(二) 基本程序

1. 提出研究问题

此阶段,需明确研究目标、界定研究范围和建立假设。内容分析法适用于特征分析、发展分析和比较分析等研究,确定研究范围涵盖的时间范围、地理范围和主题范围。

2. 选择抽样

面对大量文本资料时,采取恰当的抽样方法是必要的,以确保分析结果能有效、准确地概括整体样本。内容分析常采取分层抽样的方法,一般进行三级抽样:①对内容所在的原始资料抽样;②对研究的时间抽样;③对研究的内容抽样。

3. 选择分析单元

在内容分析法中,研究者设计的分析单元也称为"编码单元"。内容分析的单元可以是意义独立的词、词组、句子、段落,甚至是篇等信息单元,这些信息单元的语义有时并不能保持一成不变,在分析的时候要适当进行调整。分析单元的选取和细化对于甄别内容上的细微变化非常有益。

4. 建立分析类目

建立分析内容的类目系统是内容分析的核心问题,要根据预先制定的类目表格,按分析单元对各类目所表现的客观事实进行判断和记录。分析的类目可以称为分析的维度、类别,是根据研究主题而设计并对内容进行分类的项目。通常类目的形成有两种方法:一是依据传统的理论或以往的经验,或从某个问题已有的研究成果发展而来;二是由研究者根据研究目标自行设计。

在有效的类目系统中,所有的类目都应具有互斥性、完备性和可信度。互斥性是指一个分析单位只能放在一个类目中;对于无法处理的项目,我们将其归入"其他"类目。如果太多的项目可以被归入"其他"类目,或者同一项目可以归入两个或多个类目,这都说明类目系统有问题。类目太多,类目内的项目数量太少,则容易使统计缺乏意义。类目太少,不同性质的项目归为一类,则会掩盖某些显著性差异。完备性是指所有分析单元都应有所归属,类目中必须有适合每一个分析单元的位置。可信度是指类目系统应具有可信度,不同的编码者对分析单元所属类目的意见应一致。

5. 内容编码与统计

将分析单元置于内容类目的过程称作编码,这是内容分析过程中最费时,同时也是最有意义的部分。收集的数据在后续会进行计算百分比、平均值,以及进行相关分析、回归分析等统计分析工作。这一步可借助计算机软件完成,这样既能简化工作,又能提高精度。

6. 数据解释与检验

研究者要对量化数据做出合理的解释和分析,并与文献的定性描述判断结合起来,提出自己的观点和结论。分析结果还要经过信度和效度的检验,才具有最终说服力。

(三) 特点

1. 内容分析法特征

(1) 内容分析法具有系统性特点。

内容分析法的系统性主要体现在两个方面：①分析内容选择的系统性。研究中所选内容应该基于明确且一致的规则进行选择；选择过程应该遵循一定的程序，确保每个项目接受分析的机会相等。②评价过程的系统性。所有研究内容都应该使用完全相同的方法和程序进行处理。

（2）内容分析法具有客观性特点。

在内容分析过程中，研究者需要根据预先设计的类目表格对内容中出现的客观事实进行判断和记录。这要求研究者在分析和描述时需保持客观，避免主观偏好影响分析结果。

（3）内容分析法具有定量性特点。

研究中使用统计学方法对类目和分析单元出现的频次进行计量，并以数字或图表的形式表述结果。当研究者得出一组说明传播内容特征的数据后，需要对得到的数据进行解释，说明数据背后的意义。换句话说，定量分析的结果需要结合语义内容进行解释，以确保数字和内容的意义相匹配。

2. 内容分析法优缺点

（1）内容分析法的优点。

①节约经费。研究内容来源于报刊、书籍、录音、录像，研究所需的费用较低，此方法不需要大量的研究人员和设备。②可靠性高，可以反复进行内容分析和编录。③可以研究较长时期内发生的事件及其过程。④不必打扰研究对象（主要指的是以人为主的研究对象），不会对研究对象造成影响而引起偏差。

（2）内容分析法的缺点。

①只能在被记录下来的信息中寻找研究资料，很可能出现资料匮乏的情况。同时，由于研究者不能控制文献资料的记载和编制过程，内容分析法往往要面对信度和效度方面的问题。②内容分析法得到的资料并非推断传播效果的唯一基本资料，还需要结合受众研究才能得出最终结论。③研究结果依赖于研究者的分类系统和定义。④需要花费大量时间。⑤编码员的工作费力且烦闷。

三、结构式访谈

现代访谈最早由查尔斯·布斯于19世纪末在调查伦敦劳工生活状态时开始使用，而结构式访谈起源于20世纪初的社会科学研究，特别是在心理学和社会学领域。当时芝加哥社会学派（Chicago School of Sociology）将访谈、观察和文档整理作为资料收集的三大手段。第二次世界大战结束后，整个学术界转向以量化为主的研究方式，访谈法逐渐被淡忘。20世纪80年代后，访谈法在整个社会思潮转变的大环境下，重新开始受到重视。在所有的资料收集方式中，访谈法最开放、最具灵活度，受访者在回答问题的过程中有巨大的发挥空间，绝大多数研究问题都可以通过访谈法获得一定程度的解答。可以说，访谈法是一种历史悠久且使用广泛的资料收集方法。

访谈方法的分类较为多元。根据正式程度,它可以分为正式访谈和非正式访谈;按照严谨程度,它可以分为结构式访谈、非结构式访谈和半结构式访谈;按照交流方式,它可以分为面对面访谈和远程访谈;根据参与人数的多少,它可以分为双人访谈和小组访谈。

(一) 定义

结构式访谈又称标准化访谈,是指研究者在访谈过程中使用一系列预先设定的问题来获得所需的研究资料。所有问题的出现顺序和内在逻辑关系都由研究者精心设定,以满足特定的研究目的。这些预先设定的问题可以有效地控制访谈的走向,降低可能的研究失误。此类访谈要求所有受访者回答同样的问题,提问的顺序、方式,甚至对受访者答案的记录方式也必须一致。

结构式访谈作为一种研究方法,将访谈贯穿于整个研究的过程,进行有目的的对话。它不是日常会话中自发的交流,而是一种需要谨慎提问和耐心倾听的方法。访谈表面上看似两个人的互动,但是两者之间并不是平等的对话关系,而是以研究者为主导的访谈方式。通过结构式访谈,我们能够收集人们行为态度方面详细生动的信息,用来描述社会现象的发生、发展和变化过程,进而探索人们各种行为背后的原因,以增强对社会现象及其本质的理解。

(二) 基本程序

1. 前期准备

(1) 在开始结构化访谈之前,研究者需要明确自己希望从访谈中获得什么信息,因此要关注整体主题,而不是具体问题。然后,研究者需要根据大主题设计一套访谈大纲,从不同角度将研究性问题分解为要访谈的具体问题。例如:

> 大主题:为什么人们喜欢旅行?人们如何进行旅行规划?对于旅行者来说,自助旅行和跟团旅行有什么不同之处?

上述问题看起来都很类似,但它们的关注点其实存在差异。此外,这些问题只是访谈主题,并不是在实际访谈中可以直接询问的问题。研究者如果向受访者询问这些问题,那么得到的答案往往是泛泛而谈、含糊笼统的。因此,研究者接下来要做的就是对大的主题进行拆解,使它们变成一个个访谈的具体问题。例如:

> 访谈主题:为什么人们喜欢旅行?
> 将其分解为具体的问题:你最难忘的一次旅行经历是什么?旅行给你带来了哪些变化?你外出旅行的主要目的是什么?旅行中最吸引你的是什么?是新鲜的风景,还是学习新知识?

(2)联系和确定访谈的时间、地点等相关事宜,不主张贸然造访受访者。

(3)准备好访谈记录所需要的笔、纸、录音或摄像等设备。

2. 实施入场

(1)访谈时需坦率真诚,积极营造和谐的交谈氛围。根据研究问题、资料收集的需要和所掌握的受访者的基本情况(如性格特点、文化水平等),尽量用口语化、生活化、通俗化的表达方式来交流。

(2)访谈时应避免对受访者进行诱导及价值判断,认真聆听受访者的回答,最大限度地全面收集访谈信息,注意言语以外的相关信息,将其记录下来并纳入自己的认知框架中,可适当做出回应,将倾听后的感受、想法和态度及时地传递给对方。因此,实施结构式访谈的过程即"询问—倾听—回应—记录"的过程。

(3)另外,需要注意的是,由于结构式访谈是高度标准化的,即对所有受访者提出的问题、次序、方式和记录方式都是统一的,所以不需要研究者进行追问或引导。

3. 后续收尾

(1)结束访谈后,需要礼貌地向受访者表示感谢。

(2)为了提高访谈调研的质量,研究者必须认真对待每个环节。尝试从受访者的角度去理解所涉及的问题,做好备忘录,便于日后资料分析及使用。

(3)要及时整理访谈记录,以免因拖延时间导致细节上的疏忽。应该系统地梳理和分析访谈资料,并在资料分析中提炼出思想、观点、结论或概念,进而形成调查报告的写作提纲。

研究者在使用结构式访谈时,要特别注意以下几点:①访谈开始前对研究目的的解释,应该有标准化的内容。②访谈过程尽量不要中断。如果因不得已的情况出现中断,最好由同一个人完成剩余部分。③当受访者提出疑问时,不要过多解释。如果受访者表示无法回答,可以跳到下一个问题。④对受访者的回答,不必表示同意或反对。注意这几点,是为了保证结构式访谈的标准化操作,降低不必要的干扰。但是研究者也必须清楚地意识到,结构式访谈的弹性较低,无法做到让受访者畅所欲言,只适用于特定研究。

(三)特点

1. 结构式访谈优点

(1)操作模式的标准化。有了这种标准化的操作模式,研究者不需要亲自进行访谈,可以将任务交给研究助理来完成。这一特点使得研究者可以同时进行多个结构式访谈,从而大大缩短数据收集的时间。

(2)所得资料归类和整理比较容易。对于同样的问题,不同研究对象的回答会有一定的重合度,研究者只要特别注意其中的不同点,就能很容易地找出需要的信息。一般来说,聘用较多研究助理的大型研究会倾向于使用结构式访谈。由于所有回答都是针对相同的问题,这使得数据编码、统计分析和结果解释变得更加简单和直接。

(3) 适合深度挖掘研究资料。在整个访谈过程中,研究者和受访者一直是一种互动关系。研究者可以根据情况的变化,逐步引导受访者进行更深入的思考,提供更多的细节信息。

(4) 能够对调查过程加以控制,获得很高的回答率,适合任何被调查对象。与问卷调查法相比,结构式访谈能够提高调查结果的可靠程度,避免他人代填或商议填写的现象发生。

2. 结构式访谈缺点

(1) 结构式访谈所需时间较长、费用较高,因此,调查的规模往往受到限制。

(2) 对于比较敏感的问题或涉及个人隐私的问题,这种当面访谈的方法不太合适。

(3) 结构式访谈对采访人员的要求较高,采访人员的主观意见可能会影响访谈过程,采访人员对问题的理解与处理方式不一致也会影响访谈信度。

(4) 结构式访谈不像参与式观察那样可以关注研究对象的生活和行动环境,这使得采访人员的积极性难以发挥,因此,结构式访谈与非结构式访谈常常结合使用。

3. 不同类型的结构式访谈比较

不同类型的结构式访谈的比较如表1-3所示。

表1-3 不同类型的结构式访谈的比较

类型	定义	优点	缺点
当面访谈	由调查者按照调查方案和调查计划的要求对被调查者进行访谈,并按照要求来记录被调查者的各种回答,当面访谈是一种以口头语言为中介,调查者与被调查者之间进行面对面交流的方法	①当面访谈的回答率高;②访谈质量好,资料详细,避免代答;③调查对象适用范围广	①匿名性较差;②交流有时会影响调查结果;③费用高、时间长
集体访谈	集体访谈又称焦点小组访谈,它通过组织一组人(通常为6—12人)就某一主题或问题进行有组织的讨论来收集数据。这种访谈通常由一个经过培训的主持人(或称为引导者)来引导讨论,确保讨论内容围绕主题并促进参与者之间的互动	①集体访问应用范围广,容易从文化较低的访谈对象处获得资料;②调查者可现场回答理解上的疑问,应答率高	集体访问众多人在一起作答,不但影响调查质量,而且存在团体压力问题
电话访谈	调查员通过打电话的方式与被调查者联系并在电话中对被调查者进行调查访谈的方式	迅速快捷	①被调查者的选取较为困难,代表性较差;②调查时间不能太长,因此限制了所收集资料的广度和深度

第四节 科学研究分析程序

在前面的章节中,我们探讨了科学研究方法的多样性及其在不同领域中的应用。然而,如果要进行一项具体的研究,除了要了解研究方法,还要对研究的基本分析程序有一个清楚的认识。作为一种系统的、科学的认识活动,科学研究遵循着一套较为固定的程序,这种程序可以说是科学研究自身所特有的内在逻辑。

总的来说,我们可以将科学研究分析的过程分为三个阶段:问题意识与理论支撑、变量定义与数据收集、数据分析与报告撰写(见图1-4)。

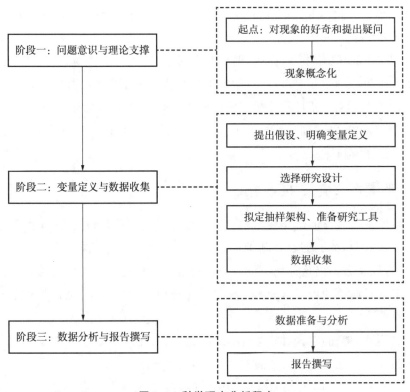

图1-4 科学研究分析程序

一、问题意识与理论支撑

第一阶段是问题意识与理论支撑。在这一阶段,研究者通过广泛阅读相关文献和理论,明确研究问题的核心内容和前进的方向,为研究提供必要的逻辑和理论基础。

(一)研究起点

科学研究的最大挑战往往来自起始阶段,需要研究者有一定的问题意识,能够提出有意义的研究问题。研究的起点是研究者对某一现象的好奇心和提出的疑问。这种疑问可能基于现实中存在的现象,或研究者的亲身经历、观察,抑或是对前人研究中未解决的问题的进一步探索。例如,当媒体广泛报道某个旅游目的地十分受欢迎,研究者可能会提出以下问题:为什么这个地方突然受到游客的青睐?什么吸引了他们?不同国家的游客是否有相同的偏好?此外,研究者提出的问题也可能是对既有的旅游理论表示怀疑,并提出新的假设来验证。

(二)研究学术视角

现象概念化是科学研究的学术视角。当研究者对感兴趣的问题有了初步的了解,下一步便是将这些初步的想法转化为完整且有意义的概念,进而明确学术研究问题。概念化过程使研究焦点更加明确,不仅加强了研究的有效性和实施效率,还允许研究者提出符合理论框架的假设,为选择合适的研究方法提供依据,从而确保数据收集的准确性和研究结果的可靠性。

此时,在探究上述旅游目的地为何受欢迎时,研究者可能需要研究目的地的文化、历史背景及旅游心理学相关文献,以帮助形成与研究主题相关的核心概念。若想比较不同国家游客的偏好,研究者可能需要收集有关游客来源和旅游消费模式的统计数据。在这个过程中,如果研究者已经具备了充足的理论知识和背景信息,那么问题的概念化将更为高效和深入。

二、变量定义与数据收集

这一阶段涉及具体的研究活动,如实验设计、调查或观察,旨在从真实世界中收集原始数据。经过概念化的过程,研究问题已经十分明确了。例如,某个旅游目的地十分受欢迎,研究者会提出这种现象可能与目的地的文化魅力或自然景观有关,同时,不同国家的游客对此地的偏好可能因文化背景差异而不同。因此,研究者可能具体提出以下几个假设。

假设1:不同国家的游客对旅游目的地的文化魅力感知不同。

假设2:对目的地文化感兴趣的游客,访问频率更高。

假设3:不同国家的文化背景导致游客对旅游目的地偏好的差异。

假设4:文化魅力感知和个人旅游动机影响对旅游目的地的访问频率。

在上述假设中,我们可能会对假设中提及的变量如"文化魅力感知"和"个人旅游动机"提出疑问。如果这些变量未被清楚解释和定义,理解接下来的研究过程则会较为困难。因此,在形成假设的同时,研究者必须对假设中的变量进行明确描述和界定。除了文字描述,还必须明确描述测量这些变量的具体方法,以便在研究中进行数据收集。例如,"文化魅力感知"是一个复杂的概念,涉及个体对一个旅游目的地的文化特质的感受和评价。进行操作性定义时,研究者需要将这一抽象概念转化为具体可测量的指标,创建一个包含多个问题的问卷,这些问题旨在评估旅游目的地的文化活动(如艺术展览等)、历史地标、当地人文环境等对游客的吸引力,每个问题都可以采用李克特量表,让游客从"非常不吸引"到"非常吸引"中选择不同的选项来表达他们的感受。完成变量定义后,研究者需要制定一套执行方案来检验其所提出的假设的正确性。

(一)研究设计

选择合适的研究方法是解答研究问题的关键。研究设计分为实验设计和非实验设计两大类,每种设计都有其独特的特点和应用场景。

实验设计旨在确定变量之间的因果关系。通过控制一个或多个独立变量,研究者观察其对一个或多个因变量的影响。实验设计通常要求严格控制实验条件,以确保结果的有效性和可靠性。实验通常分为实验室实验和现场实验,实验室实验在控制的环境中进行,便于精确控制变量,而现场实验则在自然环境中进行,可以使其结果更具外部有效性。

非实验设计旨在观察变量在自然状态下的关系,而不涉及操控变量。它包括描述性研究、相关性研究和案例研究等。描述性研究旨在描述现象的特征;相关性研究旨在探索变量之间的关系,但不能确定因果关系;案例研究旨在深入探讨单个或少数案例,以获得对复杂现象的深入理解。

选择哪种研究设计取决于研究问题的性质、研究目标及可用资源。例如,如果目标是确定特定干预措施的效果,则实验设计是首选。如果研究目的是了解某种现象在特定人群中的普遍性或特征,采用描述性或相关性研究设计则可能更适合。无论选择哪种研究设计,确保设计的严谨性和合适性对于获得有效且可靠的研究结果至关重要。以旅游目的地为例,研究问题是"为什么某个地方十分受游客的青睐",对此,研究者提出了几个相关的概念,并制定了四个假设,显然,其研究目的是探讨各变量之间的关联而非单一因果关系。

(二)抽样架构

要回答所研究的问题,从所有实例中收集数据去分析解答是很难做到的,因为研究者既没有足够的时间,也没有充足的资源来分析目标总体(Population),所以需要进行抽样调查,从目标总体中抽取一部分个体作为样本(Sample),如图1-5所示。

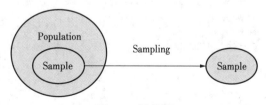

图1-5 抽样图

抽样使我们能够基于样本(子集)的统计信息来获取总体信息,从样本中得出关于总体的结论,而无须调查所有样本。抽样可以分为四个步骤:确定目标总体、设计抽样框、选择抽样方法和确定样本量。

1. 确定目标总体

在开始抽样之前,首先需要明确研究的目标总体,即你想从中抽取样本的那个群体,而这个目标总体又由各种小单位组成。目标总体应该是与研究目的紧密相关的,以确保样本的代表性。例如,研究某个旅游目的地受欢迎的原因,目标总体应包括所有曾经访问过该旅游目的地的游客。目标总体决定了抽样的范围,也影响着未来研究结果的适用范围。

2. 设计抽样框

抽样框又称作抽样框架,是指抽样过程中所使用的所有抽样单位的名单。它包括抽样单位的定义、总体的界定和样本的选取方式。这一步骤通常需要根据研究的具体需求来定制,如确定抽样的地理区域、时间范围、人群特征等。

3. 选择抽样方法

抽样方法可以分为概率抽样(随机抽样)和非概率抽样(非随机抽样)。这两种抽样方法各有特点,适用于不同的研究情境。

概率抽样是一种抽样技术,其中每个样本都有一个已知且非零的被选中概率。这种方法允许研究者通过统计推断将样本数据推广至总体。其主要类型包括:①简单随机抽样。每个成员被选中的机会均等。②系统抽样。从总体列表中按固定"间隔"选择样本,如每十个人选一个。③分层抽样。总体被分为不同的"层",每层内部进行随机抽样,适用于总体内部存在明显分层的情况。④整群抽样。将总体分为若干"群"或"块",随机选择几个群,然后调查选中群内的所有成员。概率抽样的优点是结果具有一定的代表性,可以估计抽样误差,结果更加可靠和客观;缺点是往往需要完整和精确的总体名单,实施成本和时间成本可能较高。

非概率抽样是指不满足概率抽样要求的抽样,即调查者根据自己的便利或主观判断抽取样本的方法,其中每个样本被抽中的概率是未知的。这种方法通常在面临条件限制或出于成本考虑时使用。其主要类型包括:①方便抽样。选择最容易接触到的成员。②判断抽样(有时称为有目的抽样)。根据研究者的判断和目的选择样本。③滚雪球抽样。从几个已知个体开始,利用这些个体推荐更多的抽样对象。④配额抽样。研究者设定特定的类别配额,如年龄、性别、职业等,然后非随机地填满这些配额。非概率抽样的优点是能在数据不易全面获得的情况下进行快速有效的抽样,成本较低,实施较简单;缺点是统计缺乏代表性,无法推广至整个总体,结果可能存在偏差,不易控制抽样误差。

4. 确定样本量

确定样本量是进行调查研究时的一个关键步骤,样本量究竟应多大通常会让初次进行调查的人感到困惑。实际上,样本量的大小不直接由总体规模决定,而取决于研究对象的变化程度、所需的精度及所期望的置信水平。当研究现象较为复杂或差异性较大时,往往需要更大的样本量以确保精度;同样,更高的精度要求和置信水平也需要更大的样本量,但最关键的还是样本需要有代表性。确定样本量的原则:目标总体越小,抽样的比例越高,就会获得越精确的样本,最终的结果才会更具代表性。目标总体太大,只增加样本量,对精度的影响不明显,还要考虑到实际操作的可实施性、非抽样误差的控制、经费预算等。

(三)研究工具

除了确定研究对象,研究者同时需要准备研究工具,以便在选取样本后收集所需数据。量表和问卷是常用的研究工具,它们用于收集数据、评估变量及测试假设,本书的第三章和第四章将会对量表和问卷进行详细介绍,这里不做过多阐述。

在大型调查研究中,由于样本范围广泛且数量庞大,研究工具应尽可能简洁,如设计一个问卷来询问游客对目的地的文化魅力的感知及其访问频率等。如果研究关注复杂变量关系的讨论,则所使用的工具要能够测量这些变量。问卷或量表的编制应遵循一定的程序,并确保其信度与效度,如果研究者无法找到一些现存、适用的测验或量表,这可能需要研究者花费额外时间自行开发适用的量表。

(四)数据收集

在研究的准备工作完成后,包括样本和研究工具的确定,接下来便进入至关重要的数据收集阶段。这一阶段是研究实施的核心,无论是在实验设计还是非实验设计的框架下,都要求精确执行和高效管理。在实验设计的研究中,数据收集主要涉及样本分配和严格控制实验条件等工作,以确保研究者能准确地观测和记录因变量的数据。如果在非实验设计的研究中,数据收集涉及抽样实施,以及问卷的设计、发放和收集等工作。需要注意的是,在正式进行大规模数据收集之前,进行预测试是非常重要的。这有助于检查问卷、测量工具或研究设计中的潜在问题,如问卷的理解难易度、操作的实施难度等,以便在全面启动研究前进行调整。

实际上,不管是实验研究还是非实验研究,数据收集阶段都需要投入大量的人力和物力资源。研究团队必须密切合作,细心规划每一个步骤,确保数据的质量和研究过程的顺利进行。这一阶段往往是时间消耗最大的部分,但它是整个研究过程中最为关键的一环,直接关系到研究结果的有效性和最终的研究成果。

三、数据分析与报告撰写

第三阶段是数据分析与报告撰写,包括数据准备、数据分析、报告撰写三个部分。在这一阶段,研究者将对收集到的数据进行详细分析,检验研究假设,总结研究结果并提出结论,最终形成一份完整的研究报告。

（一）数据准备

数据准备是数据分析前的必要步骤，以确保数据的质量和可用性。当研究者通过研究工具收集到所需要的原始数据时，并不能直接用原始数据进行分析，而是需要先进行一些简单的处理。例如，问卷收回时，需要先过滤无效问卷，进行废卷处理，计算问卷的回收率，如有必要，还必须回到前一个步骤，继续收集数据，补充样本量，直到满足研究所需为止。

数据准备具备包括：①数据清洗。这涉及检查数据集中的错误或不一致，如重复记录、缺失值或异常值，并进行相应校正或删除。这一步骤是为了确保接下来数据分析的准确性。②数据补缺。对于不可避免的缺失数据，研究者需要决定如何处理。常见的方法包括数据插补，如使用均值、中位数或基于其他变量的估算来填补缺失值。随着计算机科技的发展，计算机化的研究数据处理与分析模式已完全取代人工操作，因此，上述提到的数据清洗、数据补缺工作便可以借助统计软件由计算机来代劳，其中SAS和SPSS是目前应用较为广泛的统计工具。后面章节将详细介绍运用SPSS软件进行数据清洗、数据补缺等内容。

（二）数据分析

数据分析是研究中的核心环节，它使用统计方法来解释数据，并测试研究假设。数据准备工作一旦完成，研究者就可以利用适当的统计方法来分析数据。在数据分析阶段，针对研究所收集的各个变量，研究者可以先利用统计图表等，将计算机化处理的原始数据进行初步呈现，了解变量的特性，再利用各种推论统计技术来检验研究假设是否成立。例如：结构方程模型（SEM）允许同时进行多个回归分析，测试变量之间的复杂关系网络尤其适用于理论模型的验证；验证性因子分析（CFA）用于验证测量模型的结构，即验证假定的因子是否真实存在；探索性因子分析（EFA）用于探索数据中潜在的结构，识别变量背后的因子结构。

选择合适的统计方法是数据分析成功与否的关键因素。不同类型的变量及其组合，适用不同的统计分析策略。从卡方检验、t检验到回归分析等，每一种方法都有其特定的应用场景和要求。因此，研究者必须对这些统计方法的基本原理和使用限制有深入了解，以免错误地应用统计工具或误解分析结果。

（三）报告撰写

撰写报告是研究流程的最后一步，目的是将研究发现有效地传达给目标读者。在内容上，一篇研究报告应包含以下六个部分。

（1）标题。标题是文章的"窗户"，一个好的标题常常可以起到极好的"点睛"作用。有经验的研究者往往只需要看一眼标题，就可以大概地判断文章的质量。因此，给研究报告取一个好的标题十分重要。研究报告的题目应该是明确和简洁的，能直接反映研究的核心内容,能引起读者对报告的兴趣和注意,这需要研究者在命名时进行精心考虑和设计。

(2)摘要。摘要应准确并清晰地概括研究的核心内容。它应明确研究角度,简洁地介绍研究目的、研究方法、研究结果等,为读者提供一个快速了解全文的途径。

(3)引言。引言部分位于文章的前端,其目的在于与读者进行初步的沟通,因此,需要注意本部分不应涉及主体内容的具体讨论。从内容来看,引言主要包括以下内容:①研究问题的介绍。例如,研究的焦点、研究的假设、研究设计的概念、研究的理论意义等。②研究背景的说明。对于研究所涉及的相关学理与研究文献,研究者应做摘要性的整理,提及他人研究之时,应针对他人研究的主要议题、使用方法、重要结论进行简要介绍,不用过于详细地进行描述。③研究目的的阐述。在引言的末尾,研究者应具体说明研究的目的。

(4)研究方法。这是研究报告中的关键部分,其功能是使得读者能够理解研究是如何开展的,并根据流程来进行研究成效评估,甚至进行研究再制,因此,本部分需要详细撰写。基于不同的研究主题,研究方法的撰写格式并不固定,但是以下几个部分是必要的:①介绍参与者。明确介绍研究的参与者、被试或被观察者是研究质量的基础。这不仅涉及样本的特性和结构,也使得读者能够了解研究的运作环境及可能发生的现象,并判断研究中是否存在偏误或数据缺失。②研究工具与器材。为了确保测量的客观性和准确性,使用标准化的研究工具和设备是必不可少的。③研究程序。科学的研究强调标准化与客观化的操作过程,因此,详细的研究程序说明是科学研究中不可或缺的部分。这应包括研究开始前的各项准备工作、参与者的选择和安置、研究工具的准备,以及人员的培训和设备的准备情况等,每一个可能影响研究结果的步骤都应详尽说明。④数据分析的方法与策略。研究者应详细描述数据的整理和分析过程,具体包括使用的分析技术、统计软件、数据转换的方法及其目的等。

(5)研究结果与分析。研究结果是研究报告的核心组成部分,其主要内容与数据分析有着密切的关系,撰写此部分的主要目的就是将研究结果作为客观事实呈现给读者。其主要内容就是对研究中收集的原始文献资料、观察资料、实验资料等进行初步整理和分析,然后采用一些逻辑分析或统计分析的技术手段,推断出研究结果。

(6)讨论。在讨论部分,研究者应评估和解释研究结果的意义,探讨其科学价值和应用前景,讨论研究的局限性,并对未来的研究提出建议。这一部分是对研究方法和结果的深入分析,也是展示研究创新点和对现有知识体系贡献的重要环节。

研究报告的撰写是传递科学思想的具体行动。它既是将研究成果呈现给学术界和公众的主要方式,又是评估一个研究者综合能力和思维严密性的重要标准,不仅涉及信息的整合与逻辑的展现,还要求研究者具备将复杂数据和理论概念转换为可理解语言的能力,因此,撰写研究报告是每位科研工作者必须具备的基本专业技能。

思考题

1. 简述科学研究的目的、特征。
2. 简述问卷调查法的优缺点。
3. 简述量化研究与质性研究的区别。
4. 在进行结构式访谈时,我们应该注意些什么?

第二章 变量与模型

本章概要

概念化是旅游科学研究的重要议题。从旅游活动现象的现实问题入手,将其转化为具备科学要素的变量、假设和概念模型是进行旅游统计分析与逻辑推理的重要前提和关键步骤。本章将围绕变量、假设和模型构建展开,帮助学生掌握不同类型变量的特性及其在研究中的应用,进一步了解不同假设的作用,以及如何构建模型来研究变量之间的关系,从而形成一个具体的研究问题,建立关于旅游统计学研究的知识体系,为解决旅游领域的实际问题提供有力的支持,促进旅游学科的不断发展和创新。

学习目标

知识目标

(1) 了解不同类型的变量,包括类别型和连续型变量等。
(2) 了解假设在研究中的重要性,能够清晰表述不同类型的假设。
(3) 了解模型构建的基础概念,掌握建立基础模型的方法和技巧。
(4) 掌握自变量、因变量、中介变量、调节变量等的概念与区分。

能力目标

(1) 能够准确识别和应用自变量、因变量、中介变量和调节变量等。
(2) 能够提出清晰、具体的研究假设,并运用假设进行研究设计。
(3) 能够根据不同的研究内容构建不同模型。

素养目标

(1) 培养学生对科学研究的尊重和认可,并注重科学道德和研究规范的养成。
(2) 培养团队合作意识和沟通能力,促进学术交流与合作。

第一节 变 量

一、变量定义

常量和变量是科学研究、数学和逻辑中的基本概念，它们帮助我们描述和理解自然界和社会现象中的规律和变化。常量是指在特定研究或计算中其值保持不变的量。在科学实验中，常量是指不随实验条件改变而改变的条件或参数，而变量顾名思义就是其值能够发生改变，它每一个数据会因为样本的不同而有所变化。

变量是量化研究最基本的元素，通常是研究的焦点。在量化研究中，最重要的就是研究"变量"与"变量"之间的关系，研究者通过观察和操作变量来探索因果关系或其他相关性，而当我们把 N 个变量组合在一起就形成了科学研究的概念架构（即模型）。

例如，表 2-1 中虽然全是数字，却可以回答很多问题。每个人的年龄多大？是什么性别？什么学历？就业情况如何？平均月收入水平情况？这些问题的答案都是我们所调查对象的一系列特征或属性，统计学上称为变量，也就是表格第一行各条目的名称，它因样本编号的不同而有所变化。

表 2-1　便于统计分析的数据形式

序号	性别	年龄	职业	文化程度	平均月收入	家庭人口数
1	2	23	1	2	1	6
2	1	24	1	3	1	4
3	1	32	6	3	3	5
4	1	34	7	1	1	4
5	2	21	2	3	2	3
6	2	27	2	3	4	3
…	…	…	…	…	…	…

注：性别，1＝男性，2＝女性；职业，1＝学生，2＝国企工作人员，3＝教师，4＝离退休人员，5＝公务员，6＝公司职员，7＝其他；文化程度，1＝高中及以下，2＝大专，3＝本科，4＝研究生及以上；平均月收入，1＝2000元及以下，2＝2001－3500元，3＝3501－5000元，4＝5001－6500元，5＝6501元及以上。

表 2-1 中的变量包括性别、年龄、职业、文化程度、平均月收入和家庭人口数。进一步观察后会发现，像家庭人口数这类变量，其取值是定量的、有计算意义的，我们将其称之为定量变量；而像性别、职业、文化程度这类变量的取值是定性的、主要起代号作

用,我们将其称之为定性变量。根据不同属性和特征,变量可进一步区分为不同的类型。根据不同的数据类型,变量可分为数值型变量、类别型变量、文本型变量等。根据不同的研究角色,变量可分为自变量、因变量、中介变量、调节变量及控制变量。此外,根据观察方式分类,变量可分为潜变量(不可观察变量)与显变量(可观察变量)。本节重点从数据类型和角色作用两个角度对变量类型及其特点展开介绍。

二、基于数据类型的变量类型

(一)数值型变量

数值型变量(也称为定量变量),是指在研究中可以用数字表示并进行数学运算的变量。它通常分为两种类型,即连续变量和离散变量。其中,连续变量其取值范围在理论上是连续不断的,在一定范围内可取任意数值。变量中的每一个数值,皆代表强度上的意义。例如,年龄变量的取值范围在理论上可以取任意正实数,注意不是正整数。比如,一个人的年龄可以记为18.5岁,表示其年龄为18岁6个月,甚至还可以利用出生时刻的信息精确到更小的时间单位。离散变量只能取有限个或可数个数值。它通常涉及计数值,如家庭人口数,因为不同家庭的人口数只可能相差0、1、2等,而不能相差1.1、1.2等,所以它的取值范围是间断而不连续的。

数值型变量的特点:①量化性。数值型变量的值是数字,一般是有单位的,可以进行加减乘除等基本数学运算。②间隔意义。数值型变量的值之间的差异是有意义的。③顺序性。数值型变量的值具有固定的顺序,更高或更低的数值有其特定的意义。

(二)类别型变量

类别型变量(也称为定性变量或分类变量),是指其值表示类别或群组而不表示数值大小的变量。这种变量的数值通常用于标识属性,而非量度或计算。类别型变量可以进一步细分为有序类别变量和无序类别变量两个类型。其中,有序类别变量是指变量的类别之间存在明确的顺序或等级。如学历这类定性变量的取值为"高中及以下、大专、本科、研究生及以上",具有可比的等级或顺序特点,因此称为有序类别变量。另外一个常见的例子是"满意度",包括"非常不满意、不满意、一般、满意、非常满意"。这类有序类别变量给人一种"半定量"的感觉,因此也称为"等级变量"。无序类别变量是指变量的类别之间没有顺序或等级关系,如性别、职业等。对于无序类别变量,根据取值的不同,它又可分为二项类别变量和多项类别变量,比如性别为男性和女性两类,所以称之为二项类别变量,而职业类别较多,则可称为多项类别变量。

类别型变量的特点:①非数值标识。类别型变量通常是用非数值的标签或名字来识别,有时会用数字编码来表示不同的类别。②无数学意义的运算。这类变量的值不能用来进行数学运算,如加减乘除等,因为它们代表的是类别而非数量。③数据分析方法限制。类别型变量在数据分析时使用的技术与数值型变量不同,常用的方法包括频数计数、百分比分析及卡方检验等。

(三) 文本型变量

文本型变量是指在数据集中以文本形式出现的变量。这些变量通常包含字符或词语,常用于描述性数据的收集,如姓名、地址或任何其他形式的非数值类别。例如:旅游者的国籍(如中国、美国、巴西等),旅游类型(如休闲游、探险游、文化游等),旅游目的地名称(如黄石公园、巴黎、长城等),旅客对酒店服务的反馈(如优秀、良好、一般、较差等)。

文本型变量的特点:①非数值性。文本型变量包含的是文字信息而非数字,这就需要在数据处理和分析时采用特定的技术,如文本分析或类别编码。②多样性。文本数据可以非常多样,从单个词汇到复杂的句子或段落都有可能。③解释性强。文本型变量通常直接关联到具体的描述性内容,易于理解和说明。④需要预处理。在分析前,文本数据通常需要进行清洗和预处理,如去除停用词、进行标准化、提取词干等。

(四) 虚拟变量

虚拟变量也被称为指标变量或二元变量,通常在统计模型中以数值方式表示类别数据。虚拟变量的主要作用是将非数值型的类别变量转换为数值型,使之能够被统计软件或模型正确处理。虚拟变量通常取值为0或1,表示某个类别的存在或缺失。

虚拟变量的特点:①能够简化模型。虚拟变量使得包括类别数据在内的多种数据类型可以在同一个模型中分析,提高了模型的适用性和灵活性。②易于实现和解释。虚拟变量的使用便于理解和说明,尤其是在描述类别变量对因变量的影响时。③可能导致潜在的多重共线性问题。如果不正确使用,虚拟变量可能导致多重共线性问题,特别是当一个类别作为基准类别时,其他所有类别都通过虚拟变量表示。为避免这种情况,通常在包含k个类别的变量中使用$k-1$个虚拟变量。

三、基于角色作用的变量类型

基于变量在研究中所扮演的角色,我们可以将变量分为几种不同类型。这些变量类型包括:自变量、因变量、中介变量、调节变量及控制变量。在量化研究中,不论研究问题及其模型有多复杂,研究者都可以使用这五个类型的变量。

(一) 自变量与因变量

1. 定义

自变量是研究中被研究者有意识地操纵或控制的变量。自变量是科学研究的基础,用来观察它对其他变量的影响。因变量是研究中受到自变量影响而发生变化的量,研究者可以通过改变自变量来观察其变化情况。简单来说,自变量就是原因变量,因变量就是结果变量。自变量的变化会引起因变量的变化,因变量的变化因自变量变化而发生。它们是较重要的两种变量,一般在研究中可以直接或间接地进行观察。

如何划分自变量和因变量?这通常取决于研究的设计和目的。一般来说,自变量和因变量之间的区分基于研究者在实验或者观察中的角色和操作。例如:①操作性质。自变量通常是研究者有意识地操作或者控制的变量,其值或水平是在研究开始之前被设定的,而因变量则是对自变量变化的响应,是研究中被测量或者观察的结果。②因果关系。自变量通常被认为是导致因变量变化的"原因",因此,因变量则被认为是"结果"。研究者会通过改变自变量的值来观察因变量的变化,从而推断二者之间的因果关系。③研究设计。在实验设计中,研究者会控制自变量的值,而因变量的变化则是在这些控制下被测量的结果。这种实验设计使得自变量和因变量之间的关系更容易被确定。④统计分析。在统计分析中,自变量通常被作为解释因变量变化的预测变量,而因变量则是被解释的变量。研究者通常会使用回归分析等方法来分析自变量和因变量之间的关系。

我们可以通过下面两个例子来感受自变量与因变量:

研究问题1:旅游广告对旅游决策的影响。

自变量:不同类型的旅游广告(如情感型广告、信息型广告)。

因变量:游客的旅游目的地选择。

特点:研究者可以通过改变广告的类型来观察不同类型广告对游客选择的影响。

研究问题2:不同年龄群体对旅游目的地偏好的差异。

自变量:游客的年龄段(如20—30岁、31—40岁、41—50岁等)。

因变量:偏好的旅游目的地类型(如海滨、山区、城市等)。

特点:研究者可以选择不同年龄群体的参与者来研究其对旅游偏好的可能影响。

2. 特点

通过上述关于自变量、因变量的定义及相关例子,我们可知自变量和因变量在研究中发挥着不同的作用,它们具有以下特点。

(1)自变量的特点。

① 独立性。自变量是研究者操控或选择的变量,其变化不受其他变量影响。

② 解释性。自变量用于解释或预测因变量的变化,因此,它通常是研究的重点。

③ 多样性。研究中可以有多个自变量,以探究它们对因变量的复合影响。

④ 操作性。自变量在实验设计中可以被操控,以便研究者观察其对因变量的影响。

(2)因变量的特点。

① 依赖性。因变量的变化取决于自变量的变化,因此,它是自变量作用的结果。

② 观察性。因变量是研究者观察或测量的对象,用来衡量自变量的影响程度。

③ 单一性。通常情况下,研究中只有一个因变量,以便研究者能够更清晰地研究因变量与自变量之间的关系。

④反映性。因变量反映了研究对象在特定条件下的表现、状态或行为。

(二) 中介变量

1. 定义

中介变量(Mediator)是自变量对因变量产生作用的媒介,即自变量通过影响中介变量来影响因变量。中介变量在解释自变量与因变量之间的机制和路径时发挥着关键作用。中介变量可以分为完全中介和部分中介两类。完全中介指自变量对因变量的影响完全通过中介变量传递。在这种情况下,自变量对因变量的直接影响会在控制中介变量后消失或明显减弱,间接效应显著。部分中介指自变量对因变量的影响不完全通过中介变量传递。在这种情况下,自变量对因变量既有直接影响,又有间接影响,中介变量在解释自变量和因变量之间的关系时发挥着重要作用。

例如,假设我们想研究某个旅游目的地的营销活动(自变量)是如何影响游客选择该目的地的意愿(因变量)的,并且我们认为旅游目的地知名度(中介变量)可能会在这一过程中起到一定作用。在这个例子中,旅游者选择目的地的意愿(因变量)受到营销活动的影响(自变量),但这种影响可能并不直接。旅游目的地可能通过营销活动提高目的地的知名度(中介变量)间接影响游客的选择行为。通过引入中介变量,我们可以更深入地理解营销活动如何影响游客选择行为的过程,这有助于旅游业者更好地制定营销策略,提高旅游目的地的吸引力和竞争力。

2. 特点

中介变量的特点如下:

(1) 中介变量传递了自变量对因变量的影响,解释了自变量和因变量之间的关系,揭示了这种关系背后的机制或过程。

(2) 通过统计分析方法检验中介变量,可以确定自变量对因变量的影响是否经由该中介变量实现。

(3) 中介变量建立在理论基础之上。研究者需要提出清晰的假设,说明为什么认为中介变量在自变量和因变量之间起到了中介作用。

(4) 中介变量的作用方向应与自变量和因变量的关系一致。如果自变量对中介变量有正向影响,而中介变量对因变量有负向影响,则不符合中介效应的要求。

(5) 通过引入中介变量,研究者可以控制或解释自变量和因变量之间的关系中可能存在的混杂变量,提高模型的解释力和预测力。

(三) 调节变量

1. 定义

调节变量(Moderator)是指在研究中被操控或者观察的变量,其作用是影响因变量和自变量之间的主效应关系。调节变量通常用来检验因变量和自变量之间关系的强度或者方向是否受到其他变量的影响。调节变量可以是质性的变量,比如性别、班级等;也可以是量化的变量,比如涉入程度。

例如,在旅游社区互动关系中,我们可能对社区形象(如友好、天然等)与满意度之间的关系感兴趣。通常情况下,更好的社区形象可能会产生更高的满意度。然而,这种关系是否在所有情况下都是如此呢?此时,我们可以引入社区信任程度并将其作为调节变量。在信任程度较高的旅游社区关系中,社区形象与满意度之间的正相关可能更为明显,但在信任程度较低的关系中,社区形象可能不会显著提高满意度。因此,社区信任程度表明:在某种情境下,社区形象对满意度的影响会变化。简单来说,就是调节变量给这层关系加上了一个"帽子"或"背景",即它是有条件的。

2. 特点

调节变量的特点如下:

(1)调节变量通常用于检验自变量和因变量之间主效应关系的稳健性,即在其他变量的影响下,主效应关系是否仍然存在。

(2)调节变量不是独立地影响因变量,而是通过影响自变量和因变量之间的关系来发挥作用。

(3)调节变量的存在可以帮助研究者更准确地了解因变量和自变量之间的关系,以及这种关系在不同情境下的变化情况。

(四)控制变量

1. 定义

控制变量(Control Variable)是指那些会影响因变量的因素,它们的存在会干扰研究者分析自变量对因变量的影响。控制变量又称为额外变量,是必须想办法加以控制或采用统计方法排除干扰的因素。

例如,我们研究旅游目的地的气候对游客满意度的影响,但研究发现,游客的游览体验还受到游客性别的影响,女性可能更注重气候的舒适性,而男性可能更注重景点的多样性。为了排除性别对研究结果的影响,我们可以将性别列为控制变量,以便能更准确地评估气候对游客满意度的影响。这样,研究就能够更专注地评价气候因素对游客满意度的影响,而不受性别等其他因素的干扰。在科学研究中,我们通常无法保证控制变量全部相同,而是采取统计方法排除它对因变量的影响。然而在现实生活中,这种排除很难做到,所以理解控制变量实际上就是在分析因果关系(自变量影响因变量)时,留意是否有需要控制的因素没有被控制。如果没有被控制,我们就有理由怀疑这种因果关系的可靠性。值得强调的是,并不是除自变量外所有能对因变量产生影响的是控制变量,中介变量和调节变量都能影响因变量,因此,控制变量是一个相对的概念,其核心是依据研究目的或问题逻辑。

2. 特点

控制变量的特点如下：

（1）随机性。控制变量的选择应该是随机的，以避免引入偏见或系统性错误。

（2）独立性。控制变量应该与自变量和因变量无关，以确保它们不会干扰研究结果的解释。

（3）关联性。控制变量应该与研究主题有关，以确保控制变量的存在可以提高研究结果的准确性和可信度。

（4）可操作性。控制变量的值应该是可以操控的，以便研究者可以在需要时改变控制变量的值来观察其对研究结果的影响。

通过引入中介变量、调节变量、控制变量，我们可以更加详细、深入地了解自变量与因变量之间的关系，而不仅仅是它们之间的直接关系。通过图 2-1，我们可以更为直观地感受到各变量之间的关系。

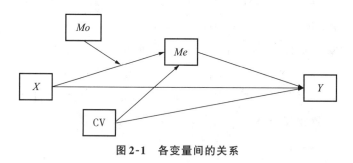

图 2-1　各变量间的关系

图 2-1 中的 Y 为因变量；X 就是引起 Y 改变的原因，所以 X 是一个自变量；Me 是 X 对 Y 产生影响的中介，称之为中介变量；CV 没有被任何箭头指向，它与自变量一样，称之为控制变量；Mo 没有被任何箭头指向，是自变量，但它的箭头指向的不是变量而是一段关系，称之为调节变量。

第二节　假　　设

一、假设定义

量化研究的一个重要特征是假设检验。假设是尚待检验的命题，是需要实证研究加以证明的理论，或是理论的潜在形式。所谓假设，就是以已有事实材料和科学理论为依据而对未知事实或规律所提出的一种推测性说明。简言之，假设就是研究者对于社会现象之间或者变量之间关系的推测或尝试性解释，是社会研究中常用的命题形式。研究假设主要运用在量化研究中，通过对假设的证实或证伪，研究者可以对比较抽象的理论进行验证,从而使实证研究不再是经验上的描述,成为理论性研究。质性研究一般很少进行假设(量化研究中,假设是以演绎推理为基础的,并在研究之前产生),然而,当某些质性研究进行假设时,其理论假设往往产生于研究之后,是在已有的研究结果上建立的初步结论,并经过进一步的个案研究来证实或证伪,从而验证和发展研究者的初步结论。

好的研究假设的特点:①能清楚地说明自变量与因变量之间是有关联的;②能清楚地说明自变量和因变量之间是怎样关联的;③研究假设应该是可以验证的;④研究假设应以陈述句而不是疑问句的形式表达,应简明扼要。例如:假设1——"明天天气会变冷",该假设只有一个变量"天气",并没有明确两个变量之间的关系,变冷只属于特征描述,因此只讨论了一个变量的假设并不是研究假设;假设2——"明天天气会变冷,明天湿度会特别大",该假设有两个变量"天气"和"湿度",但并没有描述二者关系,没有用自变量去解释因变量,研究假设要描述自变量和因变量之间的关系;假设3——"游客间的互动越强,旅游体验感越好",该假设有两个变量"游客间的互动"和"旅游体验感",并清楚地说明了游客间的互动与旅游体验感的关系,描述了游客间的互动可能会对旅游体验感产生正向影响。

二、假设类型与表述

(一)原假设与备择假设

在进行统计推断时,通常会提出两种假设:原假设和备择假设。其中,原假设是研究者试图推翻或者反驳的假设。原假设通常表明没有观察到的效应或者关系,或者效应的大小为零。在假设检验中,原假设被假定为默认的假设,符号表示为 H_0。备择假设是研究者希望得到支持的假设。备择假设通常表明存在观察到的效应或者关系,或者效应的大小不为零。研究者试图通过数据证据来支持备择假设,从而拒绝原假设,符号表示为 H_1 或 H_a。

在统计推断中,研究者首先假设原假设为真,然后收集数据进行分析。根据数据分析结果,研究者可以选择接受原假设(即没有足够的证据来拒绝原假设)或者拒绝原假设(即有足够的证据来支持备择假设)。

例如,假设我们想研究旅游景区门票价格对游客选择的影响。在这种情况下,原假设(H_0)为"旅游景区门票价格对游客选择景区没有影响,即价格与选择之间没有差异";备择假设(H_1)为"旅游景区门票价格对游客选择景区有影响,即价格与选择之间存在差异"。通过收集和分析相关数据,研究者可以得出结论,要么接受原假设(认为价格没有影响),要么拒绝原假设(认为价格有影响)。

(二)其他分类形式

1. 基于形成逻辑分类

(1)归纳假设。归纳假设是在观察的基础上进行的概括,即人们通过对一些个别经验事实材料的观察,得到启示,进而概括、推论出的经验定律。

（2）演绎假设。演绎假设是从相关研究领域的某一理论或一般性陈述出发,推理出的新结论或推论出的某特定假设。它是根据不可直接观察的事物现象或属性之间的某种联系的普遍性,通过理论综合和逻辑推演而提出的理论定律和原理的假设。

2. 基于过程阶段分类

（1）描述性假设。在科学探索的最初阶段,常用到描述性假设。它可以向我们描述认识对象的结构,提供关于事物的外部联系和大致的数量关系的推测,使我们对研究对象的大致轮廓或外部表象有粗略的了解。

（2）解释性假设。解释性假设是揭示事物的内部联系、指出现象本质、说明事物原因的一种更复杂、更重要的假设。这是比描述性假设高一级的形式。在研究中,解释性假设是从整体上揭示事物各部分相互作用的机制,以及揭示条件与结果、研究主体的最初状态与最终状态的因果关系的原理。

（三）假设表述

1. 存在式表述

存在式表述的形式:在 C 的条件下, X 具有 Y 的性质。

例如,在旅游目的地的规划设计中,景点分布的合理性具有提升游客的旅游体验感的作用。在这项假设中,条件因素 C 为旅游目的地的规划设计;自变量 X 为景点分布的合理性;因变量 Y 为游客的旅游体验感。

2. 条件式表述

条件式表述的形式:如果 X,则 Y,即假定某个变量或现象发生变化时,另一个变量或现象也随之发生变化。

例如,对于旅游网站的用户体验,提高页面加载速度,能够增加用户的停留时间和页面浏览量,使得用户对该网站的满意度提升。在这项假设中,条件因素 C 为旅游网站的用户体验;自变量 X 为页面加载速度;因变量 Y 为用户的停留时间和页面浏览量。

3. 函数式表述

函数式表述的形式:随着 X 的改变, Y 将做出相应方式的变化。

例如,导游在旅游大巴上进行讲解时,随着讲解时间的增加,游客的注意力逐渐下降。在这项假设中,条件因素 C 为导游在旅游大巴上讲解;自变量 X 为讲解时间;因变量 Y 为游客的注意力。

4. 差异式表述

差异式表述的形式:变量 X 的若干个范畴或值在变量 Y 上存在着显著差异,或者 X 不同, Y 也不同。

以韦伯关于组织理论的假设为例:

假设1——集中化程度越高,效率越高。

假设1a——工厂化生产要比家庭作坊能生产更多的产品。

假设1b——流水线作业要比单件生产的效率更高。

假设1c——在工厂周围建造工人社区,能够提高生产效率。

韦伯的组织理论中的假设1a和假设1b就是采用差异式假设的表述形式。假设1a表明,自变量生产方式(X)的两种形式——工厂化生产(A)和家庭作坊(B)在因变量产量(Y)上存在着显著差异。假设1b表明,自变量生产流程(X)的两种形式——流水线生产(A)和单件生产(B)在因变量生产效率(Y)上存在着显著差异。

一般而言,条件式表述主要用于解释性研究或分析因果关系,差异式表述主要用于描述性研究或分析相关关系。但是,如果从假设的形式来看,研究者有时很难区分出它们是因果关系还是相关关系,因为任何假设的基本形式都是差异性的。例如,在韦伯的组织理论中,假设1a和假设1b虽然是差异式表述形式,但分析的却是因果关系,即从生产方式和生产流程的变化预测它们对产量的影响。同样地,条件式表述也存在类似情况。例如,假设1"集中化程度越高,效率越高"为条件式表述形式,是用来分析因果关系的,即探究效率变化的原因,但它也可以转变为差异式表述形式,即"集中化程度不同,效率也不同"。

三、假设作用

研究假设作为科学研究的基础性要素,其作用主要在于它是理论的先导,起着纲领性作用。

(一)假设可以为调查研究指明具体的方向

假设所包含的具体指标或变量,实际上已经说明了调查研究的具体内容,它是问卷设计的基础。确定好研究的方向和范围后,便于指导研究者收集和分析数据,从而使研究更加有针对性和有效性。例如,假设研究旅游方式对旅游体验的影响。假设所包含的具体指标或变量,如旅游方式、旅游团队规模等,实际上已经确定了调查研究的具体内容。

(二)假设是研究设计的基础

假设有助于确定研究的方法和步骤,确保研究的科学性和可靠性。此外,假设还是研究推理的基础,假设可以成为建构社会理论的方式,发挥桥梁的作用。虽然假设在未得到充分证实前不能成为科学理论,但它是科学理论的潜在形式。通过不断验证假设,研究者可以逐步建构出更为完善的理论框架。

(三)假设即使被证实,也不一定能成为科学理论

在社会研究中,假设即使被证实,也并不一定能马上成为科学理论。一方面是因

为任何科学理论的证实都不是一次性的,只有通过反复研究,并且反复研究所得到的结论基本上是一致的,它才能被确定为科学理论。另一方面,根据理论假设演绎出来的经验假设并不能做到对理论概念全部内涵的说明。因此,经验假设即使被多次证实,它的解释力也是有限的。不仅量化研究是如此,质性研究也是如此。

第三节　模型构建

一、概念模型

在科学研究中,概念模型被表述为对系统的表征或再现,是表述理论和帮助决策者的重要手段,可以让研究者和管理者描述现在的情景或对将来的状况进行可视化表征。构建概念模型就是为了研究系统的某个方面或整体,为了增强人们对环境复杂性的理解、预测和控制。那么,什么是概念模型?如何构建概念模型呢?

(一)定义

概念模型是对系统、现象或者问题的一种抽象描述,用于帮助理解、解释和探索这些事物的基本特征、关系和行为。概念模型通常是以概念或者理论框架的形式表示,而不是具体的数学或者实现细节。在某些情况下,术语"概念模型"和"研究模型"可以被用来指代相同的概念,它们都是对研究对象、现象或问题的抽象描述。

然而,有时候它们在使用上也可以进行区分,这具体取决于学科、领域或者特定研究的背景和需求。在一些情况下,人们可能会将"研究模型"更多地与具体的研究设计、数据收集和分析方法联系起来,而将"概念模型"更多地用于描述研究对象或现象的概念性特征和关系。总的来说,尽管这两个术语可能有时会用来表示相同的概念,但在特定的语境中,可能会有一些微妙的区别或者偏向。重要的是要根据具体的背景和需求来理解和使用该术语。

(二)构成要素

概念模型的构成要素通常包括以下几个部分。

(1)图形。概念模型通常以图形的形式呈现,包括各种符号、文字等。模型中通常用椭圆形或方形来代表不同的概念或变量。图形表示可以帮助研究者直观地理解和表达概念模型。

(2)有方向的线条。概念模型中的关系通常用有方向的线条表示,即表示变量之间的因果关系或影响关系。有方向的线条有助于指明变量之间的作用方向,帮助研究者理清问题的逻辑结构。

(3)变量。概念模型中的变量是指研究对象或问题中的可变化因素,通常分为自变量、因变量、中介变量、调节变量、控制变量。概念模型中的变量通常用符号或文字表示。

除了图形、有方向的线条和变量外,概念模型还可能包括其他元素,如假设、观察数据、模型框架等。这些元素共同构成了一个完整的概念模型,用于描述和解释研究对象或问题。

例如,图2-2所示的模型中出现了 $X \rightarrow ME$、$ME \rightarrow Y$ 和 $X \rightarrow Y$ 等关系,而这些关系刚好可以对应不同的假设,因此,我们可以在模型上标出相应的假设,如图2-3所示。

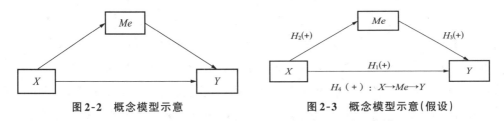

图2-2 概念模型示意　　　　图2-3 概念模型示意(假设)

(三)作用

概念模型是科学研究和问题解决过程中的重要工具,它们帮助研究者理清问题的本质、指导研究的进行、推断结论和进行决策。通过不断发展和改进概念模型,我们可以更好地理解世界、解决问题和取得进步。概念模型的主要作用如下。

1. 问题澄清和定义

概念模型可以帮助研究者澄清和定义研究问题,明确研究的目标、范围和关键概念。它所提供的框架能使研究问题更具体、更清晰,从而为研究的进行奠定基础。

2. 理论指导

概念模型基于相关理论或者理论框架构建,可以为研究提供理论指导,帮助研究者理解问题的背景和理论基础,指明研究的理论基础和假设,为研究的进行提供方向和基础。

3. 研究设计

概念模型对研究设计起着关键作用。它能帮助研究者收集需要的数据、选择合适的研究方法和技术,并确定研究变量之间的关系。概念模型为研究的进行提供了一个框架,使得研究设计更加系统和有序。

4. 推断和解释

概念模型为研究结果的推断和解释提供了一个框架。基于概念模型,研究者可以对数据结果进行解释,推断系统或现象的行为和趋势,并得出研究结论和建议。

二、基础模型设计

量化研究中,模型是用来描绘不同变量之间关系的工具。基础模型大致分为三种:自变量—因变量、自变量—中介变量—因变量、自变量—调节变量—因变量。这三种基本模型都有其独特的结构和应用场景。下面将使用旅游业中的一个简单的例子来逐一解释这些模型,并展示如何从最简单的模型逐步扩展到更复杂的模型。

(一)基础模型一:自变量—因变量

此模型是最简单的模型形式,自变量直接影响因变量,没有其他类型变量参与。此模型的特点:①简洁性。模型的结构非常简单,只包含一个自变量和一个因变量。这种简洁性使得模型易于理解和实施,特别是对初学者来说,他们可以快速掌握基本的数据分析和实验设计概念。②直接性。在这个模型中,自变量被假设为直接影响因变量。这种直接性意味着研究者可以专注于评估两个变量之间的直接联系,不需要考虑其他潜在的中介变量或调节变量。③易于统计分析。由于模型结构的简单,相关的统计分析通常也较为直接。④初步探索性。这种模型常被用于探索性研究,当研究者希望初步理解两个变量之间是否存在关联时,自变量—因变量模型提供了一个起点。尽管这种模型不能通过完善的机制做出解释,但它是建立初步假设和导向更复杂模型研究的基础。⑤因果推断的限制。尽管自变量—因变量模型可以揭示两个变量之间的关系,但它在因果推断上有限制。模型不包括中介变量或调节变量等,因此难以完全排除外部变量的干扰,可能存在遗漏变量偏误。

例如,入住民宿时,若民宿能够提供干净、舒适的住宿环境及优质服务,则可能直接提高顾客的满意度。这个现象就可以用基础模型来表达,将干净、舒适的住宿环境及优质服务定义为服务质量,从而研究民宿的服务质量对顾客的满意度的影响。在这个模型中,服务质量和满意度便是变量,民宿的服务质量是自变量(Independent Variable,IV),顾客对民宿的满意度是因变量(Dependent Variable,DV),模型见图2-4。

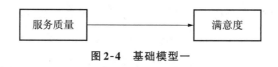

图2-4 基础模型一

(二)基础模型二:自变量—中介变量—因变量

中介变量是自变量和因变量之间的媒介。此模型由自变量、中介变量、因变量构建而成,其考虑的是中介变量在自变量和因变量之间的作用。此模型的特点:①能够解释内部机制。此模型的核心优势是它提供了一种方法来解释自变量如何通过一个或多个中间步骤影响因变量。这种解释能力让研究者能够更深入地了解变量之间的关系,而不仅仅是表面的关联。②能够增强因果推断的可靠性。通过明确指出中介变量,此模型可以帮助研究者构建更强的因果关系论证。当模型可以展示自变量通过中介变量显著影响因变量时,自变量与因变量之间关系的解释将更具说服力。③能够进行多层次的分析。此模型允许研究者进行多层次分析,通过分析中介变量的作用,研究者可以识别和测试变量之间复杂的动态关系。这种多层次分析是评估复杂系统内部相互作用的有力工具。

例如,将"感知价值"引入模型(见图2-5),在这种情况下,民宿的服务质量(如个性化服务、及时满足顾客需求)先提升了顾客的感知价值,这种感知的提升进而提高了顾客的满意度,因此,"感知价值"即中介变量,用来解释民宿服务质量如何影响顾客满意度。

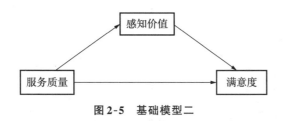

图2-5 基础模型二

(三)基础模型三:自变量—调节变量—因变量

调节变量能够改变自变量和因变量主效应关系的强度。此模型的特点:①能够揭示条件效应。调节模型的主要特点是能够揭示在调节变量的条件下,自变量对因变量的影响。这意味着调节变量可以改变自变量和因变量之间关系的强度或方向,从而提供更精细的分析结果。②具有灵活性。此模型反映出研究设计的灵活性,允许研究者探索在不同情境、不同群体或不同时间条件下变量之间关系的变化。这种灵活性使得模型能够适应多样化的研究问题和复杂的现实场景。③能够增强理解力。通过分析调节变量,研究者可以更深入地理解变量间的动态关系。这不仅有助于研究者识别出那些能够增强或削弱某种效应的因素,还可以帮助研究者理解为什么会这样,从而增强理论的解释力和实用性。④能够进行复杂的统计分析。实现此模型通常需要复杂的统计技术,如交互作用分析,这在回归模型中通常表现为包含交互项的多项式回归。这种分析要求研究者具备大量统计知识和良好的数据处理能力。⑤能在实践中应用。此模型在现实中非常有用,特别是在制定策略和实施计划时。例如,在社会科学、营销策略等领域,通过了解哪些条件下某些干预措施更有效,我们可以更有针对性地制定干预措施。

例如,顾客的预期水平可能调节服务质量对满意度的影响。当顾客对民宿的预期较高时,即使民宿提供较好的服务质量,顾客的满意度可能也不会明显提高;反之,如果顾客的预期较低,同样的服务质量就可能使满意度显著提高。因此,在这个模型中,预期水平即调节变量,被用来分析它如何影响民宿服务质量和顾客满意度之间的关系(见图2-6)。

图 2-6　基础模型三

上述例子说明了如何从一个简单的直接影响模型逐步引入中介变量、调节变量来深入分析和理解变量之间的复杂关系。通过这种分析，研究者能够更全面地掌握影响顾客满意度的因素，从而为民宿发展提供更有效的管理和营销策略。

三、模型构建

（一）模型建构方式

在量化研究中，模型构建方式通常有以下三种类型：理论引用型、自行发展型和理论发展型。

1. 理论引用型

理论引用型是指直接将他人的理论引用到自己的研究中。这种类型通常出现在以下情况：当研究者发现某个理论非常适用于现有研究领域，或者在其他领域中发现某个理论尚未被应用，可以将其引用到现有研究中，以验证其解释能力。由于引用的是成熟的理论，理论引用型无须再次证明每个变量的有效性，但其文献综述必须清楚说明理论的来源。

2. 自行发展型

自行发展型是指在理论模型中，所有的维度（变量）都是研究者自行寻找并确定的，然后将这些变量组合成一个研究架构。自行发展型需要逐一证明各个变量之间的关系，并且文献综述必须引用前人的研究。

3. 理论发展型

理论发展型是理论引用型和自行发展型的结合，也是目前科学研究中较常见的一种类型。在这种类型中，研究者会在他人的理论基础上，通过增加或补充变量，构建自己的研究架构。

（二）其他复杂模型

有中介的调节模型和有调节的中介模型也是两种常见的研究模型，它们描述了变量之间相互作用的复杂关系。

1. 有中介的调节模型

在有中介的调节模型中，自变量对因变量的效应受到调节变量的影响，而调节效应（至少部分地）通过中介变量起作用。对于有中介的调节模型，首先要考虑自变量与因变量之间关系的方向(正或负)和强弱受到的影响,即调节效应;其次要考虑调节变量是如何起作用的,即是否通过中介变量而起作用。其特点包括:①它揭示自变量如何通过一个变量影响因变量,并且这种影响如何随着另一个变量的变化而变化。②它用于检验中介效应是否在不同水平的调节变量下有所不同。③它适用于评估复杂的影响路径和交互效应,常见于心理学、社会科学等领域。

2. 有调节的中介模型

在有调节的中介模型中,自变量通过中介变量影响因变量,而中介过程又受到调节变量的调节。对于有调节的中介模型,首先要考虑自变量对因变量的作用机制,即中介效应;其次要考虑中介过程是否受到调节,即中介作用何时较强、何时较弱。其特点包括:①它揭示了调节效应如何通过一个或多个中介变量得到解释。②它提供了对变量间关系更深层次的理解,显示了变量影响的内在机制。③它常用于理解变量间的间接影响及其背后的机制。

这两类模型通常用SPSS、R语言、SAS、Mplus等工具来进行分析。进行这类分析通常需要构建多层次的回归模型,以检验不同变量之间的直接效应和间接效应。这一过程需要大量的数据,并要对假设检验进行严格的控制,以确保结果的有效性和可靠性。对结果进行解释时,研究者需要考虑理论背景和实证数据的一致性,以确保分析的逻辑性和实用性。在使用这些工具进行分析时,研究者还需要有坚实的统计知识基础,以及熟练操作相关软件的能力。

思考题

1. 变量可分为哪几类?
2. 假设的表达方式有哪几种类型?
3. 简要阐述假设的作用。

第三章 测量理论

本章概要

在科学研究当中,测量占有重要的地位。如果没有精确的测量,那么所有的研究数据都会失去客观分析的基础。尤其是在追求真相时,科学的测量较一般生活中的各种度量有更高的要求。测量理论的重要性在于它为科学研究提供了可靠和有效的工具。在量化研究中,测量是指在收集数据时使用的一套原则和方法,它可以帮助研究者确保数据的可靠性和准确性,并提供基础的数据分析方法来揭示统计中的各种关系和趋势。量表作为一种测量工具,在旅游研究中常被用来测量调查对象如何看待某事物,研究者通常借助它来测量某个构念的强度、方向、层次。在获取量表时,研究者可以根据自己的研究需求,选择使用成熟量表或者开发新量表,以符合自己的研究目的。量表信效度评价是确保量表质量和准确性的重要环节。

学习目标

知识目标

(1) 了解测量的基本概念、量表的编制方法。
(2) 熟悉测量的尺度、格式、获取量表的方式。
(3) 掌握信效度的评价方法。

能力目标

(1) 能根据研究主题选择合适的测量尺度及量表。
(2) 能测算量表的信效度。

素养目标

(1) 能将测量的相关知识应用到旅游领域,助推旅游产业的高质量发展。
(2) 培养学生的社会责任感,使学生树立正确的世界观、人生观。

第一节　测　量

一、测量概念

（一）问题提出

试想，一个旅游目的地管理团队希望评估游客对当地景点的满意度，进而有针对性地提高旅游景区服务质量。于是，管理团队结合问题导向，设计问卷并采用一种测量方法来收集数据。他们设计了一份旅游满意度问卷调查，包括了对景点环境、服务质量、文化体验等方面的评价。然而，测量过程中可能出现了以下问题。

问题1：抽样偏差。调查中只选择了在特定时间段内到访的游客，而没有考虑不同时间段的不同类型的游客。比如，在节假日或旅游旺季，游客更多是家庭游客或自由行游客，而在平日更多是商务游客，他们对景点的评价标准可能不同。如果忽略了这一点，得到的数据就不够全面和准确。

问题2：主观偏好。在设计问卷时，可能存在一些主观偏好或误导性问题，导致游客的回答受到影响。比如，在描述景点环境时使用了主观性较强的评价词汇，如"美丽的自然风光"或"宁静的氛围"，这可能会在一定程度上影响游客的评价结果，使游客倾向于更积极地回答。

问题3：测量工具不当。如果采用的测量工具不够准确或有效，也会导致结果不准确。比如，问卷设计中可能存在理解困难的问题或选项，这会导致游客的回答不够准确。另外，如果问卷中的评分选项过于简单，比如仅有"满意"和"不满意"两种选项，就无法捕捉到游客对于景点的详细评价，从而导致信息丢失和测量结果偏差。

这些不准确的结果可能会使管理团队对游客满意度的真实情况产生误解，从而无法准确发挥旅游景点的优势并进行及时、有效的改进。由此可见，确保测量工具的准确性是至关重要的。

（二）测量定义

1. 定义

关于测量的定义，学界有着不同的见解。

阿尔伯特·爱因斯坦认为：测量是科学的核心，它是我们认识和理解世界的基础。

爱德华·特勒认为：测量是科学研究中的一种关键工具，只有通过精确测量，我们才能够建立可靠的理论和模型。

弗雷德·N. 凯林格认为：测量是按照规则给对象或者事件赋值,是根据某种规则把所观察对象的属性予以数值化的过程。这些定义代表了不同学者对测量的理解和认识,强调了测量在科学研究中的重要性,以及测量对事物本质认识的作用。

结合旅游研究的特点,本书认为：测量是运用一套符号系统描述被观察对象质和量的过程。这个符号系统可以是数字形式,用来表示属性的数量,也可以是分类形式,用来确定被观察对象的属性是何种类型。测量的过程包括收集数据,对数据进行编码和处理,最终产生可以被量化和比较的结果。在统计分析中,测量是将研究者所关心的现象转化为变量的具体步骤。测量使得这些属性能够以可度量的形式呈现,以便研究者能够进一步分析和解释。

2. 目的与本质

测量的目的是获取研究者对现实世界中各种现象、对象或事件的定量描述,以便进行分析、比较、理解和说明。通过测量,研究者可以对各种现象、对象或事件的特征进行量化描述,从而更好地理解它们的属性、特点和规律。此外,测量提供了不同对象或事件之间的比较基础,研究者可以进行比较分析,并评估它们的相似性、差异性或优劣势。借助测量结果,研究者还可以建立数学模型或统计模型,用来预测未来的发展趋势、结果或行为,支持决策和规划。测量结果还可以用来验证研究假设和理论的有效性,检验理论是否与现实情况相符,推动学科知识的发展。

测量的核心是变异,变异是统计的根本。变异是指在一组观察值或数据中所包含的差异或变化的程度。测量的目的在于捕捉和描述这种变异,以便理解和分析观察对象的属性、特征或现象。通过测量变异,我们可以识别数据之间的模式、趋势和规律,从而推断出背后的原因或机制。如果人类社会的事物、现象或特质都呈现一致的面貌(常数),那么不仅统计学和测量活动缺乏意义,甚至科学研究都失去了存在的意义。例如,民族村寨旅游满意度评价问卷中,如果每一个人的学历层次都是一样的,那么学历便没有研究的意义；如果每一个人的收入都一样,个体等于全体,那么收入便没有研究的意义。换言之,社会与行为科学研究的意义在于测量过程可以显示出由于时间的改变或人物不同,所造成的人类行为与社会现象的变异。

二、测量尺度

(一) 名义尺度

名义尺度用于将对象分类或命名,并且不涉及任何排序或等级关系。名义尺度虽然可以标记或分类对象,但不能对它们进行顺序排列或大小比较。名义尺度提供了对象所属的类别,但并未指示类别之间的差异或顺序。

名义尺度的特点如下：

(1) 分类性。名义尺度用于将对象分为不同的类别或组别,每个类别通常表示一种特定的属性或特征。例如,性别、宗教信仰、血型等都可以用名义尺度进行测量。

(2) 无序性。名义尺度中的类别之间没有任何顺序或等级关系。这意味着无法对类别进行排序或比较大小。在名义尺度中,所有类别都被视为同等重要,没有一种类别比其他类别更好或更差。

(3) 没有数值含义。名义尺度的类别仅用于标记或分类对象,并没有数值上的含义。类别之间的差异仅仅表示不同的属性或特征,而不表示数值上的差异。因此,在名义尺度下,研究者无法进行数值运算或对类别之间的差异进行量化。

(4) 不可比较性。名义尺度的类别之间不能进行直接的比较或排序。由于没有定义类别之间的顺序关系,因此,研究者无法确定一个类别是否大于或小于另一个类别。每个类别都是独立的,与其他类别之间不存在数值关系。

(5) 非排他性。名义尺度的类别之间可以是互斥的,也可以是非互斥的。这意味着一个对象可以同时属于多个类别,而这些类别之间并不相互排斥。例如,在一个名义尺度的"宠物类型"变量中,一个人可以同时拥有狗和猫,因为这两个类别并不相互排斥。

如表3-1所示,在温泉旅游产品需求调研中,性别、职业和居住地就是典型的名义尺度。

表3-1 温泉旅游产品需求调研

指标	类别	数量/人	比重/(%)
性别	男性	49	30.43
	女性	112	69.57
职业	学生	77	47.83
	企事业人员	27	16.77
	教师	25	15.53
	离退休人员	3	1.86
	公务员	10	6.21
	私营业主	6	3.73
	自由职业者	13	8.07
居住地	贵阳市	98	60.87
	安顺市	3	1.86
	遵义市	11	6.83
	黔南州	2	1.24
	黔东南州	4	2.48
	黔西南州	9	5.59

续表

指标	类别	数量/人	比重/(%)
居住地	六盘水市	3	1.86
	毕节市	9	5.59
	铜仁市	3	1.86
	贵州省外	19	11.80

（二）顺序尺度

顺序尺度用于对变量的不同级别进行排序或排列。在顺序尺度中，各级别之间存在明确的顺序关系，但这些级别之间的差异并不一定是相等的，即它表示的是相对的顺序而不是绝对的数量。这种尺度对于确定数据的相对大小和排序非常有用，但不能提供关于差异大小的精准信息。

顺序尺度的特点如下：

（1）分类性。顺序尺度同样用于将对象分为不同的类别或组别，但与名义尺度不同的是，这些类别是按照一定的顺序进行排列的。每个类别均代表一种特定的属性或特征。

（2）有序性。顺序尺度中的类别之间存在明确的顺序或等级关系。这意味着研究者可以将类别按照某种标准进行排序，确定它们的相对位置。例如，"非常不同意、不同意、中立、同意、非常同意"就是典型的序数尺度，表明了从不同意到同意的等级顺序。

（3）无数值含义。与名义尺度类似，顺序尺度中的类别仍然没有数值上的含义。虽然类别之间有顺序，但不能确定类别之间的间隔或差异的大小，因此，研究者无法进行数值运算或对类别之间的差异进行量化。

（4）有限的数值表示。虽然顺序尺度中的类别没有数值含义，但通常可以用数字或其他符号来表示它们的顺序。这些数字或符号仅用于标记类别的位置，而不表示数值上的差异或大小。

（5）可比性。顺序尺度中的类别之所以可比较，是因为它们是按照一定的顺序排列的。这意味着研究者可以确定一个类别在另一个类别之前还是之后，但无法确定它们之间的间隔大小。

（6）不适用于量化差异。虽然类别之间有顺序，但序数尺度并不适用于量化差异或确定类别之间的具体间隔，因此，研究者无法确定两个类别之间的差异大小，只能确定它们的相对位置。

顺序尺度在实际应用中很常见，比如文化程度、职称、社会经济地位等。如表3-2所示，在温泉旅游产品需求调查中，文化程度就是典型的顺序尺度。

表 3-2　温泉旅游产品需求调查

类别	高中及以下	大专	本科	研究生及以上
数量/人	2	11	82	66
比重/(%)	1.24	6.83	50.93	40.99

（三）等距尺度

等距尺度，也称为间隔尺度，核心是不同数值之间的差异是相等的。在等距尺度中，研究者不仅可以确定变量的顺序关系，还可以确定各个级别之间的差异大小是相等的，从而可以进行数值运算和比较。使用等距尺度测量得到的变量，称为等距变量，其数值兼具分类、次序和差距的意义。

等距尺度的特点如下：

（1）有序性。等距尺度中的测量对象具有明确的顺序或等级关系。与顺序尺度类似，等距尺度中的测量对象可以根据某种属性或特征进行排序，但这种排序是基于等距的。

（2）等距性。等距尺度中相邻数值之间的间隔是固定且等距的。这意味着尺度上相邻的两个数值之间具有相等的间隔，以温度为例，20℃和25℃之间的温度差与25℃和30℃之间的温度差相等，都是5℃。

（3）无绝对零点。等距尺度中不存在绝对零点，即零点表示的不是完全缺乏或没有某种属性或特征。零点是尺度上的一个起点，表示属性的某种水平，而不是完全的缺乏。

（4）可加性。等距尺度上的数值是可加的，即可以进行运算。因为相邻数值之间的间隔是等距的，所以可以对它们进行加法运算。例如，温度的升降可以进行数值上的加减运算。

（5）零点的选择是任意的。等距尺度中不存在绝对零点，因此，零点的选择是任意的。例如，在摄氏度和华氏度中，零点的选择是基于不同的标准和起点，因此，它们之间的零点并不相同。

（6）不能进行比率运算。虽然等距尺度允许进行加减运算，但不能进行乘除运算。因为零点是任意选择的，所以数值之间的比率无法确定。

如表3-3所示，在民族村寨旅游满意度评价中，满意度就是典型的等距尺度。

表 3-3　民族村寨旅游满意度评价示例

题项	非常不同意	不同意	一般	同意	非常同意
本次旅游中的某些活动给我留下深刻记忆	1分	2分	3分	4分	5分
本次旅游使我有种逃离世俗的感觉	1分	2分	3分	4分	5分
本次旅游使我感到很放松	1分	2分	3分	4分	5分

（四）比率尺度

比率尺度，也称为绝对尺度，不仅具有等距尺度的所有特征，还具有绝对零点。在比率尺度中，零点代表了缺乏量度或不存在的状态，因此，我们可以进行绝对零点的加减乘除运算。

比率尺度的特点如下：

（1）有序性。比率尺度中的测量对象具有明确的顺序或等级关系。与顺序尺度和等距尺度类似，比率尺度中的测量对象可以根据某种属性或特征进行排序。

（2）等距性。类似于等距尺度，比率尺度中相邻数值之间的间隔是固定且等距的。

（3）存在绝对零点。比率尺度中存在绝对零点，零值表示了完全缺乏或没有某种属性或特征。绝对零点是一个固定的参考点，表示属性完全不存在。

（4）可加性。比率尺度上的数值是可加的，可以进行加法运算。因为相邻数值之间的间隔是等距的，所以可以对它们进行加法运算。

（5）可进行比率运算。比率尺度允许进行乘除运算。因为存在绝对零点，所以可以确定数值之间的比率关系。

（6）零点是固定的。在比率尺度中，零点是固定的，并且代表了属性完全的缺乏或不存在。这与等距尺度不同，在等距尺度中，零点是任意选择的。

在国内游客及国内旅游收入调研中，国内游客和国内旅游收入就是典型的比率尺度。2015—2019年国内游客及国内旅游收入调研数据如表3-4所示。

表3-4　2015—2019年国内游客及国内旅游收入调研数据

年份	国内游客	国内旅游收入
2015年	40.00亿人次	34195.05亿元
2016年	44.40亿人次	39390.00亿元
2017年	50.01亿人次	45660.77亿元
2018年	55.39亿人次	51278.29亿元
2019年	60.06亿人次	57250.92亿元

数据来源：历年的《中国统计年鉴》。

（五）四种测量尺度比较

四种测量尺度在数据分析中各有其独特的作用和限制（见表3-5）。名义尺度主要用于分类和标记，如根据性别、民族等将人们分为不同的组别。这种尺度并不提供数量关系或排序，只是简单地将个体归类。顺序尺度则在名义尺度的基础上提供了更多的信息，它表明了变量的不同级别之间的顺序关系，但这些级别之间的差异大小不一定相等，如文化程度、平均月收入等。等距尺度进一步拓展了顺序尺度的概念，相邻数值之间的间隔是相等的，提供了相对顺序和固定的间隔大小，如温度、时间、考试分数等。然而,等距尺度仍缺乏绝对零点,因此不支持比率运算。比率尺度具有等距尺度的所有特征,并且还具有绝对零点,提供了相对顺序、固定的间隔大小和绝对零点,如身高、体重、收入等。因此,比率尺度是最丰富、最灵活的尺度,支持所有运算,而其他尺度则在信息丰富程度和运算方面有所限制。

表 3-5　四种测量尺度的比较

类别	名义尺度	顺序尺度	等距尺度	比率尺度
分类(=,≠)	√	√	√	√
排序(<,>)		√	√	√
间距(+,-)			√	√
比值(×,÷)				√
特点	分类性、无序性、没有数值含义、不可比较性、非排他性	分类性、有序性、无数值含义、有限的数值表示、可比性、不适用于量化差异	有序性、等距性、无绝对零点、可加性、零点的选择是任意的、不能进行比率运算	有序性、等距性、存在绝对零点、可加性、可进行比率运算、零点是固定的

三、测量格式

在科学研究中,测量格式通常指的是用于收集和记录数据的结构或布局。这种格式可以确定数据的类型、范围和组织方式,有助于确保数据的准确性和可读性。常见的测量格式包括结构化与非结构化测量、封闭式与开放式测量、类别型与连续型测量等。这些测量格式可以根据研究的特定需求和目的进行定制,以确保数据能够被正确收集、分析和解释。

(一)结构化与非结构化测量

1. 结构化测量

结构化测量有固定格式和内容,用于大样本。一般而言,研究者在进行调查或行为测量之前,会预先拟定一系列问题,将其编制成一份问卷,即构建测量工具,所有的调查者必须完全依照测量工具所提供的标准刺激,去收集被调查者的答案或由被调查者自填。结构化测量示例如图 3-1 所示。结构测量的优点在于它提供了标准化的、可比较的数据,便于进行统计分析和跨研究比较。这种方法在社会科学、心理学、经济学等领域中广泛应用,常用于测量诸如态度、行为、能力等各种变量。然而,结构化测量也存在一些局限性。它依赖于预设的测量工具,因此可能无法完全适应研究对象的复杂性和多样性。此外,过于刻板的测量方式也可能导致信息损失或扭曲,从而使研究者无法了解到研究对象的真实情况。

民族村寨旅游满意度调查问卷

尊敬的游客：

您好！为提升游客旅游质量及景区经营管理，我们正在做一项关于游客对民族村寨旅游感知的调查，本次调查数据结果仅用于科学研究，不涉及个人隐私信息。感谢您的参与！谢谢！

一、人口统计信息

1. 您的性别

A. 男　　　　　　　　B. 女

2. 您的年龄

A. 18 岁及以下　　　B. 19—24 岁　　　C. 25—34 岁

D. 35—44 岁　　　　E. 45—54 岁　　　F. 55 岁及以上

3. 您的职业

A. 学生　　　　　　B. 企事业人员　　C. 教师

D. 离退休人员　　　E. 公务员　　　　F. 私营业主

G. 自由职业者

4. 您的文化程度

A. 高中及以下　　　B. 大专　　　　　C. 本科　　　　D. 研究生及以上

5. 您的平均月收入

A. 2000 元及以下　　B. 2001—3500 元　C. 3501—5000 元

D. 5001—6500 元　　E. 6500 元以上

二、本次旅游总体评价

序号	题项	非常不同意	不同意	一般	同意	非常同意
pv1	相比所付出的费用，本次旅游是一次好的经历	1分	2分	3分	4分	5分
pv2	相比所花费的时间和付出的努力，本次旅游是值得的	1分	2分	3分	4分	5分
pv3	相比其他类型的旅游，本次民族村寨旅游是一次明智的选择	1分	2分	3分	4分	5分
eq1	本次旅游中的某些活动给我留下深刻记忆	1分	2分	3分	4分	5分
eq2	本次旅游使我有种逃离世俗的感觉	1分	2分	3分	4分	5分
eq3	本次旅游使我感到很放松	1分	2分	3分	4分	5分

图 3-1　调查问卷示例

续表

序号	题项	非常不同意	不同意	一般	同意	非常同意
sat1	总体来看，本次旅游是一次满意的经历	1分	2分	3分	4分	5分
sat2	本次旅游活动成功地展示了当地的特点、文化内涵	1分	2分	3分	4分	5分
sat3	本次旅游活动超出了我的预期设想	1分	2分	3分	4分	5分
bi1	如果有可能的话，我会再次来此地旅游	1分	2分	3分	4分	5分
bi2	我会将该民族村寨旅游推荐给亲戚或朋友	1分	2分	3分	4分	5分
bi3	我会告诉其他人此次旅游中有趣的经历	1分	2分	3分	4分	5分

续图3-1

2. 非结构化测量

相比之下，非结构化测量更加灵活和开放。它通常采用开放式问题、访谈、观察等方法来收集数据，允许研究对象以自然的方式表达自己的观点、经验和感受。非结构化测量的优点在于它能够提供更丰富、更深入的信息，有助于揭示研究对象的复杂性和多样性。这种方法在探索性研究或需要深入了解研究对象的情况下尤为有用。非结构化测量没有固定的格式和内容，一般多用于质性研究与访谈研究，并且样本规模不宜过大，以免导致分析困难。有时采访人员会预先拟定一个问题纲要，在一定的范围内，进行非结构化、非标准化的测量，这种方式被称为半结构测量。

（二）封闭式与开放式测量

1. 封闭式测量

封闭式测量与开放式测量是两种常用的数据测量格式，它们各自具有独特的特点和适用场景。封闭式测量通常涉及使用预设的、标准化的问卷或量表，其中问题的选项和答案格式都是固定的。被调查者需要在给定的选项中选择一个或多个答案，或者填写特定格式的答案。这种方法的优点在于，它提供了标准化的数据，便于进行统计分析、比较和解释。由于封闭式测量的问题和答案都是预先设定的，数据的收集和处理相对较为简单和快速。这使得封闭式测量特别适合大样本调查，可以快速收集大量数据并进行统计分析。然而，封闭式测量也存在一些局限性。由于问题和答案的固定性，它可能无法完全适应研究对象的多样性和复杂性。有时，预设的选项可能无法涵盖所有可能的答案，或者可能无法准确反映被调查者的真实想法和体验。此外，封闭式测量可能会束缚被调查者的表达自由，使研究者无法深入了解被调查者的观点、感受或经历。封闭式测量示例如图3-2所示。

温泉旅游产品需求调查问卷

亲爱的朋友：

  为了调研大众游客对温泉产品的选择偏好，我们设计了此问卷，希望通过问卷调查了解您对温泉产品的需求。非常感谢您在百忙之中抽空填写问卷，本次问卷采取无记名方式，不涉及个人隐私信息，请您放心填写。感谢您的参与！谢谢！

1. 您的性别【单选】
   A. 男　　　　　　　B. 女
2. 您的年龄【单选】
   A. 18岁及以下　　　B. 19—24岁　　　C. 25—34岁　　　D. 35—44岁
   E. 45—54岁　　　　F. 55—64岁　　　G. 65岁及以上
3. 您的职业【单选】
   A. 学生　　　　　　B. 企事业人员　　C. 教师　　　　　D. 离退休人员
   E. 公务员　　　　　F. 私营业主　　　G. 自由职业者
4. 您的文化程度【单选】
   A. 高中及以下　　　B. 大专　　　　　C. 本科　　　　　D. 研究生及以上
5. 您的平均月收入【单选】
   A. 3000元及以下　　B. 3001—5000元　　C. 5001—8000元
   D. 8001—10000元　 E. 10001—15000元　F. 15000元以上
6. 您的居住地【单选】
   A. 贵阳市　　　　　B. 安顺市　　　　C. 遵义市　　　　D. 黔南州
   E. 黔东南州　　　　F. 黔西南州　　　G. 六盘水市　　　H. 毕节市
   I. 铜仁市　　　　　J. 贵州省外
7. 您喜欢泡温泉吗【单选】
   A. 非常喜欢，有机会就去　　　　　B. 一般喜欢，偶尔去
   C. 不太喜欢，很少去　　　　　　　D. 一点都不喜欢，基本不去
8. 您认为泡温泉是【单选】
   A. 一种文化　　　　B. 养生方式　　　C. 泡澡
   D. 娱乐方式　　　　E. 其他
9. 在过去的一年中，您泡温泉的次数是【单选】
   A. 0次　　　　　　B. 1—3次　　　　C. 4—6次
   D. 7—10次　　　　E. 10次以上

图 3-2　封闭式测量示例

10.您选择泡温泉的季节是【多选】
A.春季　　　　　B.夏季　　　　　C.秋季
D.冬季　　　　　E.没有季节限制

11.您希望在以下哪个时间段泡温泉【多选】
A.清晨　　　　　B.上午　　　　　C.中午
D.下午　　　　　E.晚上　　　　　F.没有时间限制

续图 3-2

2.开放式测量

与封闭式测量相比,开放式测量更加灵活和开放。它通常涉及使用开放式问题或访谈,允许被调查者自由地表达自己的观点、分享自己的经验和感受。开放式测量可以收集到丰富多样的文本数据,这些数据可以揭示被调查者的真实想法、态度和体验。这种方法在探索性研究或需要深入了解研究对象的情况下尤为有用,可以帮助研究者提出新的观点、理解复杂的现象或揭示潜在的关系。开放式问卷可以细分为数字型问卷及非数字型问卷,前者多由被调查者直接填入数字,后者则类似于问答题,如文字型问题,由被调查者填入可能的文字答案等。数据通常是文本或叙述性的,因此,分析和解释这些数据需要一定的技巧和经验。此外,开放式测量的数据收集和处理过程可能更加耗时和复杂,因此需要研究者投入更多的时间和精力进行整理和分析。

开放式测量示例如下:

Q1:你的收入是_____元。

(三)类别型与连续型测量

1.类别型测量

在问卷调查当中,最简单且经常被使用的测量格式是类别型测量。例如,对性别、通勤方式等进行测量。类别型测量多应用于人口变量或事实性问题。通常,问卷都有基本数据栏,用于记录被调查者的基本数据,包括性别、教育背景、居住地区等,或是明确要求被调查者就自身情况加以说明的事实或行为频率,如一周使用计算机网络的频率。因为其主要功能是作为基本数据,所以这些变量的测量多以封闭式问题来询问,从而简化变量的内容。

类别型测量示例如下:

Q1:您的性别?
A.男　　　　　　B.女

类别型测量的基本要求包括:①题目的选项必须是完全互斥的。②选项必须包括所有可能的选择，以免被调查者填答时遇到困难。有些研究者在设计题目时，无法将所有可能的选项完全纳入其中，因此在最后增加一项"其他"，此举虽然能使被调查者得以将选项之外的答案填在问卷上，但是被调查者所填注的"其他"数据往往无法与别的选项的数据一起处理，最终可能导致该问卷沦为废卷。

2. 连续型测量

连续型测量是一种重要的数据收集方法，主要用于获取研究对象在某一特性或属性上的连续变化数据。连续型测量能够精确地捕捉细微的变化，提供丰富的信息来揭示变量之间的关系和趋势。连续型测量的核心在于使用量表或连续性的评估工具来收集数据。连续型测量主要用于程度的测定，以确定某些概念或现象的强度。在行为科学研究中，一些抽象特质（如智商、焦虑感等）的测量，必须依赖精密的尺度来进行程度上的测定，因此，研究者开发出不同测量格式。这些格式使得研究者能够依据不同的需求来选择适合的工具。常见的连续型测量格式有李克特量表、瑟斯顿量表、古特曼量表、语义差别量表、强迫选择量表、形容词检核表等。

第二节 量 表

一、量表概述

量表是由多个题项构成的测量工具，试图揭示不能轻易用直接方法来观察的理论变量水平。从广义来说，量化研究中所有用来收集资料的工具都是量表或"量器"。从根本上讲，问卷本身就是一种"量表"，它通过一系列问题去了解研究对象的特征或社会现象之间的关系。

量表，尤其是态度量表，在旅游研究中主要有三个用途：①度量；②通过操作性定义的方式对概念（变量）做出界定；③在度量敏感性问题上，不让被调查者知道研究的目的，以免产生偏差。在量表选择中，我们需要从多个角度考虑量表设计的问题。例如，在常见的旅游研究中，我们需要根据研究目的、测量对象等因素来确定量表形式。

根据特征属性，量表可以划分为客观量表和主观量表。

（一）客观量表

客观量表是一种用于测量个体某些特定属性或特征的工具，其设计目的在于尽可能客观地了解被测量对象的状态或特征，而不受主观偏好的影响。这种量表通常基于已有的理论或研究，并经过系统性的测试和验证，以确保其具有良好的信度和效度。

客观量表具有标准化设计的特点，其项目和评分标准经过精心设计和标准化处理，以确保测量的一致性和可比性。它通常具有良好的可靠性，即在重复测量中能够产生稳定且一致的结果,并通过验证确保其具有良好的效度,能够准确地测量所要衡量的概念或特征。这些量表可以用于测量各种不同的特征或属性,包括情绪状态、认知能力、行为倾向等,并且其设计简单易懂,易于被测者理解和填写,能在大规模的研究或调查中方便地应用。以下是客观量表的示例:

(1) 心率测量表。在静息状态下,测量被试的心率,用每分钟的心跳次数记录。

(2) 体温测量表。使用体温计测量被试的体温,用摄氏度记录。

(3) 身高测量表。使用身高测量仪测量被试的身高,用厘米记录。

(二) 主观量表

主观量表是一种用于评估个体主观感受、态度、观点或情感的工具。它们通常依赖于被调查者自我报告的信息,而不是客观的物理指标或外部观察者的评价。主观量表通常设计成问卷形式,要求被调查者选择最符合其个人感受或观点的选项。这些量表广泛应用于心理学、社会学、医学等领域,主要用来评估人们的心理和情感状态,以及他们对各种情境、事件或干预措施的反应。

主观量表具有个体化、主观性、用于衡量感受和态度、依赖自我报告、在各领域广泛应用、灵活性强等特点。主观量表的数据可能受到个体主观性和偏好的影响,因此,研究者在进行数据分析和解释时需要谨慎处理。图3-1所示的民族村寨旅游满意度调查问卷是典型的主观量表应用体现。

(三) 量表重要性

量表在科学研究中扮演着重要角色,它们不仅为量化测量和数据收集提供了有效工具,还支撑着数据分析、理论验证和科学发现的过程。量表的使用有助于推动科学的发展和进步,促进知识的积累和理论的完善。量表在科学研究中的重要性主要体现在以下几个方面。

1. 量化测量

量表可以对抽象概念或难以直接观察的现象进行量化测量。通过量表,研究者可以将主观感受、态度、观点等转化为可度量的数据,从而实现对这些概念的客观评估和比较。

2. 数据收集

量表是收集数据的有效工具,可以帮助研究者收集大量信息并对其进行整理和分析。研究者可以在较短的时间内,从量表中获取大量数据,从而推动研究进程。

3. 可重复性和标准化

量表是一种标准化的测量工具,能够确保数据的可重复性和可比性。通过使用相同的量表进行多次测量或在不同研究中使用相同的量表,研究者可以获得一致的结果,从而支持科学研究的可靠性和可验证性。

4. 数据分析

量表提供了丰富的数据来源，可以支持各种统计分析方法的应用。通过对量表数据的分析，研究者可以发现数据中的关联和趋势，从而得出科学结论并验证研究假设。

二、量表形式

（一）李克特量表

李克特量表由美国社会心理学家伦西斯·李克特编制，是广泛应用于社会与行为科学研究领域的一种测量格式，适合态度测量或意见评估。典型的李克特量表由一组测量某一个相同特质或现象的题目所组成，每一个题目均有相同的重要性。每一个题目都包含一个陈述句与一套量尺。量尺由一组连续数字所组成，每一个数字代表一定的程度，用来反映被调查者对于该陈述句持同意或不同意观点的程度。例如，一个传统的李克特五点量表，数值为1代表非常不同意、2代表不同意、3代表一般、4代表同意、5代表非常同意，分数越高，代表同意程度越高。被调查者依据个人的意见或实际感受来作答，每一题的分数加总后得到该量表的总分，代表该特质的强度。例如，民族村寨旅游满意度调查问卷中的"本次旅游总体评价"。

李克特量表分数的计算与运用有一个基本的假设，即数字与数字之间的距离是相等的，在这一假设成立的前提下，不同的题目才可以加总得到一个量表的总分。因此，李克特量表是一种总加量表，表示量表的总分由各个题目加总而得。为使被调查者的感受强度能够适当地反映在李克特量表的不同选项，并符合等距尺度具有特定单位的要求，每一个选项的文字说明应使用渐进增强的词句，并能反映出相等间距的强度差异。过多的选项无助于被调查者进行个人意见的表达，过少的选项则会损失变异量与精密度，因此，除非特殊考量，一般研究者多选用五点、六点或七点量表。当采用奇数格式时，如五点或七点量表，其中间值多为中庸或模糊意见；当采用偶数格式时，多位研究者希望被调查者有具体的意见倾向，避免产生中间倾向的意见，而能获得非常同意、同意，以及非常不同意、不同意这两类明确的意见。

（二）瑟斯顿量表

瑟斯顿量表也叫间隔均等出现量表，是一种定距量表，由美国学者瑟斯顿和契夫于1929年首次提出，用于测量个体对某一事物或观念的态度倾向。瑟斯顿量表由一组测量某相同特质的题目所组成，但是每一个题目都具有不同的强度，被调查者勾选某一个题目时，即可获得一个强度值，当一组题目被评估完毕后，所有被勾选为"同意"的题目的强度值的中位数，即代表该量表的分数。这种量表可以在一个连续的轴（两端为极值）上划定个体态度和意见的位置。其设计过程比较复杂，需要收集和编写大量与所测概念有关的陈述或说法（至少100种），其表述应有正向的、中间的和负向的。

瑟斯顿量表完成后，被调查者逐题按"同意"或"不同意"作答。答"同意"的题目计分为1分,并乘以该题重要性的权数得到各题分数,再以各题分数的中位数代表该量表的得分。表3-6为瑟斯顿量表示例。瑟斯顿量表的优点是被调查者不用针对一些模糊的强度(如"非常"或"有些")进行判断,也可避免量表是否等距的争议,此外,测量后所得到的总分能够反映题目的重要性。然而,瑟斯顿量表编制的过程相对复杂,研究者选择时需考虑代表性与客观性的问题,以及所需投入的时间与经济成本。

表3-6 瑟斯顿量表示例

分数	评定	题目
3分	同意　不同意	相比所付出的费用,本次旅游是一次好的经历
10.5分	同意　不同意	相比其他类型的旅游,本次民族村寨旅游是一次明智的选择
8.5分	同意　不同意	本次旅游使我有种逃离世俗的感觉
4分	同意　不同意	如果有可能的话,我会再次来此地旅游
2.5分	同意　不同意	本次旅游中的某些活动给我留下深刻记忆

(三) 古特曼量表

古特曼量表可看成一种定距量表或定序量表。在这个量表中,被调查者对于某特定事件有一定的看法,且题目由浅至深排列,因此,被调查者在一定的程度内的题目均应回答同意,但是超过一定程度的题目即应回答不同意,同意与不同意的转折点反映了被调查者的真实态度强度或行为强度,此时被调查者回答几个同意即代表获得几分,因此,古特曼量表又称为累积量表。表3-7为古特曼量表示例。

表3-7 古特曼量表示例

针对以下问题请回答是或否	是	否
我喜欢到访民族村寨		
我喜欢民族村寨的建筑		
我喜欢民族村寨的夜景		
我喜欢民族村寨的美食		

(四) 语义差异量表

语义差异量表是定距量表,用于测量某种事物、概念或实体在人们心目中的形象。语义差异量表要求被调查者在一组极端对立的配对形容词中进行评定。表3-8为语义差异量表示例。

表 3-8　语义差异量表示例

民族村寨旅游满意度评价								
	1	2	3	4	5	6	7	
原始的								现代的
有趣的								无趣的
热情的								冷漠的
特别的								普通的

（五）形容词检核表

形容词检核表是一种简化的李克特量表的测量格式。针对特定的测量对象，研究者会列出一组关键的形容词，并要求被调查者根据各这些形容词对于测量对象的重要性来进行评估，如表3-9所示。形容词检核表常用于测量某种事物、概念或实体在人们心目中的形象，如某家电视台、某档电视节目、某支广告、某位明星、某种概念等。它也用于确定在描述、判断或评价研究对象时所涉及的主要属性。例如，评价工作的主要属性可能包括难易性、趣味性、安全性、报酬、价值、社会评价等。形容词检核表应尽量确保既不遗漏主要的属性，又不包括与所测内容无关的属性。

表 3-9　形容词检核表示例

民族村寨旅游满意度评价		
原始的	否 □	是 □
放松的	否 □	是 □
满意的	否 □	是 □
有趣的	否 □	是 □
热情的	否 □	是 □

三、优秀量表特征

一个优秀的量表应具备高信度、高效度、客观性、灵敏度、标准化、全面性、易用性等特征，这些特征能够保证量表的质量，从而提高研究的可靠性。

（一）高信度

信度指量表在重复测量时所得到结果的一致性程度。良好的信度意味着当相同的测量工具在相同条件下重复使用时，得到的结果应该是稳定的。常见的信度包括重测信度、内部一致性信度和分半信度等。

（二）高效度

效度即有效性，指量表测量的内容是否与其所要评估的概念或属性相关联。效度包括内容效度、构造效度、准则效度等。有效的量表应该能够准确地测量所需的概念或属性，能够反映被测对象的真实状态。

（三）客观性

客观性指量表的评分和解释应该是客观的，不受评价者个人主观意识的影响。好的量表应该尽可能减少主观性的介入，采用客观的评分标准和程序。

（四）灵敏度

灵敏度指量表能够检测到被测对象的细微差异或变化的能力。好的量表应该具有足够的灵敏度，能够有效地区分不同的状态或水平，以便对被测对象的特征进行准确评估。

（五）标准化

标准化是指量表的设计和应用应符合一定的标准和规范，以确保测量的过程和结果具有可比性和可靠性。好的量表应该是经过标准化设计和验证的，在不同的研究和应用环境中都能够稳定地发挥作用。

（六）全面性

全面性是指量表应该涵盖被测对象所涉及的所有重要方面，以全面地评估其状态或特征。好的量表设计应该能够充分反映被测对象的多个方面，以便研究者得到更全面和准确的评估结果。

（七）易用性

易用性指量表应当设计得简单方便，易于操作和理解，能降低误操作和误解的可能性。好的量表设计应该充分考虑用户的使用体验，尽可能减少使用过程中的困难和不便。

第三节　量表来源

一、获取成熟量表途径

（一）选择成熟量表的原因

在量化研究中，选择合适的量表是非常关键的一个环节。研究者可以通过文献综述，查阅相关研究、量表手册、专业书籍、量表网站等，获得相关量表的信息，并据此选择或修改适用的量表。选择成熟量表的原因有以下几点。

1. 信度和效度高

成熟量表通常经过多次的实践应用和验证，已经被广泛接受和使用。这意味着这些量表具有稳定的信度和效度，即它们能够在多次测量中提供一致的结果，并且这些结果能够准确地反映所测量的概念或现象。使用这样的量表可以大大提高研究的可靠性和有效性。

2. 应用广泛且接受度高

成熟量表在相关领域内通常有着广泛的应用，并被广大研究者所接受。这意味着使用这些量表可以更好地与已有研究进行比较和互动，从而增强研究的连贯性和影响力。

3. 节省时间和精力

相对于自行设计和开发一个新的量表，选择成熟的量表可以节省大量的时间和精力。研究者无须从零开始设计量表，也无须进行复杂的验证，可以直接利用现有的量表进行数据收集和分析。

4. 减少误差和偏差

成熟量表通常在设计时就已经充分考虑了可能的误差和偏差，并采取了相应的措施进行控制，因此，使用这些量表可以大大减少研究中的误差，提高研究的准确性。

5. 适应性强

成熟的量表往往具有较强的适应性，可以在不同的文化和背景下使用。这为研究者提供了方便，使他们能够灵活地根据不同的研究需求和环境选择合适的量表。

（二）成熟量表获取来源

1. 专业数据库

以 PsycINFO、ERIC 等心理学、教育学领域的专业数据库为例，它们收录了大量的量表研究文献和量表本身。通过在专业数据库中检索相关的关键词，研究者可以找到对应的成熟量表及其详细信息。

2. 学术期刊和书籍

许多学术期刊和书籍都会发表有关量表的研究文章，这些文章通常会附带量表的详细内容和使用说明。通过查阅相关的学术期刊和书籍，如《管理研究量表手册》等，研究者可以获取成熟量表的原始文献和使用方法。

3. 量表开发者或版权所有者的官方网站

一些知名的量表开发者或版权所有者会在官方网站上提供量表的下载和使用许可，通过访问这些网站，研究者可以获取官方授权使用的成熟量表，如 State-trait Anxiety Inventory(STAI)、Positive and Negative Affect Schedule(PANAS)等。

（三）获取成熟量表注意事项

在获取成熟量表时，有几点关键的注意事项。首先，要确保使用量表时遵循版权法律和规定，以保证合法性和尊重原作者的知识产权。其次，要确保选用的量表具有良好的信度和效度，以保证测量结果的准确性和可靠性，同时，要仔细阅读量表的使用说明，并遵循正确的评分标准。此外，要考虑研究对象的文化背景，以确保量表的适用性和普及性。最后，要尊重被调查者的权利和隐私，确保他们的参与是自愿的，并且妥善处理数据的使用和保护工作。综上所述，使用成熟量表需要谨慎选择、准确理解和适当应用，以确保研究结果的可靠性和有效性。

二、量表开发

（一）量表开发背景

当现有量表不适用于特定群体、文化背景或研究对象，或者无法准确地测量某些概念或变量时，即在没有可用量表、成熟量表的情况下，研究者一般会选择开发新的量表。开发新的量表可以填补这些空白，提供更适用、更准确的测量工具。此外，随着研究领域的发展和理论的进步，可能出现新的概念或变量需要被测量，而现有的量表可能无法涵盖这些新的内容，因此，开发新的量表也可以推动理论的发展和完善。

量表的开发包括两种，一种是从形式到内容的全新量表开发；另一种是在已有量表的基础上，遵从该量表的效度和信度，利用原有量表的逻辑基础，来补充新的专业内容，这种开发属于部分创新型的量表开发。

量表的开发是一项既复杂又科学的任务，包含从概念到操作化、测试和验证等一系列步骤。研究者必须明确他们想要测量的概念，并建立相应的理论基础。在生成一系列可能的测量题项后，研究者会采用专家评审和初步测试等方式来筛选和修订这些题项，并通过大规模验证和标准化程序确保量表的可靠性和有效性。最终，量表得以发布和被使用，并持续进行更新和修订，以适应新的研究需求。整个过程需要综合运用理论、实践和科学方法，以确保量表的质量和可靠性。

（二）量表开发程序

量表开发的基本过程涉及多个关键步骤，旨在确保最终量表具有准确性、可靠性和有效性。量表开发的程序如下：

（1）确定研究主题和概念范围。明确量表的目的和所要测量的概念范围。这是量表开发的基石，为后续步骤提供清晰的指导。

（2）查阅文献。深入研究与主题相关的文献，了解已有量表、测量方法及可能存在的不足之处。这有助于避免重复工作，并确保新开发的量表具有创新性。

(3)构建量表理论框架。基于文献综述和研究目的,构建量表的理论框架。这包括确定量表的维度、测量指标及它们之间的关系。

(4)编写量表题项池。根据理论框架,编写初步的量表题项。这些题项应涵盖所有重要的测量指标,并尽量保持简洁明了。

(5)编制初始问卷。将题项池整合成初始问卷并进行专家效度评价,确保问卷结构清晰、逻辑合理。

(6)收集样本数据。通过适当方式(如在线调查、面对面访谈等)来收集充足的样本数据。

(7)数据分析与因子分析。对收集到的数据进行统计分析,包括描述性统计、因子分析等,并进一步了解数据的分布特点,进而提取出关键因子。

(8)信效度检验。通过计算克隆巴赫系数等方法检验量表的信度,确保测量结果的一致性和稳定性。同时,使用验证性因子分析等分析方法检验量表的效度,验证其是否真实反映所要测量的概念。

(9)量表修订与完善。根据数据分析结果和信效度检验结果,对量表进行必要的修订和完善,涉及调整题项、增减测量指标或修改计分方式等。

(10)形成最终量表。经过多轮修订和完善后,可以形成最终的量表,要确保最终量表具有明确的测量目的、清晰的测量指标和可靠的有效性。

在整个过程中,研究者需要与相关领域专家保持密切的沟通与合作,以确保量表的科学性和实用性。同时,也要注意遵守学术规范和伦理要求,确保研究的合法性和道德性。

第四节 量表信效度评价

一、信度

信度是指量表在不同时间、不同情境下,对于同一被测对象或同一测量对象的得分保持一致的程度。一个具有高信度的量表意味着它能够产生稳定且一致的测量结果。测量误差越大,测量的信度越低。因此,信度亦可视为测验结果受测量误差影响的程度。如果测量误差不大,不同题目的得分应该趋近一致,或是在不同时间点,测验分数前后一致且具有稳定性。基本上,信度并非全有或全无,而是一种程度的概念。任何一种测量都会有误差,误差主要受概率因素影响,但也可能受到非概率因素的影响。

信度评价在研究和调查中扮演着至关重要的角色。它不仅提供了关于测量工具(如问卷调查、测试)稳定性和一致性的可靠信息,还确保了数据的准确性。通过信度评价,研究者可以确定测量工具是否准确捕捉到了研究对象的特征或行为,进而提高研究的可信度。此外,信度评价还可以指导改进和修订测量工具,比较运用不同工具后产生的效果,以确保选择最适合特定研究目的的工具。因此,信度评价对于确保数据质量、提高研究可信度及指导工具改进都发挥着关键作用。

（一）信度评价类型

信度评价类型包括内部一致性信度、重测信度、分半信度、等价信度等。

1. 内部一致性信度

内部一致性信度主要用于衡量测量工具内部各项之间的一致性。常用的内部一致性评价方法包括克隆巴赫系数(Cronbach's α)、库德-理查逊公式、斯皮尔曼-布朗公式等。它衡量了量表各项之间的平均相关性,通常值在0到1之间,值越高表示内部一致性越好。

2. 重测信度

重测信度是一种评估量表信度的方法,它衡量了在相同的条件下,同一量表在不同时间点或情境下的测量结果之间的稳定性和一致性。具体而言,重测信度通过在两个或多个时间点对同一群体进行测试,并比较测试结果之间的相关性来评估量表的信度。

3. 分半信度

分半信度是一种评估量表信度的方法,它通过将量表分成两部分,然后比较两部分测量结果的一致性来估计量表的内部一致性。具体而言,分半信度是将量表的所有题项按照某种方式随机分成两组,然后比较这两组题项测量结果的相关性。

4. 等价信度

等价信度通常指在研究或测量中评估不同形式或版本的测量工具(如问卷调查、测试等)之间的一致性或相似性。在这种情况下,等价信度表示不同测量工具在评估同一概念或变量时产生相似的结果的程度。等价信度的高低意味着这些工具可以在不同情境下得出相似的结果,从而增强了研究的可靠性和有效性。

（二）信度影响因素

信度受多种因素影响。首先,较高的设计质量至关重要,清晰明确的测量工具能够准确捕捉研究对象的特征或行为,而模糊不清的测量工具可能降低信度。其次,测量工具的稳定性也至关重要,稳定性体现在不同情境下测量结果的一致性,这可以通过重测信度评价来衡量。再次,研究对象的特征,如认知水平、情绪状态等,也会影响其对测量工具的理解和回答方式,因此需要在评价时予以考虑。最后,测量工具的长度和复杂度、评分者的主观性及应用环境等因素也可能对信度产生影响。因此,综合考虑这些因素是确保信度评价准确性和可靠性的关键。

二、效度

效度即测量的正确性,指测量工具或手段能够准确测出研究者所需测量的事物的程度,它旨在反映测量结果的意义。测量的效度越高,测量的结果越能反映所测量的内容的真正特征。一个测验若无效度,就无法发挥其测量功能,因此,无论选用标准测验或自行设计测量工具,研究者都必须审慎评估其效度,详细说明效度的证据。同时,在考虑测量的效度之时,研究者还需顾及测量目的与特殊功能,以确保测量结果能够符合该测量的初衷。

效度评价是确保测量工具有效性的关键步骤。它不仅可以帮助研究者确定测量工具是否能准确衡量所研究的内容,还支持对研究结果进行解释和推断,并可指导理论验证和假设检验。有效的测量工具不仅能够支持跨文化和跨群体比较,还能促使测量工具的改进和升级。因此,效度评价在研究中扮演着至关重要的角色,它可以确保数据的准确性和研究结果的可靠性。

(一)效度评价类型

效度评价类型包括内容效度、效标效度、结构效度等。

1. 内容效度

内容效度指项目对预测的内容或行为范围取样的适当程度,即测量内容的适当性和相符性。内容效度通常需要通过专家评估或理论依据来确定。在科学研究中,测量内容效度的步骤如下:①描述问卷的设计过程,确保问卷设计与研究问题和研究思路保持一致;②给出问卷设计的参考依据,比如参考某文献来设计问卷;③进行预测试,并根据收集到的反馈对问卷进行修改和完善;④在研究报告中说明已进行预测试和修正,以及专家对于问卷设计的认可度。

2. 效标效度

效标效度指测量结果与效标之间的相关程度。效标效度通常使用与目标变量有关的标准(即效标)来进行评价,比如其他已经证明有效的测量工具。若二者显著相关,或者问卷题项对标准的不同取值、特性表现出显著差异,则为有效的题项。例如,如果一项研究中需要测量某种人格特质,研究者可以选择一个经被广泛使用的、被证明与该人格特质有高度相关性的标准作为效标,然后使用自己开发的测量工具进行测量。如果测量工具与效标存在高度相关性,并能准确预测该人格特质的表现,那么研究者就可以认为该测量工具具有较高的效标效度。

3. 结构效度

结构效度指一个测量实际测到所要测量的理论结构和特质的程度。它关注的是测量工具所得到的数据是否与理论模型或假设的结构一致。常用的评估方法包括因素分析法和结构方程模型法等,通过这些方法,研究者可以确定测量工具之间的关系,以及它们与理论结构之间的一致性。结构效度评价有助于确保测量工具能够准确地捕捉所要研究的理论结构和关系,进而增强研究结果的解释力和推断的可信度。

结构效度又分为收敛效度和区别效度两个类型。

(1)收敛效度。收敛效度评估了测量工具中不同观察项之间的相关性,即它们是否共同测量了同一概念。在收敛效度评价中,观察项应该在测量同一概念时表现出高度相关性。人们通常使用因素分析法或者计算观察项之间的相关系数来评估收敛效度。

(2)区别效度。区别效度评估了测量工具中不同概念之间的差异,即它们是否能够被有效地区分开来。在区别效度评价中,观察项应该在测量不同概念时表现出低相关性。人们通常使用相关分析、独立样本 t 检验等方法来评估区别效度。

(二)效度影响因素

测量工具的效度受多种因素的影响,包括测量工具设计质量、样本特征、测量工具的稳定性、外部标准、使用环境、使用者的主观偏好和使用方法等。设计良好的测量工具能够确保准确衡量所研究的概念或变量,从而提高效度。样本特征的不匹配可能降低测量工具的效度,因此,样本的代表性和特征与研究对象需要保持一致。测量工具在不同情境下表现出的稳定性是影响效度的重要因素,不稳定的工具可能导致效度降低。评价测量工具效度时,研究者通常需要参考外部标准或已被接受的测量工具,如果外部标准不准确或不相关,可能会影响效度评价的准确性。此外,测量工具的使用环境、使用者的主观偏好及使用方法也可能影响效度。

三、信度与效度关系

信度和效度关系密切。一般来说,只有具有较高的信度的测量工具才能具有较高的效度。也就是说,如果一个测量工具稳定性较差且无法得出一致的结果,那么它很可能无法准确地评估所要测量的变量,无法具有较高的效度。因此,在评估测量工具质量时,研究者通常需要同时考虑信度和效度。信度与效度的关系有以下三种。

(1)低信度、低效度。测量工具或方法既不能稳定、一致地进行测量,也无法准确测量到所需测量的内容,其测量结果基本没有价值。以打靶比赛为例,如图 3-3 所示,射击者几次的打靶分数忽高忽低,且击中位置都偏离靶心,说明打靶结果既不稳定,也不准确。

(2)高信度、低效度。测量结果具有较高的稳定性和一致性,但测量内容并非真实想要测量的结果,或未能准确测量到目标内容。如图 3-3 所示,射击者的几次打靶分数虽很稳定,但击中位置始终与靶心偏离较大。

(3)高信度、高效度。测量工具或方法既具有高度的稳定性和一致性,又能精准地测量到所需测量的内容,属于理想的测量状态。如图 3-3 所示,射击者的几次打靶均稳定且准确地击中靶心附近,每次打靶分数都较高且波动较小。

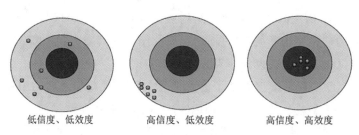

低信度、低效度　　　高信度、低效度　　　高信度、高效度

图 3-3　信效度关系

四、信度分析 SPSS 案例操作

克隆巴赫系数是较为常用的信度分析方法。当克隆巴赫系数超过 0.8 时,量表的信度较好;当克隆巴赫系数在 0.7 至 0.8 之间时,量表的信度可以接受;当克隆巴赫系数在 0.6 至 0.7 之间时,量表虽需修订但仍具有一定价值;当克隆巴赫系数在 0.6 以下时,量表需要重新设计题项。

本书以民族村寨旅游满意度调查数据为例,基于 SPSS 实例操作并使用克隆巴赫系数评价量表的信度。具体操作方法是,打开拟要分析的数据文件,选择"分析"—"标度",在下拉菜单中选择"标度"或"度量",然后找到并点击"可靠性分析"或"信度分析"选项,点击"可靠性分析"后,会弹出图 3-4 所示的对话框,将要分析的测量题项选入"项(I)"栏中。在"模型(M)"框中选择"Alpha"选项,点击"确定"按钮,开始分析。

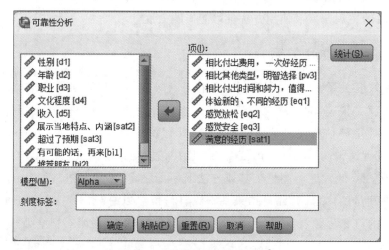

图 3-4　"可靠性分析"对话框[①]

分析完成后,SPSS 会在结果输出窗口中显示克隆巴赫系数以及每个题项的统计量等信息。在图 3-5 中,左表是对所分析数据的总体描述,即在所分析的 227 条数据中不存在缺失值;右表为信度系数结果,是针对 7 个测量的题项的分析结果,克隆巴赫系

---

① 为便于展示,图中变量标签均做简化处理。

数为0.820,表明信度较好。

个案处理摘要

		个案数	%
个案	有效	227	100.0
	排除ª	0	0.0
	总计	227	100.0

a.基于过程中所有变量的成列删除。

可靠性统计

克隆巴赫系数	项数
0.820	7

图 3-5 克隆巴赫系数

思考题

1. 简述成熟量表的优缺点。
2. 简述测量尺度的分类。
3. 如何提高测量的信效度?

第四章
旅游统计数据来源与收集

 本章概要

  旅游统计的核心是统计数据。旅游统计数据收集是非常重要的工作,如果数据收集不正确、不完整,必然影响研究的可靠性。旅游统计数据包括一手数据和二手数据,两者各有其优缺点及适用场景。在数据来源方面,一手数据主要是通过直接的调查、观测和科学实验等方式获得的,问卷调查是获得一手数据的重要途径;二手数据是从国家和地方的统计部门提供的社会经济统计数据,以及各类专业期刊、报纸、图书中获得的。本章重点学习数据的基础知识,尤其是截面数据、时间序列数据、面板数据、时间滞后数据,并学习获取一手数据、二手数据的方法。本章将引导学生深入了解问卷设计及样本量计算的基本步骤和技巧,让学生通过实践掌握问卷设计及样本量计算的方法和技巧。

 **学习目标**

知识目标

(1) 了解旅游统计数据的来源和收集方式。
(2) 熟知常用的抽样方式。
(3) 掌握数据的基本类型。
(4) 掌握样本量的计算方式。

能力目标

(1) 能根据研究主题选择合适的数据类型并获取数据。
(2) 能根据研究主题选择正确的抽样方式。
(3) 能测算样本量。

素养目标

(1) 培养学术求真务实的精神。
(2) 培养学生的社会责任感,使学生树立正确的世界观、人生观。

第一节 数 据

一、基于数据来源的数据类型

(一) 一手数据

一手数据也称为原始数据,是指直接获取,没有经过加工或者第三方传递获得的数据。这些数据可能源自传统调研方式,如问卷测评、小组访谈、面对面沟通等,也可能是互联网上用户直接填写的个人信息数据以及平台抓取的行为数据,等等。在一手数据的使用过程中,需要特别注意的是,要对采集回来的数据进行逻辑合理性验证。

1. 一手数据的特点

一手数据具有真实性、针对性、翔实性、独特性、成本高等特点。

(1) 真实性。一手数据直接来源于研究对象或实际情况,因此,它最能反映真实状态。由于没有经过其他中间环节,数据受到的主观干扰较少,能够更准确地反映问题的本质。

(2) 针对性。一手数据通常是根据特定研究目的或问题而收集的,因此,它具有很强的针对性。研究者可以根据自己的研究需求设计调研问卷、观察方案或实验流程,从而获取最符合研究需要的数据。

(3) 翔实性。一手数据通常包含大量的细节信息,能够提供丰富的研究素材。这些数据不仅可以用于描述现象,还可以用来深入分析问题产生的原因等。

(4) 独特性。一手数据是研究者亲自收集的,因此,它具有独特性。这些数据可能包含一些之前未被发现的信息或规律,有助于研究者发现新的问题或提出新的观点。

(5) 成本高。相对于二手数据,一手数据的收集和处理通常需要投入更多的时间、人力和物力成本,具体包括设计调研方案、实施调研、整理和分析数据等环节。

2. 一手数据的来源

对旅游研究而言,调查是获取数据的重要手段,如游客满意度、旅游体验等。获取一手数据的常见方式有实地调查、问卷调查、观察、实验、采样调查等。

(1) 实地调查。研究者可以通过实地走访、观察或实验等方式直接收集数据。例如,研究者可以通过面对面访谈、电话访问或网络调查等方式进行数据收集。

(2)问卷调查。研究者设计调查问卷,并通过邮寄、电子邮件、在线调查平台等方式向被调查者发送问卷,收集游客对景区满意度或行为意图的回答和意见。

(3)观察。研究者通过直接观察目标对象或事件的行为、情况和表现,记录所观察到的数据。观察可以是自然观察或实验室观察。

(4)实验。研究者在实验室或现实环境中设置实验条件,并对实验组和对照组进行处理和观察,收集实验数据。

(5)采样调查。研究者通过随机抽样、分层抽样、整群抽样等方法,从人群、群体或样本中抽取具有代表性的样本,并对样本进行调查或实验,收集数据。

(二)二手数据

二手数据是指已经被他人或其他组织收集或整理过的数据。这些数据不是直接从原始来源收集的,而是从已有的数据集、研究报告、数据库、文献中获得的。换言之,它们是已经存在并被其他人或组织使用过的数据,而非研究者自己直接收集的原始数据。二手数据通常被重新分析、再利用或用于不同的研究目的。它们可以被使用于各种领域和研究项目中,包括学术研究、商业分析、政策制定等。二手数据的使用可以节省时间和资源,有时还可以提供更广泛的数据范围和更长的时间跨度,从而提供更全面的研究视角和更多元的分析渠道。

1. 二手数据的特点

二手数据具有易获取、成本低、相关性差、时效性差及可靠性低等特点。

(1)易获取。二手数据是已经存在的数据,一般可以通过各种渠道轻松获取,如公共数据库、研究报告、行业出版物等。相较于一手数据,二手数据的获取成本更低,不需要投入大量的人力、物力和时间进行原始数据的收集。

(2)成本低。二手数据是现成的,研究者无须自行开展调研或实验,因此,成本相对较低。这有助于节约研究经费,使更多资源可以用于其他方面的研究工作。

(3)相关性差。二手数据通常是因其他目的而收集的,所以可能与当前研究项目的需求不完全匹配。这可能导致数据的相关性较差,需要研究者在使用时进行筛选和整合。

(4)时效性差。二手数据的收集时间可能早于当前研究项目,因此,其时效性可能受到一定影响。随着时间的推移,某些数据可能已经过时,无法准确反映当前情况。

(5)可靠性低。二手数据可能经过多次处理和转述,其原始性和准确性可能受到一定程度的影响,因此,在使用二手数据时,研究者需要谨慎评估其可靠性,并结合其他来源的数据进行验证。

2. 二手数据的来源

研究者可以根据自己的研究目的和需求选择合适的二手数据来源。在使用二手数据时,研究者需要注意数据的质量、完整性和可靠性,并确保遵守相关的法律和道德准则。获取二手数据的常见渠道有研究报告和论文、公共数据库、商业数据库、社交媒体和互联网、调查机构、个人记录和档案等。

(1)研究报告和论文。其他研究者的研究报告、学术论文或研究文献可能包含了已经分析过的数据,研究者可以从中获取相关数据进行再分析或重复研究。

(2)公共数据库。政府部门、国际组织、学术机构、非营利组织等可能维护着各种公共数据库,包含了大量的统计数据、调查数据、经济指标等,研究者可以从中获取需要的数据。

(3)商业数据库。商业机构往往收集并保存着大量的商业信息,如市场调查报告、消费者行为分析、销售数据等,研究者可以通过购买或获得许可来使用这些数据。

(4)社交媒体和互联网。社交媒体平台、网站、论坛等在线平台上的数据,如用户评论、用户行为等,也可以作为二手数据的来源。

(5)调查机构。调查机构经常进行各种类型的调查研究,包括民意调查、市场调查、社会调查等,研究者可以将这些调查结果作为二手数据。

(6)个人记录和档案。个人的日志、记录、档案等也可以作为二手数据的来源,如历史记录、家族档案等。

(三)一手数据与二手数据的比较

一手数据和二手数据各有其优劣势,研究者应根据研究问题的具体需求和实际情况来选择合适的数据类型。在实际应用中,研究者也可以考虑将两种数据进行结合,以充分利用各自的优点,弥补不足。表4-1是对二者优缺点的分析比较。

表4-1 一手数据与二手数据优缺点分析

分类	优点	缺点
一手数据	相关性强、准确度高、理解准确	成本高、耗时长、数据清洗工作量大
二手数据	成本低、时间短、数据清洗工作量小	相关性弱、准确度不可控制、理解可能存在偏差

二、基于数据结构的数据类型

(一)截面数据

截面数据是在某一特定时间点上收集的数据。它是对研究对象在该时间点上的快照,反映了其特征、状态或行为。与纵向数据相对,截面数据只提供了特定时间点上的信息,而不涉及随时间变化的趋势。

截面数据是不同主体在同一时间点或同一时间段的数据,它具有以下特点:①时间点的快照。截面数据提供了在特定时间点上的快照,反映了被研究对象在该时间点上的状态、特征或行为。②横向比较。截面数据可以用于横向比较不同个体、组织或地区在同一时间点上的特征或行为,从而了解它们之间的差异和关系。③研究对象的多样性。截面数据可以涵盖多种研究对象,包括个人、家庭、企业、地区等。④实时性。截面数据的收集通常是及时的,能够反映当前或近期的状况,有利于及时进行分析和决策。⑤潜在的变化性。虽然截面数据在某一特定时间点上提供了快照,但研究对象的特征和行为可能会随着时间而改变,因此,研究者需要考虑数据的时效性。

截面数据的不足:①时效性限制。截面数据只提供了某一时间点上的快照,不能反映数据随时间的变化趋势,因此,它对于分析长期变化或趋势性的研究不够理想。②无法解释因果关系。截面数据只提供了相关性而不是因果性的信息,不能确定变量之间的因果关系,需要额外的研究设计和分析手段来验证。③数据不完整。截面数据仅在特定时间点上收集,可能存在信息不完整或缺失的情况,从而影响数据的分析和解释。④无法跟踪个体变化。与纵向数据相比,截面数据无法跟踪同一研究对象随时间的变化,缺乏对个体或组织发展轨迹的深入理解。⑤可能存在选择偏差。截面数据是在某一时间点上收集的,可能存在选择偏差,即样本在该时间点上的代表性受到限制,影响数据的推广和使用。

截面数据类型广泛,包括调查数据(如人口普查、社会调查)、某一年度的经济数据(如GDP、失业率)、市场调研数据、医疗健康数据、教育数据和环境数据等。通过分析截面数据,人们可以了解特定时间点上的人口特征、经济状况、市场情况、健康状况等。

(二)时间序列数据

时间序列数据是在不同时间点上收集到的数据,这类数据是按时间顺序收集的,用于所描述现象随时间变化的情况。这类数据反映了事物、现象等随时间变化的状态或程度。很多计量经济学的模型也用到了时间序列数据。

时间序列数据是按时间顺序排列的数据序列,具有以下几个主要特点:①时序性。时间序列数据按照时间顺序排列,通常是等间隔或不等间隔的时间点。这种时序性使得数据之间存在时间上的关联性,可以通过时间维度进行分析和建模。②趋势性。时间序列数据可能存在趋势,即长期的整体变化方向。趋势可以是递增的、递减的或保持稳定的。它反映了数据在长时间内的总体变化情况。③周期性。时间序列数据可能具有周期性,即在固定时间间隔内出现的重复模式或循环。这些周期性模式可能是由季节性、经济周期或其他周期性因素引起的。④季节性。时间序列数据可能受季节变化的影响,表现为在特定时间段内出现的规律性变化。季节性通常是由自然因素或人类行为造成的,如季节变化、假日效应等。⑤随机性。时间序列数据中可能存在随机波动或噪声,即数据中的不规则变动。这种随机性可以由于随机事件、误差或未知因素引起。⑥自相关性。时间序列数据中的观测值可能与之前的观测值相关,即自相关性。自相关性表明数据点之间存在一定的相关性或依赖关系。⑦非线性。时间序列数据中的关系可能是非线性的,即变量之间的关系不是简单的线性关系,可能呈现出曲线或非线性形式。

时间序列数据的不足：①数据质量问题。时间序列数据可能受到数据质量问题的影响，如缺失数据、异常值、数据不一致等，这会对分析结果产生不利影响。②噪声和随机性。时间序列数据中可能存在噪声和随机波动，这些随机性因素使得预测和分析变得更加困难。③模型复杂性。一些时间序列数据可能具有复杂的结构和模式，需要复杂的模型和方法进行分析和建模，增加了分析的复杂性和难度。④数据相关性。时间序列数据中的自相关性和趋势性可能导致数据相关性问题，需要采取适当的方法进行处理，以避免模型估计的偏差。⑤过拟合风险。建立时间序列模型时，存在过拟合的风险，即模型过度拟合历史数据，导致预测未来数据的能力下降。

当涉及时间序列数据时，有许多不同类型的案例可以探索。金融企业利用历史股票价格数据来预测未来的价格趋势；销售人员通过分析过去销售数据的模式，以预测未来销售额；天气预报利用历史天气数据，比如温度、降水量、风速等，来预测未来的天气情况；交通部门通过分析过去的交通数据，包括车流量、交通拥堵情况等，来预测未来的交通情况。其他应用还包括能源需求预测、社交媒体趋势分析和生产过程优化。例如，表4-2所示为贵州2004年到2014年的国内旅游人数和国内旅游收入数据的变化情况。

表4-2 贵州2004—2014年国内旅游人数及国内旅游收入

年份	国内旅游人数	国内旅游收入
2004年	2480.37万人次	161.02亿元
2005年	3099.46万人次	242.83亿元
2006年	4715.75万人次	377.79亿元
2007年	6219.89万人次	504.04亿元
2008年	8150.69万人次	643.82亿元
2009年	10400.00万人次	797.69亿元
2010年	12863.01万人次	1052.64亿元
2011年	16960.58万人次	1429.48亿元
2012年	21330.68万人次	1860.16亿元
2013年	26683.58万人次	2370.65亿元
2014年	32049.44万人次	2895.98亿元

数据来源：历年的《贵州统计年鉴》。

（三）面板数据

面板数据也叫作平行数据，是指在时间序列上取多个截面，在这些截面上同时选取样本观测值所构成的样本数据。面板数据具有时间序列和截面两个维度,当这类数据按两个维度排列时,是排在一个平面上,与只有一个维度的数据排在一条线上有着明显的不同,整个表格像是一个面板。

面板数据是在多个时间点上对同一组个体进行观察的数据类型。它具有以下几个特点:①面板数据包含两个维度,即时间和个体。这意味着研究者可以在不同的时间点上对相同的个体进行观察,也可以在同一时间点上对不同的个体进行观察。②面板数据包含个体之间的异质性和时间的动态性。由于可以跟踪同一组个体在不同时间点的变化,面板数据可以反映出个体之间的差异以及随时间变化的趋势。③面板数据可提供更多的信息和变化趋势。与横截面数据和时间序列数据相比,面板数据能够提供更多的信息,包括跨个体和跨时间的变化趋势,从而使研究者更全面地理解数据。④面板数据允许控制个体效应和时间效应。通过引入个体固定效应或时间固定效应,研究者可以控制面板数据中个体特有的影响因素或时间相关的影响因素,从而更准确地估计模型。⑤面板数据可提高效率和准确性。面板数据通常比单一时间点的数据具有更大的信息量,因此,研究者在估计统计模型时可以提高效率和准确性。⑥面板数据适用于经济学等领域。面板数据在经济学、社会学、政治学等许多领域都有广泛的应用,可以用于研究个体行为、市场结构、政策效果等。

面板数据的不足:①数据收集成本高。相比于横截面数据或时间序列数据,收集面板数据的成本通常更高,因为需要在多个时间点对同一主体进行观察。②数据质量要求高。由于面板数据涉及多个时间点和多个个体,数据的一致性和准确性要求较高,否则可能会导致误差。③存在数据缺失和非随机性问题。面板数据中常常存在数据缺失和非随机性的问题,需要采取合适的方法处理,以免产生偏差。④模型复杂性。面板数据分析涉及多个维度的数据,因此,研究者通常需要使用更复杂的模型来处理,这可能会增加建模和解释的复杂性。

面板数据适用于需要考虑个体间差异和随时间变化的情况,因此在经济学、政策评估、社会学、市场研究、医学研究、环境研究、金融研究等领域都有广泛应用。面板数据提供了丰富的信息,可用于研究个体或企业在不同时间点上的行为和反应,评估政府政策或项目的效果,分析消费者行为和市场趋势,跟踪患者的病情发展,以及分析金融市场的波动性,等等。以北京、天津、河北和贵州四省市国内旅游收入数据为例,表4-3分别描述了四个省市2015年到2018年的国内旅游收入情况。融合截面数据和时间序列数据的优势后,面板数据能够提供更准确的分析结果,帮助研究者更好地理解数据背后的变化趋势和因果关系。

表 4-3 国内旅游收入

序号	地区	2015年	2016年	2017年	2018年
1	北京	4320.00亿元	4683.00亿元	5122.40亿元	5556.20亿元
2	天津	2590.63亿元	2919.06亿元	3292.13亿元	3840.89亿元

续表

序号	地区	2015年	2016年	2017年	2018年
3	河北	3395.60亿元	4610.13亿元	6089.60亿元	7580.21亿元
4	贵州	3500.46亿元	5011.94亿元	7097.91亿元	9449.58亿元

数据来源：各地的统计年鉴。

（四）时间滞后数据

时间滞后数据，也称为纵向追踪数据，指在研究中对同一组个体或单位进行多次观测，以研究其随时间推移而发生的变化。在时间滞后数据中，研究者可以追踪个体或单位的发展、变化和影响因素。

时间滞后数据具有时序性、相关性、因果关系、滞后效应、预测性等特点，这些特点使得时间滞后数据在分析和预测中具有重要的应用价值。①时序性。时间滞后数据是按照时间顺序排列的，每个数据点都与特定的时间点相关联。这种时序性使得研究者可以分析数据的演变趋势和周期性变化。②相关性。时间滞后数据中各个时间点之间通常存在相关性。当前的数据往往受到之前数据的影响，存在一定的相关关系。③因果关系。时间滞后数据可以帮助识别事件或变量之间的因果关系。通过观察数据之间的时间延迟，可以确定哪些变量会导致其他变量发生变化。④滞后效应。时间滞后数据反映了事件或变量之间存在的滞后效应。这意味着某些事件或变化可能不会立即反映在数据中，而会在一段时间后才会显现出来。⑤预测性。时间滞后数据可用于建立预测模型，该模型能通过分析过去的数据来预测未来的趋势。这种预测性能够帮助研究者做出合理的决策和规划。

时间滞后数据的不足：①延迟效应。时间滞后数据反映了事件或变量之间存在的滞后效应，某些事件或变化可能不会立即反映在数据中，而是在一段时间后才会显现出来。这可能导致研究者对于真实情况的滞后理解或预测。②数据处理挑战。研究者处理时间滞后数据时需要考虑到时间延迟的影响，以及如何处理数据对齐、插值、缺失值等问题，这增加了数据处理的难度。③复杂性。时间滞后数据通常反映出复杂的因果关系和相互影响，需要通过更复杂的分析方法和模型来理解和处理。④不确定性。时间滞后数据的预测性受到不确定性的影响，未来的变化可能受到多种因素的影响，难以完全准确地预测。

时间滞后数据可应用于许多领域，如旅游、经济、教育、医学等。时间滞后数据可以帮助研究者了解个体或单位的变化趋势、发现潜在的因果关系，以及评估政策或干预措施的效果。进行时间滞后数据研究时，研究者需要设定观测的时间间隔和观测的次数。观测的时间间隔可以是几天、几个月或几年，这主要取决于研究的目的和对象。虽然观测的次数越多，研究者可以获取的信息也越多，但这同时也会增加数据收集和分析的复杂性。

第二节　问卷调查数据收集

一、问卷设计

问卷是用来收集数据的一种工具,是调查者根据调查目的和要求所设计的,由一系列问题、备选答案、说明以及代码表组成的书面文件。问卷设计指根据调查目的和要求,将所需调查的问题具体化,使调查者能顺利地获取必要的信息资料,以便于统计分析。然而,设计一份完善的问卷并非一件轻而易举的事情,问卷设计人员除了要具备统计学、社会学、经济学、心理学、计算机等多方面的知识,还需要掌握一定的技巧,可以说,问卷设计是科学与艺术的结合。

根据调查方法的不同,问卷可分为访问调查问卷、座谈会调查问卷、邮寄调查问卷和电话调查问卷等;根据问卷的填写方式,问卷可分为自填式问卷和代填式问卷,自填式问卷主要适合邮寄调查等方式,代填式问卷主要适合访问调查、座谈会调查及电话调查等方式。

问卷设计的质量关系到数据的质量,因为在短短的数个问题中想了解被调查者的真正想法是不容易的,问题的用语不当、顺序不对等都会影响所收集资料的可靠性,所以研究者在设计问卷时要非常小心,避免因问卷设计不当而影响整个调查。本节将从问卷的基本结构,以及问卷中问题的设计、答案的设计、问题的顺序等几个方面来介绍问卷设计的一些技巧。

(一)问卷设计原则

为了能更好地提高问卷调查中所发问卷的回收率、调查效率和回答质量,在进行问卷设计时应遵循以下原则。

1. 必要性原则

在制作调查问卷之前,应先做研究计划,对研究中所要涉及的各项论题有一个全面的了解,确保问卷设计的准确性。调查问卷中除少数几个必须涉及背景的题目外,其余题目应与研究主题密切关联。切忌问卷中出现与研究主题无关的问题。不是重点的问题,不要刨根问底,以免令被调查者厌烦,而不予回答。

2. 总量控制原则

问卷中问题的数量必须严格控制,要牢记被调查者是没有义务回答该问题的。研究者要尽可能将被调查者的作答时间控制好,一般时间越短越好,控制好问题的数量是关键。

3. 礼貌性原则

问卷的指导语中要用敬语,要对被调查者的配合表示诚挚的谢意。在调查问卷中,要尽量避免涉及个人隐私或不太可能了解到真实情况的问题,如询问收入来源的问题等;还要避免那些会给被调查者带来压力的问题,以免令被调查者不满。问题的措辞要礼貌、诚恳,要给被调查者以好感,这能增加被调查者合作的可能性。

4. 简便性原则

调查问卷中题目的形式要尽量方便被调查者回答,被调查者回答时无须浪费过多笔墨,更不会感到无从下手,花费很多时间,似乎在做思考题,因此,问题的形式应尽可能为选择题。

5. 用词恰当原则

调查问卷中问题的表述风格和用词应与被调查者的身份一致。因此,在题目编制之前,研究者要考虑到被调查者群体的实际情况。如果被调查者的身份具有多样性,那么问题的用词要尽量大众化;如果被调查者是青少年,那么问题的用词要活泼、简洁;如果被调查者是专家,那么问题的用词要科学、准确,并且可适当使用一些专业术语。

6. 可行性原则

调查问卷中的问题必须符合被调查者能自愿且真实回答的设计原则。凡是被调查者不可能自愿且真实回答的问题,以及超越被调查者理解能力、记忆能力、计算能力、回答能力的问题,都不建议提出。

(二)问卷基本结构

在问卷设计方面,不同的调查问卷虽然在题型、措辞、版式等方面的设计上会有所不同,但其基本结构一般都由问卷标题、卷首语(介绍语)、甄别部分、背景部分、主体部分组成(见图 4-1)。

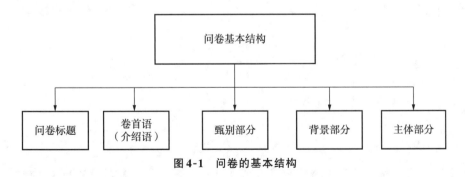

图 4-1 问卷的基本结构

1. 问卷标题

问卷标题应具体明确、简明扼要,点明调研对象或调研主题。例如,以"民族村寨旅游满意度调查问卷"为标题。

2. 卷首语（介绍语）

卷首语（介绍语）主要说明调研意义、内容和选择方式等，不需要太长，文字通俗易懂、言简意赅即可。关键是要告诉被调查者这是一项什么类型的研究，需要多长时间，同时承诺所收集的数据仅用于研究分析，不会用于其他商业用途，并且个人信息完全保密。以温泉旅游产品需求调查问卷的卷首语为例：

亲爱的朋友：

为了调研大众游客对温泉产品的选择偏好，我们设计了此问卷，希望通过问卷调查了解您对温泉产品的需求。非常感谢您在百忙之中抽空填写问卷，本次问卷采取无记名方式，不涉及个人隐私信息，请您放心填写。感谢您的参与！谢谢！

3. 甄别部分

甄别是指通过设计一些问题先对被调查者进行过滤，筛选掉不符合条件的被调查者，然后得到满足条件的调查对象。甄别的目的是确保被调查者合格，使其能够作为该调查项目的代表，从而符合调查研究的需要。示例如下：

Q1：您是否有民族村寨旅游的经历？
A.有　　　　　　B.无（选择"无"终止调查）

4. 背景部分

背景部分主要是收集人口统计学信息，它通常被放在问卷的最后，是有关被调查者的一些背景资料，调查单位要对其保密。该部分所包括的各项内容，可作为对调查者进行分类的比较的依据。一般包括性别、民族、婚姻状况、收入、学历、职业、学历等。示例如下：

Q2：您的学历是什么？
A.大专及以下　　B.本科　　　　C.硕士研究生
D.博士研究生　　E.其他

5. 主体部分

主体部分是整个问卷调查内容的核心所在。一般包括调查的全部问题，主要由题目和答案组成。这部分内容的质量直接影响整个调研价值。如果研究需要使用量表或测量工具来评估某些特定的概念、态度或行为，那么问卷中会包含这些量表（见表4-4）或工具，以便被调查者进行评价或选择。示例如下：

Q3:选择温泉产品时,您首先考虑的因素是什么?【多选】
A.交通便利度　　B.温泉的地理位置　C.时间　　　D.温泉价格
E.卫生情况　　　F.特色美食　　　　G.景区环境
H.配套设施是否丰富　　　　　　　　I.其他_____

表4-4　民族村寨旅游行为意图

题项	非常不同意	不同意	一般	同意	非常同意
如果有可能的话,我会再次来此地旅游	1分	2分	3分	4分	5分
我会将该民族村寨旅游推荐给亲戚或朋友	1分	2分	3分	4分	5分
我会与其他人分享此次旅游中有趣的经历	1分	2分	3分	4分	5分

(三)问卷题项设计

不同问卷类型与调查方式对问卷中问题内容与形式有不同的要求。但总体而言,问卷题项设计均应遵循以下设计程序。

1.确定问卷题项内容

确定问卷题项内容是在细化概念的基础上进行的。在明确各种概念之后,根据最后一级指标来设计问题,即"问什么"。设计题项时除了要围绕测量指标进行设计外,还要考虑多种因素,比如调查目的、调查对象特征、调查时间、调查地域及调查形式等。有些题项的内容不适合在问卷中出现,就要考虑用其他方法来获取信息。

2.确定题项形式

问卷题项形式主要有三种类型,即开放式问题、封闭式问题及二者相结合的形式。开放式问题不提供选择答案,由被调查者根据自己的理解来回答问题。封闭式问题则要求被调查者只能从提供的备选答案中选择,不能自由发挥。还有一类问题是被调查者既可以选择备选答案,也可以在选择提供的答案之外自由回答。

确定问题的形式,其一要清楚各类提问方式的优缺点,只有在此基础上才能根据问题的内容确定问题的形式以及回答的形式;其二必须考虑被调查者的特点,要根据被调查者的特点来确定问题的形式,这样才能收集到更好的数据信息。比如面向社区居民的问卷调查,封闭式问题往往让社区居民感到心理紧张,不利于信息的收集,而以访谈形式进行问卷数据收集,反而能收集到多层次的信息。因此,在确定问题形式时,我们必须考虑到被调查者的特点。

开放式问题示例如下:

Q4:您对民族村寨旅游景区管理还有哪些建议?
_____

3. 确定题项表述

调查问卷题项表述,特别是自填式问卷的表述,在设计时尤为重要,因为题项表述会直接影响到调查对象的理解,进而影响信息获取的质量。因此,在确定题项表述时,一定要考虑到被调查对象的文化水平、职业、年龄等特征。

确定题项表述主要有以下几个方面的要求:①表述必须准确、清楚,避免表述隐晦,避免多义和歧义。②问题表述应尽量做到通俗易懂,少用或不用专业词汇。③题项表述应避免使用假设,以让调查对象假想的方式收集的数据往往不准确。④注意题项表述不要与被调查地区和被调查者所在社会系统的传统风俗习惯发生冲突。

4. 确定题项顺序

确定题项顺序总的原则:按题项所能提供的信息及被调查者能感觉到的逻辑排列问题。题项的设计应从熟悉到生疏,从易到难,从浅至深,由表及里,层层深入。将复杂、敏感、容易引起被调查者反感和厌烦的题项放在最后。问卷结构要清晰,宜采用模块化设计。要注意将过滤题项安排在最前面,这样可以尽早将非调查对象排除在外,节约时间、财力和物力,提高调查效率;关于调查对象个人资料的题目宜放在问卷的最后,如果将调查对象的个人资料放在问卷最前面,很容易因为调查对象不愿回答而影响问卷主体部分的顺利完成。

(四)问卷答案设计

旅游统计中的问卷大都由封闭型的问题组成,封闭型问题答案的设计方法主要有二项选择法、多项选择法、顺序选择法、评定尺度法等。

1. 二项选择法

二项选择法也称二分法,提出的问题只有两种答案可以选择,如"是"或"否"以及"有"或"无"等。这两种答案是对立的、相互排斥的,被调查者的回答非此即彼,不能有更多的选择。例如:"您家里有空调吗?"答案只能是"有"或"无"。这种方法的优点是易于理解,可迅速得到答案,便于统计,但被调查者没有进一步阐明细节和理由的机会,难以反映出被调查者之间的差别,了解的情况也不够深入。这种方法适用于相互排斥的两项择一的问题,以及较为简单的事实性问题。示例如下:

Q5:您是否体验过非遗蜡染手工技艺?
A.是　　　　　B.否

2. 多项选择法

为了充分表达需求和意愿,有些问题需要采用多选的形式,即允许选择多个答案,并统计出多个答案的重要性的差别。多项选择题是从多个备选答案中选择若干个答案,它是各种调查问卷中较常采用的一种题型。示例如下:

Q6：你在民族村寨旅游的目的是什么？(可多选)
A.体验民族文化　　B.感受乡村自然环境　　　　C.逃避都市压力
D.带孩子感受乡村　E.其他

3. 顺序选择法

此类问题会列出若干个答案，要求被调查者按其重要性等将它们一一排序。顺序选择法可以让被调查者对全部答案排序，也可以让被调查者对其中的某些答案排序。问卷设计人员可以对所选择的答案数量进行限制，也可以不进行限制。以某高校学生就业情况调查表中的问题为例：

Q7：您在找工作的过程中遇到的主要问题是什么？(请您依次排序)
A.专业不对口　　　B.没有本地户口　　C.缺乏社会关系
D.招聘信息不足　　E.性别歧视　　　　F.其他

4. 评定尺度法

评定尺度法也称量表法，可将一些主观的、抽象的概念量化在问卷的设计中，问卷设计人员要考虑被调查者对问题的回答是否便于进行量化统计和分析。如果调查结果是一大堆难以统计的定性资料，那么，要从中得到规律性的结论就十分困难。在调查中，量表通常是将态度量化的工具，量化的方式很多，示例如下：

Q8：请您为该地民族村寨旅游整体形象打分。
A.5分　　　　　　B.4分　　　　　　C.3分
D.2分　　　　　　E.1分

（五）确定问卷版面

问卷版面安排很容易被忽视。在实践中，调查常常也会因问卷版式安排不合理而受到影响。问卷版式安排的常见问题包括：①版面要清晰，题项之间、开放式问题的回答部分要留足空间。②重要的部分要加以强调（如调整字体、字号等）。③话题的转换要加以强调。为了使话题转换一目了然，最好使用标记标明，比如下划线、黑体等。④题项与选择放在同一页。⑤问卷印刷质量要保证精良。

（六）问卷测试与确定

初始问卷设计好后，要进行检查，从问题表述、问题排序、选择是否全面，以及其他细部差错，如错别字、语病等方面进行检查。检查时，最好由问卷设计人员以外的人检查。初步检查合格后，可以进行试调查。试调查时，要选择那些与样本特征接近的调查对象,同时尽可能不对样本产生影响。经过试调查,要进一步发现问卷中存在的问题,并进行修改。同时,为了保证问卷的质量,在试调查后,要对问卷的信度和效度进行分析。只有问卷具有较高的信度和效度,才能收集到合格的调查数据。最后,根据试调结果再次对问卷进行修改后,即可定稿,并安排印刷和展开正式调查。

二、问卷发放

(一) 问卷发放途径

1. 在线问卷调查平台

使用在线问卷调查平台(如问卷星、风铃系统、乐调查、易表达等)创建问卷,并获取问卷链接或二维码。通过社交媒体(如微信、微博、QQ等)、电子邮件、网站等方式将问卷分享给被调查者。这种方式具有成本较低、数据整理和分析方便等优点,但样本覆盖范围可能较窄,需要注意避免选择偏差。

2. 纸质问卷

将问卷打印出来,通过邮寄、直接发放等方式传递给被调查者,然后收集填好的问卷。这种方式适用于一些不具备在线条件的人群,如老年人,但成本较高,数据整理和分析工作较为烦琐。

3. 电话调查

通过电话与被调查者联系,直接询问问题并收集数据。这种方式数据采集速度快,反馈及时,但被调查者可能不愿意接听陌生电话,并且容易出现选择偏差。

4. 面对面调查

在公共场所(如商场、街道等)设点发放问卷,并亲自与被调查者交流,解答其疑虑,收集信息。这种方式能够直接与目标受众互动,但可能受限于地点和时间。

5. 第三方调查公司

将问卷投放到专业的第三方调查公司中,利用调查公司庞大的样本库和精准的定位能力来发放问卷。这种方式可以快速有效地发放问卷,但需要选择合适的调查公司,并支付一定的费用。

(二) 反应心向问题

1. 反应心向

反应心向是指被调查者在填写问卷时经常发生一种特殊作答现象。这种现象可能影响被调查者如实、准确地回答问题的程度,从而影响到问卷结果的可信度和有效性。常见的反应心向包括积极应对、消极抵制、中立态度、社会期望和表现欲望等。例如,被调查者倾向于消极抵制的态度,对所有题项以低分或负面看法的方式作答,将严重影响问卷调查结论的客观事实性。研究者需要考虑反应心向等因素,以更好地理解和说明问卷调查结果。

2. 反应心向处理

反应心向对于测量分数的正确使用有着巨大的影响。早期,学者们多以系统性偏误处理来应对,但是部分学者则主张特定的反应心向也可以被视为一种人格特质。前者是将反应心向检测出来后以误差变异来处理,后者则将反应心向视为一种能够加以测量的人格属性。然而,无论是哪种观点,学者们都普遍认为,这些基于反应心向对测量分数造成的影响必须被辨识和分离,这样才能让测量分数不受反应心向的干扰。

（1）废卷处理法。

当问卷回收后,进行初步检视时,研究者通常可以从被调查者填写答案的趋势来判定是否存在特殊的反应心向风格。以极端反应为例,如果被调查者倾向选择较极端的答案来描述自己,比如在李克特五点量表中倾向选择1或5,或明显地偏爱给出正向答案或高分,那么研究者可以将此问卷作为废卷来处理,不记录此数据。

废卷处理存在以下问题:①废卷处理没有统一标准,多依循研究者的主观判断。建议将特定指标作为废卷依据,例如利用量表测量社会赞许性程度,当分数超过某一标准时,就进行废卷处理。②将其作为废卷来处理时,该被调查者的数据被完全排除,不仅会导致样本减少,还可能导致系统性的数据遗失,造成另一种形式的测量偏误。③反应心向的效果难以被估计,故无法基于此进行进一步的统计控制,而形成研究上的限制。

（2）事前与事后估计法。

事前估计法是一种应用于调查研究中的数据质量控制方法,旨在预测和纠正可能存在的非随机性误差。这种方法通常在实际数据收集之前,通过预测试、文献回顾、专家访谈等方式收集相关信息,以估计实际调查中可能出现的偏倚、误差或问题。

事后估计法是指将反应心向的得分,作为一个特定的控制变量或抑制变量,纳入回归方程式,利用协方差分析或回归原理进行统计控制,使得其他的预测变量得以在排除反应心向的情况下进行估计。

（3）使用其他测验形式。

避免反应心向的其他方式包括:①减少量表的选项,如将七点量表改为三点量表或两点量表,尽量杜绝反应心向的偏离情形,但是相对地,这将减少测量的总变异量,降低测量的精密度。②在问卷当中设置反向题,如果被调查者恶意作答或不愿意作答,他们就有可能未察觉到某些问题的提问方式是反向的,从而导致出现矛盾的答案。以下列举两个题项:

题项1:大体来说,我对这个景区比较满意。

题项2:这个景区杂乱无章。

事实上,反应心向可以被视为是一种被调查者与工具之间产生交互作用的误差效果,即测量工具本身或被调查者并不是造成反应心向的主要因素,而是它们之间相互作用的结果。因此,研究者应从多方面角度及过程控制入手。在测量工具方面,研究者要避免使用易引发反应心向的试题,并进行事前估计。在测量过程中,研究者应使用适当的指导语,让被调查者以匿名方式作答,消除被调查者的疑虑与压力。此外,在数据整理过程中,研究者要进行目视筛检与统计控制,多管齐下来维护测量的质量。

第三节　抽样与样本量

一、抽样

抽样是从总体中选择一部分个体作为样本的过程。在统计学中,抽样是为了研究总体的性质或进行推断。正确的抽样方法能够保证样本具有代表性,从而使得对总体进行推断更为可靠。常见的抽样方式有随机抽样、方便样本抽样、分层抽样、滚雪球抽样。

(一) 随机抽样

在随机抽样中,每个个体被选择为样本的概率是相等的,并且抽样过程是完全随机的。这样可以确保样本对总体具有代表性,并降低出现误差的可能性。随机抽样可以通过多种方式实现,包括简单随机抽样、系统抽样、分层抽样和整群抽样等。具体选择哪种方法取决于研究目的、总体特征和实际可行性。

随机抽样是一种保证样本代表性和无偏性的抽样方法。其特点包括代表性高、无偏性强、可重复性、精度较高、简便易行和适用范围广。尽管如此,随机抽样也需要考虑资源消耗、实施难度和样本误差等因素。随机抽样的优点包括能够提供代表性的样本、减少误差和提高统计推断的准确性。然而,即便是随机抽样也可能存在一定的抽样误差。因此,在进行统计推断时,研究者需要考虑抽样误差的大小,并使用相应的统计方法来估计总体参数的范围。

(二) 方便样本抽样

方便样本抽样是一种简单的抽样方法,通常在研究中使用,特别是当研究者难以获得完整的抽样框架或资源有限时。在方便样本抽样中,研究者会选择最容易获得的样本,而不是通过随机抽样或其他更复杂的抽样方法来选择样本。这种方法通常较为便利且可以节省时间成本,因为研究者可以直接接触到或者轻松获得这些样本。

方便样本抽样方法的优点在于简单方便、节省成本、适用范围广和获取样本速度快的特点。这种抽样方法操作简单,不需要复杂的程序或计算,能够迅速实施,适用于各种不同的调查研究对象和场景,无须过多的前期准备和特殊设备。然而,方便样本抽样也存在一些缺点,包括可能导致样本偏差、代表性受限以及结果不确定性等问题。因此,研究者在实际应用中需要权衡其优缺点,谨慎选择抽样方法,以保证研究结果的准确性和可靠性。

(三)分层抽样

分层抽样是一种常用的抽样方法,它将总体分成几个子群体(或称为层),然后从每个子群体中分别进行随机抽样。这种方法可以确保每个子群体都有机会被选为样本,从而更好地代表总体。

分层抽样的优点在于它能够提高样本的代表性,通过将总体划分为不同层次,并在每个层次进行抽样,确保每个子群体都有机会被选中,使样本更具代表性。此外,分层抽样可以提高抽样效率、减少资源浪费、控制抽样误差,其适用范围广,是一种灵活的抽样方法。然而,分层抽样也存在一些缺点,包括实施可能较为复杂,需要充分了解总体并准确划分层次,不适用于某些特定情况下的抽样需求。因此,在选择抽样方法时,研究者需要综合考虑其优缺点,以确保抽样过程的有效性和结果的可信度。

(四)滚雪球抽样

滚雪球抽样是一种非随机抽样方法,通常用于研究中难以获得清晰抽样框架或特定人群的情况。在滚雪球抽样中,研究者从最初的样本选择开始,然后逐渐扩大样本规模,通过被选中的样本联系其认识的其他人,邀请他们加入研究。这样的过程就像滚雪球一样,样本规模逐渐扩大,故得名滚雪球抽样。

滚雪球抽样在定性研究中很常用,尤其当研究对象是难以找到或接触的人群时。这些人群主要包括:对总人口来说数量很少的人群、地理上分散的人群、有社会污名或特殊共同特征的人群等。在这种情况下,对非该人群的成员来说,其名单或联系方式很难获取。公共政策或小众文化领域的研究也经常使用滚雪球抽样。这种抽样方法还可用于研究敏感的话题,或者那些人们不愿意公开自己的身份或经历的话题,比如因自我披露而有风险的话题。滚雪球抽样可以让研究者在接触特定人群时,兼顾道德考量,比如保护他们的隐私和确保较高的保密性。滚雪球抽样的优点在于其适用于稀有人群,它可以利用社会网络增加样本量并且具有灵活性。然而,此方法容易导致样本偏倚,难以确定抽样误差,需要较长时间和较高成本,且无法控制样本特征,可能影响研究结果的可信度和代表性。

二、样本量

样本量是指样本中的个体数量,即抽样单位数,样本量的确定是统计学研究中的重要环节。合理确定样本量可以保证研究结果的可靠性和准确性。样本量估算指在保证研究结论具有一定可靠性的条件下,确定最少的观察例数。理论上来说,样本量越小,所需的经费越少,实际操作相对容易,这正是所有研究者所期望的;如果样本量太小,则研究结果的可重复性及代表性较差,研究容易得出假阴性或假阳性的结论,即很难了解两组之间存在的真实差异。那么,是否样本量越大就越好呢?样本量越大,所需要的研究资源越多,实际操作的难度就越大,因此,对样本量进行正确的估算,获得合理且最少的样本量,既可以节省大量的人力、物力和财力,又能使研究结果尽量真实可靠。

确定合适的样本量需要考虑多个因素,包括总体大小、研究目的、预期效应、可接受的抽样误差等。常用的确定样本量的方法包括公式法、经验法等。

(一)样本量计算

1. 公式法

公式法是用于确定研究所需的样本量的一种方法。其核心思想是根据研究的目的、所使用的统计方法、预期效应和显著水平等因素来计算所需的样本量,以确保研究结果具有统计学意义和可靠性。通过公式,直接计算出所需的样本量。不同类型的研究(如回归分析、t检验等)会涉及不同的公式。

样本量计算的公式法是确定研究所需样本大小的关键方法。首先,研究者需明确统计指标和预期效应;其次,选择显著水平和统计功效,它们会影响样本量计算的结果;再次,根据研究设计选择合适的统计检验方法,如t检验、方差分析等;最后,应用相应的公式来计算所需样本量。

样本量计算的公式法是研究设计中常用的方法,具有以下优势:①确保科学性和可靠性。样本量计算的公式法基于统计学原理,能够确保研究结果的科学性和可靠性。②提高效率。通过样本量计算公式,研究者能够准确地确定所需的样本量,避免样本量太多或不足,从而提高研究的效率。③规范研究设计。样本量计算的公式法为研究设计提供了一种规范化的方法,使研究者能够更系统地设计研究,并确保其科学性和可靠性。

公式法的不足:①假设的局限性。样本量计算的公式法基于一系列假设,如效应大小、方差齐性等,而这些假设未必完全符合实际情况,可能导致样本量计算结果的偏差。②忽略复杂性。有时候研究问题可能很复杂,难以用简单的公式进行精确计算,因此,公式法可能无法完全满足所有研究需求。③不可预见的因素。有些研究可能会面临未知的因素和变化,而这些因素难以被公式所考虑,因此,公式法计算出的样本量可能无法覆盖所有可能情况。

2. 经验法

经验法是一种基于经验和常识的样本量确定方法,通常不依赖于具体的统计模型或公式。这种方法可能基于过去类似研究的经验数据、专业知识,或者研究者的直觉判断来确定样本大小。虽然经验法在简单研究设计或无法建立统计模型的情况下可能具有一定的优势,但也存在主观性强、缺乏科学依据等局限性。因此,在实际应用中,建议将经验法作为样本量确定的初步参考,结合其他更为严谨和科学的方法,以确保研究结果的可靠性和泛化性。

经验法是研究设计中常用的方法,具有以下优势:①简便易行。经验法通常不需要复杂的数学模型或大量数据处理,因此,它实施起来相对简单快捷。②快速估算。由于不需要大量数据和复杂模型,经验法可以提供快速的估算结果,适用于需要迅速决策的情况。③适用范围广。经验法通常适用于简单的情况或初步估算,涵盖的领域广泛,如市场预测、风险评估等。

经验法的不足:①主观性强。经验法可能受到个人或团队经验的影响,存在一定的主观性,不同人可能会得出不同的结果。②精度有限。由于缺乏严格的数学模型和大量数据的支持,经验法样本计算的精度可能相对较低,对于复杂情况的预测可能不够准确。

(二)样本量估算

1. 公式法

样本量大小没有绝对的标准,不同的研究方法、目的、要求和资料决定了样本量的大小,而样本量公式通常是确定样本量的常用方法。在简单随机抽样的条件下,调查样本量的公式如下:

$$n = Z^2 \sigma^2 / d^2$$

其中,n代表所需要样本量;Z代表置信水平的Z统计量,如95%置信水平下的Z为1.96,99%的Z为2.58;σ代表总体的标准差,一般取0.5;d代表置信区间的1/2,在实际应用中就是容许误差,或者调查误差。

例如:某个消费者调查要求置信度为95%,抽样误差不超过5%,查表可知,$Z=1.96$,$\sigma=0.5$,$d=5\%$,因此,$n=1.96^2 \times 0.5^2 / 5\%^2 = 384$,这说明此次调查所需最小样本量是384个。

对于比例型变量,样本量的公式如下:

$$n = Z^2 [p(1-p)] / d^2$$

其中,n代表所需样本量;Z代表置信水平的Z统计量,如95%置信水平的Z统计量为1.96;p代表目标总体的比例期望值;d代表置信区间的半宽。

表4-5为不同置信区间和抽样误差下的样本量表。

表4-5 不同置信区间和抽样误差下的样本量表

样本量抽样误差	不同置信区间的Z统计量		
	90%	95%	99%
	1.64	1.96	2.58
10%	67	96	166

续表

样本量抽样误差	不同置信区间的 Z 统计量		
	90%	95%	99%
	1.64	1.96	2.58
5%	269	384	666
3%	747	1067	1849

2. 经验法

已有研究认为大样本是确保统计分析获得稳定估计参数的必要保障(Worthington 和 Whittaker,2006)。对于结构方程模型而言,一些学者认为进行验证性因子分析或路径分析的最小样本量必须大于 200 个,也有学者认为数据分析的最小样本量(可接受范围)应为 100—200 个(Kline,2015)。此外,还有学者认为,样本量应当根据观测变量的个数来设置,即按照比例进行抽样调查(Grimm 和 Yarnold,1995)。Bentler 与 Chou (1987)认为问卷样本量的最低限度是估计参数的 5 倍或 10 倍。与此同时,根据 Worthington 与 Whittaker(2006)的建议,样本量与观测变量的比例至少应为 5∶1,而最佳的比例应为 10∶1。另外,不建议在样本量小于 100 个时进行结构方程模型分析。基于以上经验分析,本书建议问卷调查中的样本量与观测变量个数可以按照 10∶1 进行估算,即最终样本量为测量题项(不含人口统计学题项)的 10 倍。同时,也可以按照最小样本量必须大于 200 个来估算,即最终样本量不低于 200 个。

思考题

1. 简述滚雪球抽样的概念和特点。
2. 简述抽样调查的特点及适用范围。
3. 应当如何设计问卷中的问题与答案?

第五章
数据计算机化处理

 本章概要

　　数据计算机化处理是指利用计算机软件和工具对数据进行录入、存储、管理、分析和处理的过程。通过计算机化处理，研究者可以更好地理解和利用数据，为决策提供支持和指导。SPSS是统计学中常用的数据计算机化处理工具。本章将介绍编码系统建立的重要性，包括编码系统与编码表的概念、作用，以及编制要求。通过对案例问卷的编码表制作和讲解，学生将学习如何建立与实际案例相关的编码系统。介绍SPSS及其基本操作，包括软件概述、主要窗口功能、数据库的建立、数据合并与分割、数据转换、反向题处理和多选题处理等内容。本章旨在帮助学生掌握建立编码系统和制作编码表的能力。学生需要了解编码系统的概念和作用，掌握编制要求，同时，熟悉SPSS的界面和基本操作，特别是数据录入和数据处理的技巧。

知识目标

(1) 了解编码系统的概念、作用和建立要求。
(2) 掌握编码表的制作方法和编码系统与测量工具的关系。
(3) 熟悉数据录入、存储、管理、分析和处理的基本方法。
(4) 熟悉常用数据处理工具和软件的功能和操作。

能力目标

(1) 能够建立与实际案例相关的编码系统和编码表。
(2) 能够使用编码系统和编码表进行数据录入、清洗、转换和分析。
(3) 能够有效地处理和管理大量数据，并提取有用的信息。
(4) 能够运用数据计算机化处理技能解决实际问题和进行数据驱动的决策。

素养目标

(1) 能够将编码系统和编码表的相关知识应用于旅游领域,促进旅游行业的发展和水平的提升。

(2) 培养学生对数据隐私和安全的重视,倡导正确的数据使用和分享观念,加强学生的社会责任感和数据伦理意识。

第一节 编码系统建立

一、编码系统

(一) 编码系统概念

在量化研究中,数据处理人员的首要任务是建立编码系统,并确保研究工具与编码系统的匹配。编码系统是一种将不同的信息或变量转换为特定的符号、代码或数字形式的系统。建立编码系统是为了便于对数据进行存储、处理、分析和交换。通过对信息进行编码,研究者可以简化数据的处理流程,降低数据的复杂性,提高数据的可管理性和可分析性。研究者往往高度重视工具的选择,并将数据分析视为后续处理步骤,这就出现了工具引导编码的情况。然而,量化研究的核心在于利用符号或数学模式进行数据处理和统计分析。如果数据收集完成,数据内容便已确定,对于存在问题的数据,就无法进行预防,因此,从数据分析的角度出发,编码系统应该先于工具的发展或至少与工具的发展同步,以确保数据分析能够在最佳情况下进行。为此,研究者应该采取编码引导工具的方式,以预防问题数据的产生。

编码系统通常包括两个方面:变量编码和数据编码。变量编码是将不同的变量或属性转换为特定的符号或代码,以便在数据处理和分析过程中进行识别和区分。数据编码则是将实际的数据值或观测结果转换为数字或符号形式,以便于计算机系统或统计软件进行处理和分析。

最初进行数据收集时,如果收集方式不同则会产生不同数量类型和格式的数据,其处理方式会随之不同。如表 5-1 所示,数据的数量类型包括文字型数据和数字型数据。文字型数据是指数据的原始形态是文字,如性别、文化程度、职业等。文字型数据处理时必须加以转换变成数字形态。文字型数据的量化有两个步骤:一是依照编码系统进行分类,二是以虚拟变量的方式进行数据处理。数字型数据是以数字形式存在的数据,如年龄、家庭人口数、身高、体重等,数字本身带有量尺的特性或研究者赋予的特定意义,数据可直接使用。数据的格式根据问卷题目是否指定范围或内容是否有确切的范围,分为开放式数据和封闭式数据。开放式数据无指定范围,封闭式数据有确切的范围。

表 5-1 编码系统数据类型及处理方式

格式 数量类型	开放式数据	封闭式数据	处理方式
文字型数据	无确定范围的档案与文件资料、观察访谈数据、开放式语句等	以文字形式表达的有确定范围的资料,如性别分为男、女	转换为数字形态:编码分类与虚拟变量
数值型数据	家庭人口数、身高、体重、IQ 等无确定范围的资料	有标准限定,如李克特量表题目	直接使用

（二）编码表概念及作用

1. 编码表概念

建立编码系统可以有效保证数据收集过程客观、标准、系统化。编码表是编码系统的载体,即建立编码系统的核心是建立编码表。编码表是一种用于将不同变量或属性转换为特定代码或符号的表格或列表,通常包含了变量名称、对应的编码或代码,以及可能的解释或描述。其目的是将数据标准化和统一编码,以便于数据的管理、分析和交换。研究者可以将原始数据转换为特定的编码形式,以便在统计软件或计算机系统中进行处理和分析。

2. 编码表作用

编码表的作用如下:

（1）规范数据处理。编码表通过为不同变量或属性提供统一的编码规则,确保数据在处理过程中的一致性。这有助于减少数据处理过程中的混淆和错误,使数据处理更加规范和可靠。例如,在旅游统计学中,一个编码表可以将不同客源国的名称转换为特定的代码,如将中国编码为 CN,美国编码为 US。这样,在数据处理过程中,不同的研究者或系统可以统一使用这些代码,减少因地区名称不一致而导致的错误。

（2）简化数据管理。编码表将原始数据转换为简洁的编码形式,使得数据更易于管理和维护。通过编码表,研究者可以快速准确地识别和定位数据,提高数据管理的效率。例如,一个编码表可以将不同酒店星级的评定转换为数字编码,如五星级酒店编码为 5,四星级酒店编码为 4。这样,研究者可以更轻松地对酒店进行分类和比较,提高数据管理的效率。

（3）促进数据分析。编码表提供了统一的编码系统,使得数据分析变得更加高效。研究者可以直接使用编码后的数据进行统计分析,节省数据处理的时间,从而更快地得出研究结论。例如,一个编码表可以将顾客满意度感知转为数字评分,如将"非常满意"编码为5,将"非常不满意"编码为1。这样,研究者可以更加直观地理解数据,有助于快速进行数据分析和研究。

(4) 提高数据质量。编码表的使用可以减少数据输入和处理中的错误,提高数据的准确性和可靠性。规范化和标准化数据编码可以有效地提高数据质量,从而确保研究结果的准确性。例如,一个编码表可以将不同性别转换为数字编码,如将男性编码为1,将女性编码为2。通过使用统一的编码系统,研究者可以减少性别录入错误的可能性,提高数据的准确性和可靠性。

(5) 便于数据交换。编码表使得数据具有统一的编码体系,便于不同研究者或组织之间的数据交换和共享。统一的编码系统有助于减少数据解释的歧义,加强数据交流和合作,并且有助于研究成果的共享和推广。例如,一个编码表可以将不同旅游目的地的名称转换为简洁的代码,如将香港编码为HK、将巴黎编码为PAR。这样,不同研究机构之间可以更容易地分享数据,促进旅游统计学领域的合作和交流。

(三) 编制要求

从上述内容中可知,编码表在研究过程具有重要的作用,因此,研究者在编码过程中应注意以下几点要求。

(1) 明确变量和属性。编制编码表时,研究者需要明确列出所有需要编码的变量和属性,如性别、年龄段、职业等,以确保所有数据都能被正确编码。例如,在一个旅游调查中,编码表需要包括旅游目的地、出行方式、出行时间等变量,以便将这些信息统一编码。

(2) 设定统一编码规则。编制编码表时,需要设定统一的编码规则,确保不同变量或属性的编码方式一致,避免混淆和错误。例如,对于性别的编码,研究者可在编码表上进行明确的规定,男性编码为1,女性编码为2。

(3) 提供清晰解释和描述。编制编码表时,研究者需要为每个编码提供清晰的解释和描述,以便理解编码含义。例如,在编码表中,对于旅游目的地的满意度进行评价,研究者可用1表示"非常不满意",用2表示"不满意",以帮助其他研究者理解编码含义。

(4) 确保编码唯一性。编制编码表时,研究者需要确保每个编码都是唯一的,避免重复或混淆,以保证数据的准确性和可靠性。例如,在一个旅游调查中,不同景点的编码应是唯一的,要避免出现同一编码代表不同景点的情况。

二、编码表范例

(一) 调查问卷及编码表示例

1. 调查问卷示例

对于前文中关于民族村寨旅游满意度调查问卷示例,该问卷包括标题、问卷说明、题项内容。题项内容主要包括两个部分:第一部分是人口统计信息,此部分内容是做旅游问卷调查时的背景数据,属于基础数据信息;第二部分是运用李克特五点量表,调查游客在该民族村寨旅游感受,其中1—3题测量游客感知价值,4—6题测量游客满意度,7—9题测量游客行为意向,10—12题测量游客体验质量,分别以数值1到5进行表示,数字越大表示同意程度越高。

2. 编码表示例

表5-2是与民族村寨旅游满意度调查问卷对应的编码表示例。该编码表的内容包括变量名称与标签、变量数值与标签、遗漏值、分析处理记录。

表5-2 民族村寨旅游满意度调查问卷编码表示例

变量		数值		遗漏值	分析处理记录
变量名称	标签	变量数值	标签		
ID	受访者编号	0—999			
gender	性别	1	男	9	
		2	女		
age	年龄	1	≤18岁	9	
		2	19—24岁		
		3	25—34岁		
		4	35—44岁		
		5	45—54岁		
		6	≥55岁		
job	职业	1	学生	9	
		2	企事业人员		
		3	教师		
		4	离退休人员		
		5	公务员		
		6	私营业主		
		7	自由职业者		
educ	文化程度	1	高中及以下	9	
		2	大专		
		3	本科		
		4	研究生及以上		
income	收入	1	≤2000元	9	
		2	2001—3500元		

续表

变量		数值		遗漏值	分析处理记录
变量名称	标签	变量数值	标签		
income	收入	3	3501—5000元		
		4	5001—6500元		
		5	＞6500元		
pv1	相比所付出的费用,本次旅游是一次好的经历	1	非常不同意	9	
		2	不同意		
		3	一般		
		4	同意		
		5	非常同意		
pv2	相比所花费的时间和付出的努力,本次旅游是值得的	1	非常不同意	9	
		2	不同意		
		3	一般		
		4	同意		
		5	非常同意		
pv3	相比其他类型的旅游,本次民族村寨旅游是一次明智的选择	1	非常不同意	9	
		2	不同意		
		3	一般		
		4	同意		
		5	非常同意		
eq1	本次旅游中的某些活动给我留下深刻记忆	1	非常不同意	9	
		2	不同意		
		3	一般		
		4	同意		
		5	非常同意		
eq2	本次旅游使我有种逃离世俗的感觉	1	非常不同意	9	
		2	不同意		
		3	一般		
		4	同意		
		5	非常同意		

续表

变量		数值		遗漏值	分析处理记录
变量名称	标签	变量数值	标签		
eq3	本次旅游使我感到很放松	1	非常不同意	9	
		2	不同意		
		3	一般		
		4	同意		
		5	非常同意		
sat1	总体来看,本次旅游是一次满意的经历	1	非常不同意	9	
		2	不同意		
		3	一般		
		4	同意		
		5	非常同意		
sat2	本次旅游活动成功地展示了当地的特点、文化内涵	1	非常不同意	9	
		2	不同意		
		3	一般		
		4	同意		
		5	非常同意		
sat3	本次旅游活动超出了我的预期设想	1	非常不同意	9	
		2	不同意		
		3	一般		
		4	同意		
		5	非常同意		
bi1	如果有可能的话,我会再次来此地旅游	1	非常不同意	9	
		2	不同意		
		3	一般		
		4	同意		
		5	非常同意		
bi2	我会将该民族村寨旅游推荐给亲戚或朋友	1	非常不同意	9	
		2	不同意		
		3	一般		
		4	同意		
		5	非常同意		

续表

变量		数值		遗漏值	分析处理记录
变量名称	标签	变量数值	标签		
bi3	我会告诉其他人此次旅游中有趣的经历	1	非常不同意	9	
		2	不同意		
		3	一般		
		4	同意		
		5	非常同意		

（二）编码表内容

编码表的内容通常包括四个部分：变量名称与标签、变量数值与标签、遗漏值、分析处理记录。

1. 变量名称与标签

变量名称与标签表示变量的命名与内容，即标签是对变量名称的描述。例如，表5-2中，标签"年龄"是对变量名称"age"的描述。多数情况下，每一个题目应有一个相对应的变量名称，但是某些题目在实际进行数据分析时需处理成多个变量，产生一(题)对多(变量)的特殊情况。例如，问卷上出现性别的题目，在原始问卷上属于一个题目，但是编码表上会出现男、女两个变量。此外，需要注意的是，虽然问卷中没有ID（受访者编号）这个变量，但是在数据处理过程中，每一份问卷的编号(ID)是重要的管理数据，因此在进行数据处理时，每一份问卷若非事前已经编定好一个编号，通常都会额外给问卷编上流水号作为ID，便于数据统计和识别。

2. 变量数值与标签

变量数值与标签是一份编码表当中最重要的部分。一般而言，变量名称以不超过8个字符的英文词来表示，如"年龄"以"age"命名。每一个英文名称之后，紧接着是该英文名称的标签，该标签将被输入SPSS数据库作为该英文名称的标签。一般而言，类别变量需要有数值的标签，对于连续变量的数值可以不需要标签。例如，对年龄来说，数值本身就反映了年龄，就不需要进行数值标注；而对于职业变量，则必须对其数值所代表的意义进行标注，否则除问卷设计者外，其他人不能明白数值代表的类别。

3. 遗漏值

一般情况下，遗漏值用变量的最后一个数值来表示，个位数的变量，遗漏值设为9；二位数的变量，遗漏值设为99。当研究者有其他需要时，可以自行定义不同的遗漏值。关于遗漏值的具体处理方式详见第六章第二节。

4. 分析处理记录

分析处理记录一般针对的是在数据处理过程中,受特殊原因影响,数据出现问题的情况,此时研究者需要在分析处理记录处进行备注,详细记录和说明对该数据存在的问题做了哪些处理。比如,在设置的问卷题项中没有受访者想要勾选的答案或者不符合实际情况,此时研究者可自行定义一个特殊数值进行处理,譬如某位受访者从未上过学,但是题项中设置的最低学历是小学,此时便可以用8来代表这一特殊情况,但是研究者需在编码表的分析处理记录上加以备注。

第二节 SPSS概述

一、SPSS简介

在科学研究中,处理大量数据是必不可少的,这项工作通常需要进行统计处理。然而,手工处理这些数据既费时又容易出错,难以保证数据的准确性和高精度。为了提高工作效率、减轻数据处理的负担,我们需要充分利用现代化技术手段。随着计算机技术的不断发展,计算机统计软件在数据分析方面发挥着重要作用,它不但拥有多种功能、运算速度快、易于操作,而且可以帮助我们完成更为精确且系统的数据分析和统计运算。

在研究资料统计处理过程中,常用的统计软件包括SPSS、SAS及Excel等。SPSS是一款被广泛应用于医疗卫生、农业、旅游业和金融业等各个领域的软件。它不仅可以进行统计,还能够以清晰简练的表格和多种生动形象的二维、三维图形展示分析结果,实现直观和美观的统一。

(一) SPSS发展历程

SPSS是Statistical Package for the Social Science的简称,SPSS公司于1965年开发了SPSS,经过多年的发展,SPSS为适应不同操作系统而发展出多种版本,如适用于大型主机、个人计算机系统的不同版本。2009年7月底,IBM以12亿美元收购SPSS公司,软件改称PASW Statistics,随后,软件又改称为IBM SPSS Statistics。截至2024年,软件的最新版本为IBM SPSS Statistics 30.0.0,该版本在原有功能的基础上进行了进一步的优化和更新,提供更多的统计分析工具和功能,以满足用户对数据分析的需求。由于稳定性因素,本书以IBM SPSS Statistics 23.0.0为分析工具,结合统计学知识,对旅游业常见统计分析案例进行分析讲述。

（二）SPSS 特点

1. 易学易用

SPSS 的主要优势在于其简易便捷的操作原理和指令运用，相比其他软件，SPSS 对硬件的要求较低且兼容性更强。特别是在与微软 Windows 系统配合使用时，SPSS 的窗口化设计大大改善了用户操作界面，使得图表制作更加简单和精美，学习和使用 SPSS 变得更加轻松，同时也能与其他文字处理软件（如 Word、Excel 等）无缝衔接，提升了软件的整体使用体验。与此同时，SPSS 的用户界面设计简洁直观，操作逻辑清晰，使得用户能够快速上手并进行数据处理和分析。菜单栏、工具栏和数据视图等模块布局合理，使用户能够快速找到需要的功能和工具。

2. 功能全面

SPSS 提供了完整的数据分析流程，包括数据导入、数据清洗、统计分析、图表绘制等多个模块，涵盖了数据分析的整个过程，特别适合用于设计调查方案、进行统计分析和制作研究报告中的图表，满足用户在数据处理和分析方面的各种需求。此外，SPSS 具备完备的数据输入、编辑、统计分析、报表和图形制作等功能，适用于不同水平的用户，包括初学者、熟练者和专家。

3. 兼容性好

SPSS 支持多种数据源的导入，具有很强的数据源兼容性，方便用户直接导入各种数据进行分析。例如，由 dBase、FoxBase、FoxPro 生成的 .dbf 格式的文件，以及文本编辑器生成的 ASCII 文件和 Excel 生成的 .xls 格式的文件等，都可以转换成 SPSS 数据文件进行分析。此外，SPSS 还支持 Access、SAS 等生成的数据库文件。分析结果可以保存为 .txt、.doc、.ppt 和 .html 等格式的文件，方便用户进行结果展示和分享。

二、SPSS 主要窗口

SPSS 主要有五类窗口，分别为数据编辑窗口、结果输出窗口、结果编辑窗口、语法编辑窗口和脚本编辑窗口。

（一）数据编辑窗口

数据编辑窗口是一种类似于电子表格的数据处理与编辑系统。功能是储存研究数据与变量数据。启动 SPSS 之后，首先进入的便是数据编辑窗口，这个窗口可显示数据文件的内容。它分为两个视图：一个是用于显示和处理数据的数据视图（Data View），另一个是用于变量定义和查看的变量视图（Variable View）。

数据视图提供类似 Excel 电子表格的编辑窗口，在该窗口中，我们可以创建、编辑、浏览数据文件，其操作和 Excel 相似，如图 5-1 所示。在 SPSS 中允许打开多个数据文件进行编辑、浏览，正在编辑的数据文件称为活动数据文件，只有活动数据文件的数据才能被分析处理。SPSS的数据以表格的形式呈现,表的每一行表示一个观察个案(Case),每一列表示一个变量(Variable),表的大小由观察个案数和变量数确定。一般情况下,分析的数据应以SPSS数据文件的形式保存,较常用的SPSS数据文件扩展名为.sav,保存数据文件的同时也保存了变量属性和变量值。变量视图用于显示数据文件中各变量的特性,也就是输入数据之前所进行的数据定义部分,变量视图如图5-2所示。

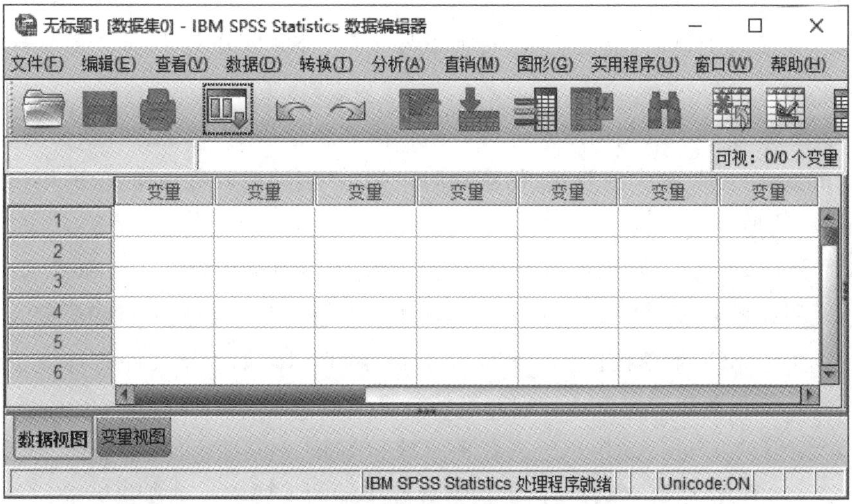

图 5-1 数据视图

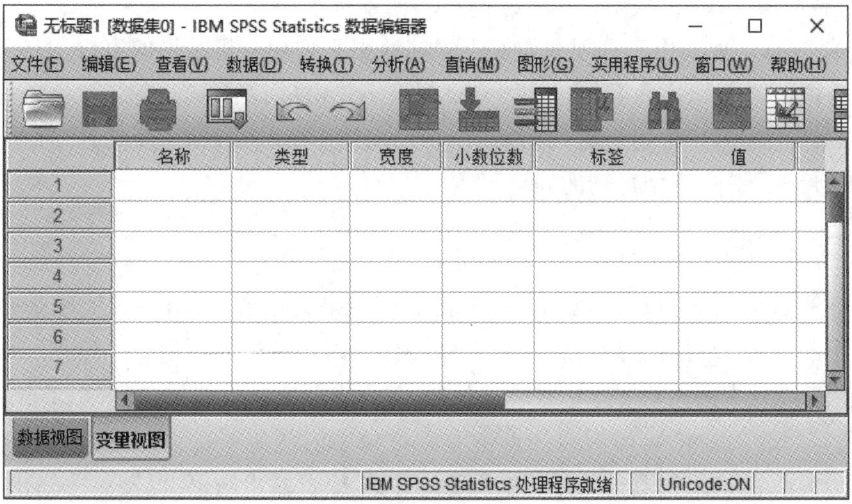

图 5-2 变量视图

SPSS的功能主要通过菜单和工具栏实现,工具栏是常用菜单项的快捷方式,下面介绍菜单栏工具的主要功能。

(1)"文件(F)"具备新建、打开、保存、导出和打印等功能,可帮助用户进行数据文件的存储和导出。

(2)"编辑(E)"可帮助用户对数据进行编辑和调整,包括对数据进行撤销、重做、复制,对文件数据进行选择、复制、粘贴、删除、查找,还可以插入变量、个案。选择"选项"可以进行SPSS的常规、编辑、格式等设置。

(3)"查看(V)"可帮助用户对数据文件和分析结果的不同显示方式和布局进行设置,如显示或隐藏状态栏、添加工具栏、编辑菜单栏、设置字体、显示或隐藏值标签,从而使用户能够更清楚地了解数据和分析结果。

(4)"数据(D)"可帮助用户进行数据的管理和处理,包括定义数据变量、复制数据或数据集、定位观测量、分类观测量、转换重构变量、合并拆分文件、检查数据异常及加权等。

(5)"转换(T)"可以帮助用户进行数据转换和变量衍生,包括进行数值的计算、重新编码、离散化处理、缺失值替代、创建时间序列、产生随机数等操作,帮助用户对数据进行转换和处理。

(6)"分析(A)"是SPSS的核心功能之一,提供各种统计分析方法和技术,包括描述性统计、假设检验、回归分析、方差分析等,能帮助用户进行数据分析和研究。

(7)"直销(M)"菜单提供了一些实用的功能和工具,如数据文件的备份、还原、数据集比较等,能帮助用户更好地管理和维护数据文件。

(8)"图形(G)"可帮助用户绘制各种图表和图形,包括条形图、散点图、线图、面积图、直方图、箱图、饼图等,使数据以更加直观和生动的形式进行可视化呈现。

(9)"实用程序(U)"可帮助用户生成变量列表、控制输出管理系统、输出文件信息、定义和使用变量集合、运行R或者Python的外部程序等。

(10)"窗口(W)"用于管理和切换不同的数据文件和分析结果的窗口,方便用户在多个窗口之间进行切换和操作,如拆分窗口、最小化窗口、切换窗口等。

(11)"帮助(H)"为用户提供SPSS的帮助文档、在线支持和更新信息,旨在帮助用户解决使用SPSS过程中遇到的问题。

(二)结果输出窗口

SPSS的结果输出窗口,也称为结果视图或结果浏览窗口,用于展示SPSS的操作日志和分析结果,包括执行后的结果、表格、图表,以及各种警告和错误信息。如图5-3所示,该窗口分为两个区域:左侧是目录区,显示SPSS分析结果的目录;右侧是内容区,展示与目录对应的具体内容。点击左侧目录中的任何项目,右侧会自动显示相应的输出内容。在结果浏览窗口中,用户可以浏览、编辑输出结果,以及更改输出显示的顺序。

输出窗口配备了便捷的菜单和工具栏。在菜单部分,使用者可以利用"文件(F)""编辑(E)""查看(V)""格式(O)"等进行常见的文件管理和编辑操作。例如,要调整输出窗口中目录部分的字体和大小,可以使用"查看(V)"内的"大纲大小"和"大纲字体"选项进行调整。如果输出内容过多,可以选择特定区域,然后通过"编辑(E)"来删除。

图 5-3　结果输出窗口

使用者还可以在左侧的目录结构区域选择要删除的部分，然后按下键盘上的 Delete 键，轻松地移除输出内容。要移动报表内容，只需使用鼠标在输出窗口左侧的目录中选中报表内容，按住鼠标左键拖动到新位置，释放鼠标左键即可完成移动。使用者也可以直接在输出窗口中选中需要移动的表格，用鼠标将其移动到新位置。如果使用者希望将输出结果复制到其他文字处理软件（如 Word），只需将鼠标移动至要复制的表格，单击左键选定表格，然后点击"编辑"菜单下的"复制"选项。在打开 Word 后，点击粘贴即可将结果粘贴过去。SPSS 输出的结果可以保存为 .spv 格式的文件，也可以将全部或选定部分结果导出为 .html、.doc、.ppt、.pdf 等多种格式的文件。

（三）结果编辑窗口

结果编辑窗口是用于编辑分析结果的窗口。在结果视图中，选择需要编辑的内容，双击或右键单击选中内容，然后选择"编辑内容"，选定的图表可以在单独的窗口中进行编辑，而表格则可以直接在结果窗口中进行编辑。图 5-4 所示为结果编辑窗口。

（四）语法编辑窗口

SPSS 除了提供菜单操作，还提供语法编程方式，可通过"文件（F）"—"新建"—"语法"新建一个 SPSS 语法程序，也可通过"文件（F）"—"打开"—"语法"打开一个 SPSS 语法文件（后缀为 .sps）。语法编程除了能够完成窗口操作所能完成的所有任务，还能完成许多窗口操作所不能完成的其他工作，实现分析和控制自动化。语法编辑窗口是编写、调试和运行 SPSS 程序的窗口，如图 5-5 所示。

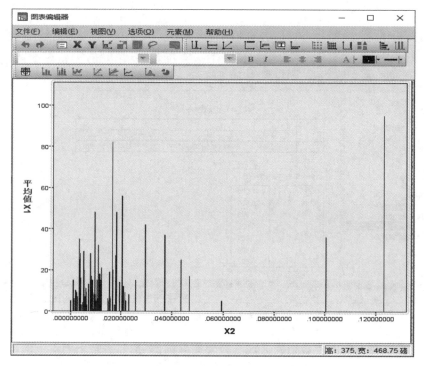

图 5-4　结果编辑窗口

图 5-5　语法编辑窗口

（五）脚本编辑窗口

脚本编辑窗口用于编写 SPSS 内嵌的 Basic 语言或 Python 程序，一方面可以开发 SPSS 的便捷功能或插件，另一方面也可以编写自动化数据处理的程序。依次单击菜单"文件（F）"—"新建"—"脚本"或"文件"—"打开"—"脚本"，便可以打开脚本编辑窗口，如图 5-6 所示。

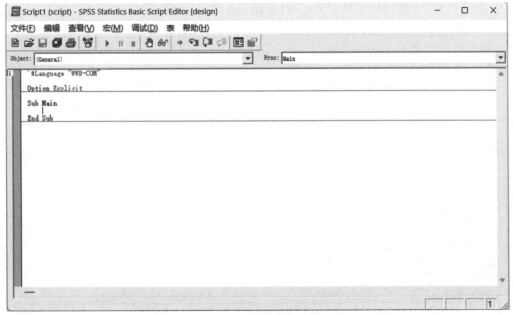

图 5-6　脚本编辑窗口

第三节　SPSS数据库建立

一、数据录入

SPSS 数据文件是一种独特的文件格式,与其他文件(如 Word 文档、文本文件)有所不同。它是一个结构化的数据文件,由数据结构和数据内容两部分组成。数据结构用于定义数据表中每一列的属性,包括变量名称、数据类型、标签、数据缺失情况等必要信息。数据内容则是数据表中的每一行,即待分析的具体数据。进行数据录入的第一步是设置数据结构,以定义表中每一列变量的属性。接着切换到数据视图窗口,在相应的变量中输入具体数据等。保存所有工作,创建一个扩展名为 .sav 的 SPSS 数据文件。

(一)数据结构定义

打开 SPSS 后,会立即进入一个空白的数据编辑窗口,或者点击"文件(F)"—"新建"—"数据"也可以打开一个新的空白数据编辑窗口。进入新的数据编辑窗口后,窗口左下角分别显示"数据视图"和"变量视图",此时点击"变量视图",如图 5-7 所示。进入变量视图窗口后,可以根据数据具体情况输入和定义变量名称、类型、宽度、小数位数、标签、值、缺失值、列宽、对齐、测量、角色等结构信息,其中有些内容是必须定义的,如名称、类型、宽度、标签、缺失值等,有些是可以省略的,如列宽、对齐等。接下来,将具体介绍变量的定义和数据输入的步骤,以及变量视图窗口中各项的含义与设置。

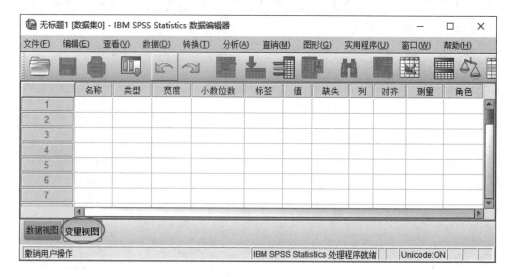

图 5-7 变量视图窗口

1. 输入变量名称

在变量视图窗口中的"名称"下输入变量名称。变量名是变量访问和分析的唯一标志,在定义 SPSS 数据文件的结构时,应首先给出每列变量的变量名。变量的命名规则一般如下:

(1)每个变量名必须是唯一的,不允许重复。允许汉字作为变量名,汉字总数一般不超过4个字。

(2)变量名不能包含空格。

(3)高版本 SPSS 的变量名长度为 64 个字符,但是由于低版本 SPSS 变量名长度应在8个字符之内,为了避免与低版本及其他软件出现兼容问题,高版本变量名一般仍控制在8个字符之内且尽量避免使用中文,必要的中文说明可以放在"标签"栏中。变量名不能与 SPSS 的保留字相同。SPSS 的保留字包括"by""and""not""or""to""with"等。系统不区分变量名的大小写。

变量命名要方便记忆,变量名最好与其代表的数据含义相对应,如一看到"gender"就能反映出来代表的是"性别"。如果变量名不符合 SPSS 的命名规则,系统会自动给出错误提示,如果没有给变量命名,SPSS 会给出默认的变量名,以字母"VAR"开头,后面加上5位数字,如"VAR00001""VAR00012"等。

2. 定义数据类型

变量名称输入完成后,即可进行变量类型的设定,此时应将鼠标移至类型,按鼠标左键一次,即出现选择画面,进入"变量类型"对话框,选取适合的变量类型。左键单击类型栏的 ... 按钮,弹出如图 5-8 所示的变量类型设置对话框。SPSS 基本的变量类型有数值型、日期型和字符串型三种,详见表5-3。每种类型都有默认的宽度和小数位数,通常数值型变量默认宽度为8、小数位数为2,字符串型变量默认宽度为8,这两种类型变量的默认宽度都可修改,而日期型变量的固定宽度为10,不能修改。

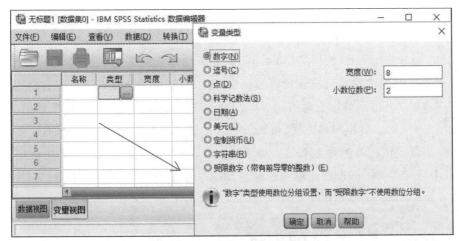

图5-8 变量类型设置对话框[①]

表5-3 SPSS常用变量类型

序号	变量类型	说明
1	数值型变量	值为数字的变量。值以标准数值格式显示,数据编辑器接受以标准格式或科学记数法表示的数值
2	日期型变量	它既可表示日期又可表示时间,用户可根据实际情况自行选择。输入日期时可以用斜杠、连字符、空格等作为分隔符
3	字符串型变量	字符串可包含任何字符,但包含的最大字符数不能超过定义的长度

3. 设置数据宽度

设置变量数字位数或字符个数,可直接采取默认值。它的大小可通过宽度栏的微调按钮调整,也可以在"宽度(W)"框中输入数字进行调整。

4. 设置小数位数

若变量类型为数值型,则可设置变量的小数位数,其他类型的变量则不能设置。小数位数默认为2,也可在"小数位数(P)"框中输入数字来设置小数位数。

5. 输入标签

因变量名称的长度一般要控制在8个字符以内,针对一些较复杂的题目,如民族村寨旅游满意度调查问卷中的题目"相比所付出的费用,本次旅游是一次好的经历",由于题目过长,将变量名定义为"pv1",此时标签就至关重要了,它可以起到对变量名称

---

① 由于不同版本软件表述差异,数字型等同于数值型。

进行补充说明的作用。利用标签栏,可以对变量进行详细说明,极大地方便了研究者对变量的理解。

6. 输入变量数值

对于数值型变量,可在数据视图中直接输入,但是对于类别型变量则需要在变量视图中的"值"处进行定义,即为类型变量的值标签。具体操作如下:单击变量视图中"值"处的 按钮,弹出"值标签"对话框,以定义性别变量为例,在"值(U)"栏中输入"1","标签(L)"栏中输入对应变量值的标签"男",当这两栏里输入了内容后,左边第一个按钮"添加(A)"由不可用变为可用,单击它可将输入的值标签添加到最下面的文本框中,如图5-9所示。用相同的方法,可添加"女"。输入完所有的变量值标签后,单击"确定"按钮使变量值标签的设置有效。如果输入有误,可单击文本框中显示的错误标签,然后单击"更改"按钮修改已经输入的标签,单击"除去"按钮可删除不需要的标签。

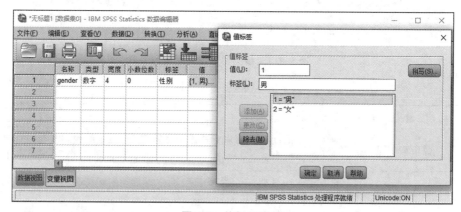

图 5-9　值标签设置

7. 设定缺失(遗漏)值

在统计分析的数据收集过程中,有时会因为某些原因使所记录的数据失真,或者产生没有记录等异常情况。例如,在调查问卷中,被调查者没有填写调查表必须填写的某些数据或者填写不合理数据,称为缺失(遗漏)值。例如,游客在填写问卷时忘记填写性别或者职业,这显然是一个缺失的数据且不能使用,但其他数据在分析过程中还可以使用。这些情况称为数据缺失或数据不完全,在统计分析中,这些数据是不能使用的。此时就需要利用SPSS的定义缺失值的功能了,即研究者可以通过制定缺失值的方式来定义缺失数据,这样就可以更好地利用其他数据。具体操作是在缺失栏单击 按钮,弹出如图5-10所示的对话框。

在"缺失值"对话框中包括3个选项,其含义分别如下。

(1) 无缺失值:对缺失值不做处理,不指定缺失值。

(2) 离散缺失值:对于数值型或字符型变量,用户指定1—3个特定的离散值来代替缺失值。

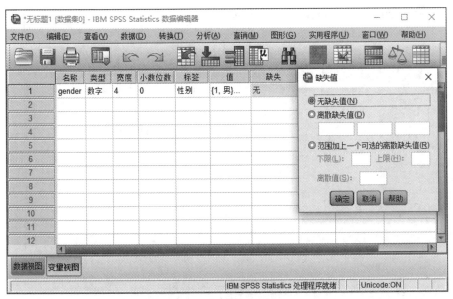

图 5-10 缺失值设置

（3）范围加上一个可选的离散缺失值：选择此项，表示对数值型变量，用户缺失值定义在一个连续的闭区间以外的离散值，下限和上限分别表示连续区间的左右端点，在"离散值"旁的方框中输入区间以外的一个确定值。

8. 设定显示格式

在 SPSS 的变量视图中，可以通过"列"和"对齐"来设置数据视图中数据的显示格式。"列"代表列宽度，它主要影响数据视图中数值的显示，调整列宽不会改变变量已定义的宽度。通常情况下，列宽应大于先前设定的变量宽度，以避免数值显示不全的问题。"对齐"用于设置变量值的对齐方式，决定数据视图中数值或值标签的显示位置。默认情况下，数值型变量右对齐，字符串变量左对齐，此设置仅影响数据在数据视图窗口中的显示。

9. 设定测量尺度

点击"测量"，下拉框中会出现三种尺度，分别是标度、有序和名义，如图 5-11 所示。标度指等距和比率尺度，有序指顺序尺度，名义指名义尺度。在第三章第一节中，测量尺度包括名义尺度、顺序尺度、等距尺度和比率尺度四种类型，而 SPSS 中仅有三种尺度，这是因为标度尺度同时涵盖等距尺度和比率尺度，具备乘除的数学运算属性，简化了测量尺度的选项。在定义变量的"测量"属性时，度量尺度的类型应该视变量的数据类型和统计分析的需要而定，标度尺度对应的变量类型只能是数值型，而有序尺度和名义尺度可以是数值型和字符串型。

10. 定义角色

点击"角色"，下拉框中会出现六种角色，如图 5-12 所示。各个角色作用如下。

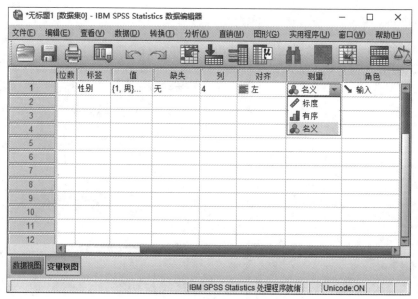

图 5-11 测量尺度选择

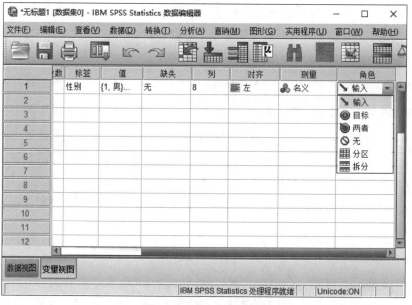

图 5-12 定义角色选项

（1）输入：将变量指定为"输入"角色，意味着该变量将作为模型的输入变量，用于预测或解释其他变量的变化。输入变量通常是独立变量，用于预测因变量的值。

（2）目标：将变量指定为"目标"角色，表明该变量是模型中的目标变量，即用户希望分析和预测的变量。目标变量通常为因变量，用户希望了解其如何受到其他变量的影响。

（3）两者：将变量指定为"两者"角色，表示该变量既是输入变量也是目标变量，即在模型中既扮演独立变量的角色，又扮演因变量的角色。这种设置适用于同时进行预测和解释的情况。

（4）无：将变量指定为"无"角色，意味着该变量在模型中不扮演特定的角色，既不是输入变量也不是目标变量，而可能是辅助变量或不需要包含在模型中的变量。

（5）分区：表示变量用于将数据划分为单独的训练、检验和验证样本。

（6）拆分：设定此角色是为了与 SPSS Modeler 相互兼容，具有此角色的变量不会在 SPSS Statistics 中用作拆分文件的变量。

一般而言，SPSS 会自动将变量默认分配为"输入"角色。

（二）数据录入方法

1. 数据录入一般方法

在定义所有变量后，点击数据编辑窗口的"数据视图"标签，即可开始输入数据。数据编辑窗口中的当前数据单元，表明研究者正在录入或修改该数据单元中的数据。因此，在录入数据时，研究者应首先选择要输入数据的单元格。数据录入可以逐行进行，录入完一个数据后按 Tab 键，焦点移动到同一行的下一个变量列；也可以逐列录入，即按变量录入数据，录入完一个数据后按回车键，焦点移动到同一列的下一行。除了手动录入，SPSS 还支持直接复制并粘贴来自 Excel 和 Word 的表格中的数据，前提是数据表的表头与 SPSS 文件的结构相匹配。同时，SPSS 中的数据也可以直接粘贴到 Excel 和 Word 中，从而极大地提升了数据编辑的效率。

2. 带有变量值标签的数据录入

输入带有变量值标签的数据时，可以直接输入变量值，也可以双击要输入数值的单元格，出现下拉框，单击下拉框箭头按钮，展开一个列有该变量所有值标签的下拉式列表框，如图 5-13 所示，从中选择需要的值标签。

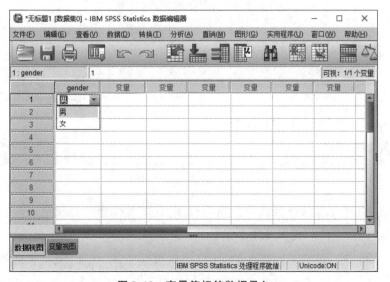

图 5-13　变量值标签数据录入

二、数据导入

前述的两种输入模式是通过数据编辑窗口直接输入数据并保存,属于直接输入方法。在实际数据处理中,由于个人使用习惯的不同或原始数据存储和处理的限制,许多研究者选择使用其他软件可读取的编辑器来输入数据,如 Excel 文件或数据库文件。如果这些文件是兼容的,SPSS 可以直接读取。如果是数据库文件,则需要使用 SPSS 的数据库查询功能来打开。这种输入数据的方式被称为间接输入方法。将其他文件格式数据导入 SPSS 的方式主要包含直接打开、用数据库查询方式打开、从文本文件导入几种方法。接下来将对这几种方法的操作步骤进行介绍。

(一) 直接打开

SPSS 可直接打开多种类型的数据文件,选择菜单"文件(F)"—"打开"—"数据",弹出"打开数据"对话框,左键单击"文件类型(T)",即可看到 SPSS 所能打开的数据文件类型,如图 5-14 所示。

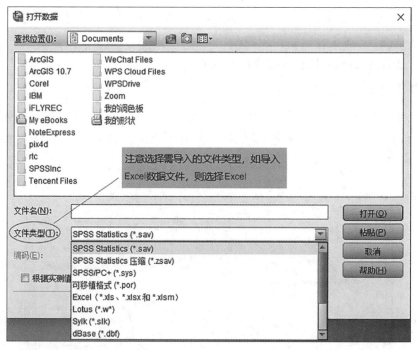

图 5-14 "打开数据"对话框

SPSS 能直接打开的数据文件类型有很多,在实际操作中比较常用的方式是导入 Excel 类型的数据文件。具体操作步骤如下:

第一步,准备一份已录入信息的 Excel 表格数据文件,要求 Excel 表格数据文件中的第一行为 SPSS 数据文件的变量名,以下各行为要分析的具体数据,如图 5-15 所示。

	A	B	C	D	E	F	G	H	I
1	ID	gender	age	job	educ	income	pv1	pv2	pv3
2	1	男	≤18	学生	高中及以下	≤2000	4	4	4
3	2	女	≤18	学生	高中及以下	≤2000	3	3	3
4	3	男	≤18	学生	大专	≤2000	5	4	1
5	4	女	19—24	学生	大专	≤2000	3	3	4
6	5	女	19—24	学生	大专	≤2000	5	4	4
7	6	女	19—24	学生	大专	≤2000	4	4	4
8	7	女	19—24	学生	大专	≤2000	4	4	5
9	8	女	19—24	学生	大专	≤2000	4	4	3
10	9	女	19—24	学生	大专	≤2000	3	2	3
11	10	女	19—24	学生	大专	≤2000	2	1	3

图 5-15　Excel 表格数据文件

第二步，选择菜单"文件(F)"—"打开"—"数据"，打开"打开数据"对话框，选择文件类型为 Excel，找到要读取的 Excel 文件，弹出如图 5-16 所示的对话框。设置读取 Excel 文件工作表的范围，SPSS 会自动判断读取范围为工作表的所有数据，若只读取部分数据则更改读取范围，否则就用默认范围。如果要将 Excel 文件中第一行数据作为 SPSS 数据文件的变量名，则应勾选"从第一行数据中读取变量名"前的复选框，默认该选项已经勾选。设置好后，单击"确定"按钮完成 Excel 文件的读取。需要注意的是，导入过程中 Excel 数据文件需处于关闭状态。

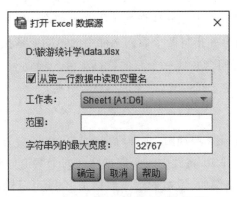

图 5-16　"打开 Excel 数据源"对话框

（二）用数据库查询方式打开

如果数据为数据库文件，可以用数据库查询的方式导入数据到 SPSS 中。其操作步骤如下：第一步，选择菜单"文件(F)"—"打开数据库"—"新建查询"，弹出"数据库向导"窗口，显示了所有可以打开的数据源类型。第二步，用户根据打开文件的向导选择要打开的文件类型并逐步打开文件。这种方式主要用于与 SQL Server、Oracle 等大型数据库进行数据交换，此时，直接打开数据文件往往不行，所以要使用数据库查询的方式打开数据文件。另外，如果用户使用的 SPSS 版本不稳定，那么简单的 Excel 文件有时也无法直接打开，此时也可以通过数据库查询的方式打开。

（三）从文本文件导入

文本格式的数据文件是一种通用的数据文件，SPSS提供了专门读取文本文件的功能。选择菜单"文件(F)"—"读取文本数据"，弹出"打开文件"对话框，选择要导入的文本文件名后会出现文本数据导入的向导，该向导分为六个步骤，只需按照向导依次设置，即可将文本文件的数据导入SPSS。

第四节　SPSS基础操作

一、数据合并与分割

（一）数据合并

数据合并指将两个或多个数据文件中的数据合并成一个文件，以便进行综合分析或比较。数据合并分为纵向合并和横向合并。纵向合并指将两个数据文件中的相同变量按照共同的标识符进行匹配，然后将它们按行合并成一个新的数据文件。纵向合并通常用于将两个数据文件中相同变量的不同观测值合并在一起，以扩展数据集的样本量或时间跨度。横向合并指将两个数据文件中的不同变量按照共同的标识符（如ID号）进行匹配，然后将它们合并成一个新的数据文件。横向合并通常用于将两个数据文件中不同变量的信息整合在一起，以便进行综合分析。

1. 纵向合并

当研究的具体数据需要增加时，选择纵向合并。纵向合并即增加个案，指在两个具有相同变量的数据文件中，将其中一个数据文件的个案追加到当前数据文件的个案中，形成新的数据文件。例如，原本的观测数据是100条，因样本量增加了10份，需要将新增的10份问卷数据追加到原本的观测数据中，利用纵向合并，则可以将观测数据合并为110条。纵向合并的操作步骤与横向合并相似，具体如下：

第一步，在当前数据文件中选择菜单"数据(D)"—"合并文件"—"添加个案量"，弹出如图5-17所示的对话框。

第二步，选择"外部SPSS Statistics数据文件"，单击"浏览(B)"按钮选择需要合并的SPSS数据文件后，单击"继续(C)"按钮，打开如图5-18所示的对话框。

第三步，在"添加变量"对话框中，选择需要添加的变量到"新的活动数据集"框中，单击"确定"按钮即可完成合并操作，并在当前数据编辑窗口显示合并后的数据文件。纵向合并需注意两个数据文件的结构一致。不同数据文件中含义相同的变量用相同的变量名，数据类型要相同。

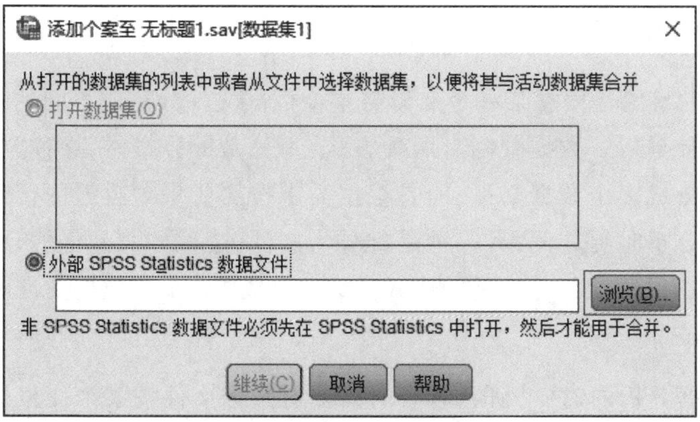

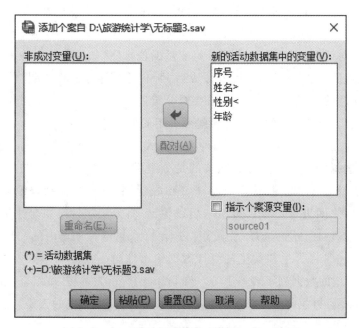

图 5-17　合并个案

图 5-18　添加个案

2. 横向合并

当需要合并变量时,应选择横向合并。例如,假设有两名研究者需要录入 20 个变量的数据,两人分工,每人各录入 10 个变量数据。在两人各自完成录入后,需要将数据合并,这时就可以使用横向合并。横向合并有两种方式:一种是从外部数据文件中获取一些变量数据,然后将其加入当前数据文件;另一种是按照关键变量进行合并,要求两个数据文件有一个共同的关键变量,并且这个关键变量在两个数据文件中有一定数量相同的观测值。如果按照关键变量进行合并,需要选择合并的关键变量,并且确保两个数据文件按照关键变量以相同的方式排序。然而,如果两个数据文件具有相同的个案数且排列顺序一致,则无须指定关键变量,只需单击"确定"按钮即可完成合并。

（二）数据分割

数据分割的目的是根据某一个变量将整个数据文件分割成不同的子集，以便分别进行应用或统计分析。数据分割有两种方式：一种是拆分文件，这种方式并不是将一个数据文件拆分成多个数据文件，而是根据需求按照变量对数据进行分组，以便未来进行分组统计分析时更方便；另一种是拆分为文件，这种方式是将拆分后的数据写入新的.sav数据文件，根据拆分变量的值或值标签生成多个.sav数据文件。

1.拆分文件

在进行数据分析的时候，研究者有时需要对数据文件按某个变量进行拆分，这种拆分并不是要把数据文件分成几个，而是根据实际情况，根据变量对数据进行分组，为以后的分组统计分析提供便利。拆分文件时，研究者需指定依照某一个变量进行拆分（如按"性别"变量进行分组），选择菜单"数据（D）"—"拆分文件"，会出现如图5-19所示的"拆分文件"对话框，观察值会依据分组变量的值排序（如果数据文件未排序，需选取"按分组变量进行文件排序"）。拆分完成后，所有的统计分析将依照"性别"分成两个部分。需要注意的是，如果研究者不需要对分组后的数据进行分析，需勾选"分析所有个案，不创建组"，否则以后的分析都会按照分组的形式进行。

SPSS在拆分文件时，可以选择两种拆分方式：一种是"比较组"，另一种是"按组来组织输出"。选择不同的拆分方式影响的是分组后后续应用上的区别，并不是观察值分组过程会有什么不同。具体区别在于，"比较组"将分组统计结果输出在同一表格中，以便不同组之间进行比较；"按组来组织输出"将分组统计结果分别输出在不同的表格中。图5-20(a)所示为选择"比较组"进行分组，再选择菜单中的"分析（A）"—"描述统计"—"描述"，将男生和女生的统计数据输出在同一表格中，其中，男生的数据列于表格上方，女生的数据列于表格下方。图5-20(b)所示为选择"按组来组织输出"的统计结果，结果显示，男生与女生的统计数据分别输出为两个独立的表格。

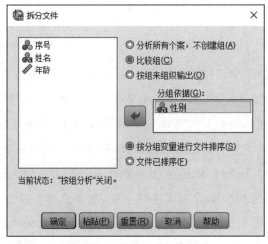

图5-19 "拆分文件"对话框

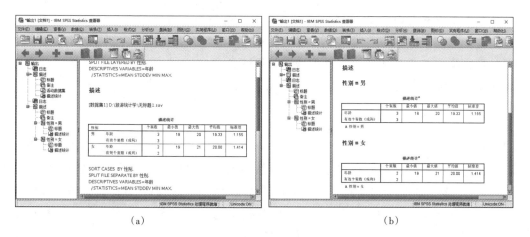

(a)   (b)

图 5-20   统计结果输出

2. 拆分为文件

拆分为文件是将数据文件按拆分变量的值或值标签,拆分为多个数据文件。如上述的数据文件,若将"性别"作为拆分变量,由于"性别"变量有"男"和"女"两个值,原文件将被将拆分为 2 个数据文件。选择菜单"数据(D)"—"拆分为文件",弹出如图 5-21(a)所示的"将数据集拆分为单独的文件"对话框。在对话框中,选择拆分变量,将"性别"变量移入右面的"按以下变量拆分个案"框中,则拆分文件按"性别"变量的值对个案进行分组,并将各个分组拆分生成不同的文件;然后,设置"输出文件目录";最后点击"确定"即可得到如图 5-21(b)所示的两个拆分后的文件。

(a)   (b)

图 5-21   "将数据集拆分为单独的文件"对话框和输出结果

二、数据转换

数据转换是指对原始数据进行一系列数学或逻辑操作,以改变数据的分布形式或性质,使其更适合进行统计分析或满足统计模型的假设前提。即在数据分析过程中对原始数据进行处理和修改,以便更好地满足分析需求或提高数据质量的过程。例如,研究者如果想要计算某一变量的均值,如统计被访问游客的平均年龄,此时就需要使用数据转换工具中的相关功能进行计算。接下来,本书将介绍几个数据转换工具中经常使用的功能。

(一)计算变量

计算变量功能是帮助研究者对数据进行各种逻辑运算处理,其主要功能是利用已经建立好的变量进行四则运算之后创造一个新变量,四则运算的实现遵循一般的数学运算顺序(即先乘除后加减),并且可配合函数来进行运算。以计算民族村寨游客旅游感知价值的平均值为例。第一步,在当前数据文件中选择菜单"转换(T)"—"计算变量",弹出"计算变量"对话框。第二步,在"计算变量"对话框中进行相关设置,首先在"目标变量(T)"中输入"AVGpv"(游客平均感知价值),点击"类型与标签(L)",输入新变量的标签,即总体平均成绩。然后在"函数组(G)"中选择"统计",在下方"函数和特殊变量(E)"中双击"Mean"函数,之后测量游客感知价值的三个变量,即民族村寨旅游满意度调查问卷中的"pv1""pv2""pv3"三个变量分别双击选入"数字表达式(E)"中。选项设置完成后,如图5-22所示,点击"确定"按钮,最后便可得到新变量"AVGpv"的数据,新变量会存放和显示在数据窗口的最后一栏。

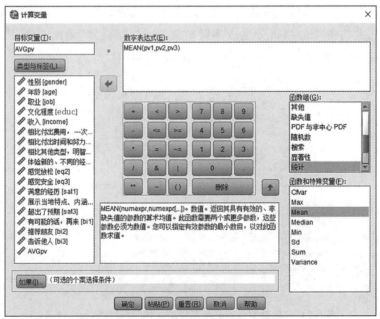

图5-22 计算游客感知价值的平均值设置[①]

---

① 为便于展示,图中变量标签均做简化处理。

（二）重新编码

重新编码的功能是将变量既有的数值进行重新设定。当研究者遇到变量的数值需进行转换、重新编码、合并等工作时，即可使用重新编码的功能，如反向题的处理就可以使用重新编码功能。SPSS提供了重新编码程序的两种模式：其一是重新编码为相同的变量，此种编码方式会使原有变量名称下的数值被新数值覆盖；其二是重新编码为不同的变量，此种模式不改变原有变量值，而将重新编码后的新变量以另一个变量名称来储存。两种模式的操作原理基本相同，研究者可根据自身数据和实际情况选择使用。同时，反向题作为一种特殊题型，其处理方式也是进行重新编码。接下来，将以重新编码为不同的变量模式为例，演示类别变量、连续变量和反向题的重新编码操作方式。

1. 类别变量重新编码

在当前数据文件中选择菜单"转换（T）"—"重新编码为不同的变量"，弹出如图5-23所示的对话框。以受访者的文化程度变量为例，原变量名称为"educ"，原来的数值为1（高中及以下）、2（大专）、3（本科）、4（研究生及以上），现将原来的4（研究生及以上）合并到3（本科及以上），其余观察值不变，此时可将4改为数值3。具体操作方式如下：

第一步，将左框中educ选入"数字变量→输出变量"栏中，在右侧的"输出变量"栏中填入新变量名称"educ1"和标签"文化程度重编码"，点击"变化量（H）"按钮。

第二步，点击"旧值和新值（O）"按钮，在"旧值"框中勾选"值（V）"并输入"4"，再在"新值（L）"框中，勾选"值"并输入"3"，点击"添加"，由于其余观察值不变，所以将"1""2""3"一一对应添加，设置完成后如图5-24所示，点击"添加（A）"设置完成后点击"继续（C）"按钮，回到"重新编码为不同变量"对话框后点击"确定"按钮。此时，重新编码的新变量已显示在数据视图中，在新变量"educ1"中，"3"不再仅代表本科，而是代表本科及以上的文化程度。

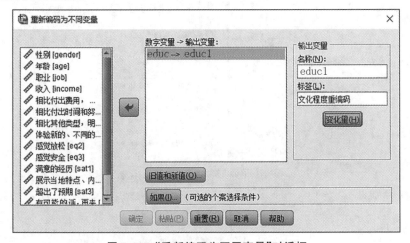

图5-23 "重新编码为不同变量"对话框

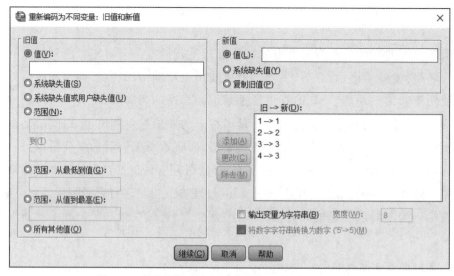

图 5-24 "重新编码为不同变量:旧值和新值"对话框

2. 连续变量重新编码

连续变量的重新编码与类别变量原理相同,主要的差别在于连续变量的数值差别较大,不便于逐个数字进行编码,针对连续变量的重新编码,多以区间的方式进行设置。例如年龄变量,如果要将年龄进行重新编码,可使用旧值和新值当中的范围,按顺序设定不同的区间,并给予不同的数值。操作方式与类别变量基本一致,唯一不同的是在进行旧值和新值设置时,旧值的选择要使用范围选项,范围的设定方式是先选择"范围,从最低到值(G)",进行相应添加后,再选择"范围(N)"选项,填入要设定的中间值,最后选择"范围,从值到最高(E)"选项,填入分割值,设定新值,选择添加即可。具体设置方式如下图 5-25 所示。

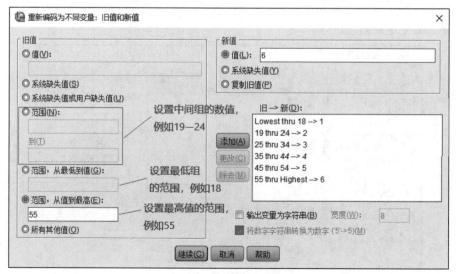

图 5-25 旧值和新值设置

3. 反向题重新编码

(1) 反向题设计。

反向题是在问卷调查或量表中设计的一种特殊问题类型，旨在检验受访者的回答是否一致以及其对问题的理解程度。通常情况下，反向题会以与正向题相反的方式表述。例如，问卷中多数题目都采用了积极的表述，如“某旅游目的地让人感到放松、愉悦”，但有一个题目的表述是“某旅游目的地卫生环境糟糕”，此时该题即为反向题。如果用五点量表进行测量(1代表非常不同意、2代表不同意、3代表一般、4代表同意、5代表非常同意)，此时对于正向题，数值越大则表明受访者对该旅游目的地评价越高，但对于反向题，数值越大反而表明评价越低。一般而言，问卷中的问题大部分以正向题出现，易于受访者阅读，但也容易造成受访者的思维定势。为了检测受访者是否仔细阅读问题、理解问题并给出合理的答案，研究者在进行问卷题目设计时，通常会设置部分反向题，如果受访者恶意作答或不愿意作答，则可能未察觉到题目是反向题，故而给出矛盾的答案。反向题作答异常，可以被作为废卷处理的依据。

(2) 反向题处理方式。

通常，研究者在进行数据录入时，会按照受访者回答的正常顺序输入，再使用反向编码的处理方式，将反向题中的所有题项进行反向计分。此时，可采用SPSS转换工具中的重新编码为不同变量的选项进行设置，也可以选择重新编码为相同的变量，区别在于，前者重新编码的结果会生成一个新的变量不会覆盖原始值，后者则会覆盖原始观察值。本书选择重新编码为相同的变量进行案例展示。具体操作步骤如下：

第一步，在SPSS中打开数据文件已录入好的.sav数据文件，如图5-26所示，其中第6题为反向题。

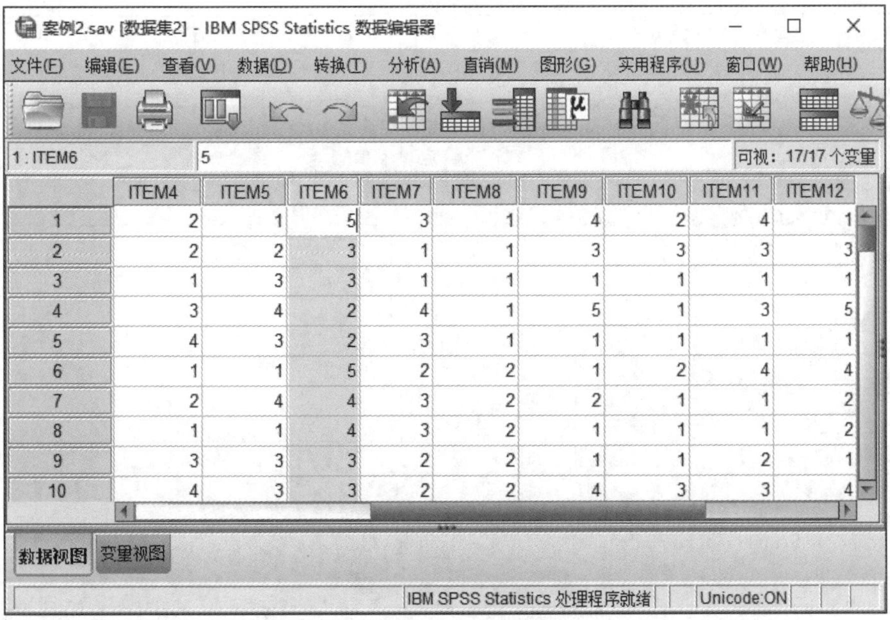

	ITEM4	ITEM5	ITEM6	ITEM7	ITEM8	ITEM9	ITEM10	ITEM11	ITEM12
1	2	1	5	3	1	4	2	4	1
2	2	2	3	1	1	3	3	3	3
3	1	3	3	1	1	1	1	1	1
4	3	4	2	4	1	5	1	3	5
5	4	3	2	3	1	1	1	1	1
6	1	1	5	2	2	1	2	4	4
7	2	4	4	3	2	2	1	1	2
8	1	1	4	3	2	1	1	1	2
9	3	3	3	2	2	1	1	2	1
10	4	3	3	2	2	4	3	3	4

图5-26　已录入完成的数据文件

第二步,在菜单栏中选择"转换"—"重新编码为相同的变量",弹出图5-27对话框,将左侧框中的卫生环境糟糕选入右侧的"数字变量"框中,然后点击"旧值和新值(O)"按钮。

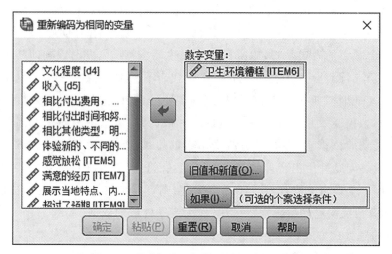

图5-27 "重新编码为相同的变量"对话框

第三步,在打开的"重新编码为相同变量:旧值和新值"对话框中,在"旧值"框中勾选"值(V)"并输入"5",再在"新值"框中,勾选"值(L)"并输入"1",点击"添加(A)";"旧值"中输入"2","新值"中输入"4",即将"旧值"和"新值"全部进行反向输入,设置结果如图5-28所示,设置完成后点击"继续(C)"按钮,回到"重新编码为相同的变量"对话框后点击"确定"按钮。至此,反向题中的所有题项均已完成反向计分。

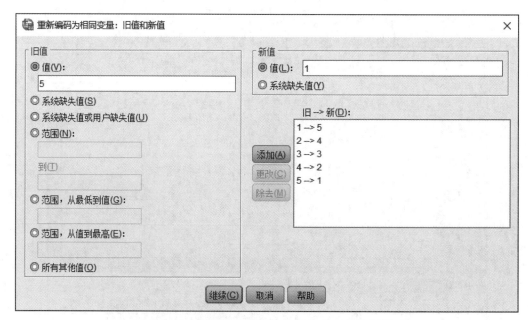

图5-28 "重新编码为相同变量:旧值和新值"对话框

三、多选题处理

（一）多选题格式介绍

多选题是一种通过让受访者从提供的选项中选择一个或多个答案来收集数据的调查方法。多选题要求问题的答案都是序号变量或名义变量，并且允许选择的答案有多个。例如：

Q1：游客去泡温泉时倾向的出行方式是什么？

A.自驾车　　B.城市公共交通　　C.旅游客车

D.火车　　E.飞机　　F.其他

在设计的问卷上，多选题虽然只是一个题目，但是由于有多个选项，一般会要求被调查者从问卷给出的若干个选项中选择一个以上答案，因此，每一个选项都是一个二分变量，所以在数据输入的过程中，多选题的 N 个选项必须被视为 N 个变量。每一个选项，依其内容设定为一个新二分变量，0代表该选项未被勾选，1代表该项被勾选。依此原则，上述范例共有6个选项，可编号为“Q1_1”到“Q1_6”。图5-29所示为10位受访者在6个选项上选择的数据。

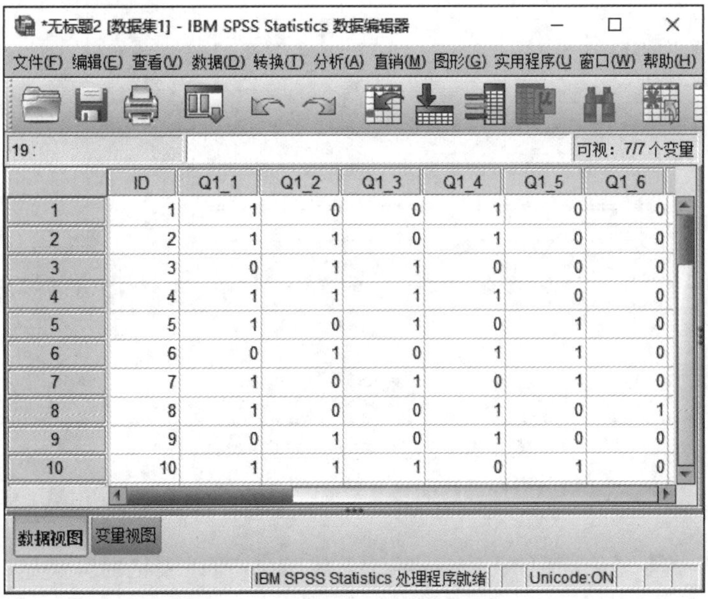

	ID	Q1_1	Q1_2	Q1_3	Q1_4	Q1_5	Q1_6
1	1	1	0	0	1	0	0
2	2	1	1	0	1	0	0
3	3	0	1	1	0	0	0
4	4	1	1	1	1	0	0
5	5	1	0	1	0	1	0
6	6	0	1	0	1	1	0
7	7	1	0	1	0	1	0
8	8	1	0	0	1	0	1
9	9	0	1	0	1	0	0
10	10	1	1	1	0	1	0

图5-29　受访者多选题选择数据录入

（二）多选题分析方法

SPSS提供了多选题分析的方法，在IBM SPSS Statistics 23.0.0中称为多重响应分析，可将多个选项分开录入的多选题还原成原始复选形态的变量。根据上述例子，题目Q1中共有6个选项,经过数据输入之后,成为6个变量。经过分析之后,其可以还原成一个题目,此题目在SPSS中将成为虚拟变量,方便后续统计分析工作的进行。接下来,将详细介绍多选题的处理方法。

研究者需在SPSS菜单栏中选择"分析(A)"—"多重响应"—"定义变量集",从而打开"定义多重响应集"对话框,如图5-30所示。进入对话框后,将第一个多选题所属的选项"Q1_1"至"Q1_6",移至右侧"集合中的变量"框中,输入该多选题的名称(Q1)与标签(出行方式),同时勾选"二分法(D)",输入计数值为"1",点击"添加(A)"按钮,将变量添加到"多重响应集"中。需注意的是,虚拟变量不会在SPSS数据集中出现,但会在多重响应运算中出现。定义好变量集以后,选择菜单栏中的"分析(A)"—"多重响应"中的频率和交叉表两项便可以运用这两项功能对多选题进行统计分析。

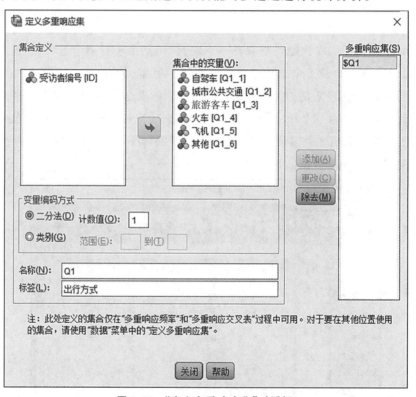

图5-30 "定义多重响应集"对话框

1. 频率分析

频率分析是将多选题中每一个选项的个数、百分比以表格的方式显示出来。打开"多重响应频率"对话框(见图5-31)之后,将需要分析的多选题移至表格清单中,即可执行获得分析结果。从表5-4可以看出,10位受访者对于多选题共勾选了29个答案,选择自驾车(Q1_1)的人最多,共计有7人选择,占全部响应次数29次的24.1%,占总人数10人的70%;选择最少的选项是其他(Q1_6),只有1人选择,占响应总次数的3.4%,占总人数的10%。

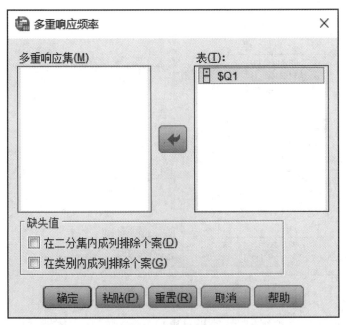

图 5-31 "多重响应频率"对话框

表 5-4 $Q1频率

		响应		个案百分比
		个案数	百分比	
出行方式[a]	自驾车	7	24.1%	70.0%
	城市公共交通	6	20.7%	60.0%
	旅游客车	5	17.2%	50.0%
	火车	6	20.7%	60.0%
	飞机	4	13.8%	40.0%
	其他	1	3.4%	10.0%
总计		29	100.0%	290.0%

a. 使用了值1对二分组进行制表。

2. 交叉表分析

交叉表分析是以交叉表方式,呈现双维的次数分布数据,如不同的性别在多选题选项上的响应次数。具体操作是在菜单栏中选择"分析(A)"—"多重响应"—"交叉表",并依指示输入行变量与列变量,如图5-32所示,将性别变量放入"行(W)"中作为交叉表的行,然后点击"定义范围(G)",将最小值设为"1"、最大值设为"2";再将虚拟变量选入"列(N)"中作为交叉列表的列,如果需要显示百分比,可点击"选项(O)"按钮进行相应的设置,设置完成后点击"确定"按钮。

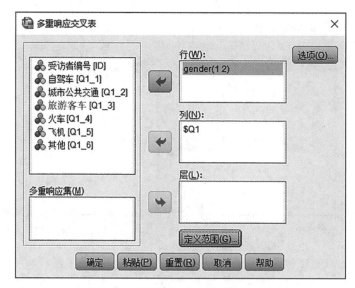

图 5-32 "多重响应交叉表"对话框

按照上述步骤完成操作后,软件将对虚拟变量与性别变量进行交叉表分析,得到的结果如表 5-5 所示。

表 5-5 $Q1*gender 交叉表

			性别		总计
			男	女	
出行方式[a]	自驾车	计数	3	4	7
		占 $Q1 的百分比	42.9%	57.1%	
		占 gender 的百分比	60.0%	80.0%	
		占总计的百分比	30.0%	40.0%	70.0%
	城市公共交通	计数	4	2	6
		占 $Q1 的百分比	66.7%	33.3%	
		占 gender 的百分比	80.0%	40.0%	
		占总计的百分比	40.0%	20.0%	60.0%
	旅游客车	计数	1	4	5
		占 $Q1 的百分比	20.0%	80.0%	
		占 gender 的百分比	20.0%	80.0%	
		占总计的百分比	10.0%	40.0%	50.0%
	火车	计数	5	1	6
		占 $Q1 的百分比	83.3%	16.7%	
		占 gender 的百分比	100.0%	20.0%	

续表

			性别		总计
			男	女	
出行方式[a]	火车	占总计的百分比	50.0%	10.0%	60.0%
	飞机	计数	1	3	4
		占 $Q1 的百分比	25.0%	75.0%	
		占 gender 的百分比	20.0%	60.0%	
		占总计的百分比	10.0%	30.0%	40.0%
	其他	计数	0	1	1
		占 $Q1 的百分比	0.0%	100.0%	
		占 gender 的百分比	0.0%	20.0%	
		占总计的百分比	0.0%	10.0%	10.0%
总计		计数	5	5	10
		占总计的百分比	50.0%	50.0%	100.0%

百分比和总计基于响应者。

a. 使用了值1对二分组进行制表。

从交叉表的结果中,研究者可以获取多种信息,譬如,此次受访者的性别比例各占50%,选择自驾车作为出行方式的最多,其中女生选择自驾车出行的比例比男生高,男生选择坐火车的比例比女生高。研究者可根据需要,对交叉表中的数据进行提炼和分析。

思考题

1. 简述编码系统和编码表的概念、作用及编制要求。
2. 简述 SPSS 的主要窗口及功能。

第六章
旅游统计数据查核与清洗

 本章概要

旅游统计数据查核与清洗是数据处理的重要环节,旨在确保数据的完整性、准确性和可靠性。本章主要内容包括数据查核与数据清洗的目的与原因,遗漏值的概念及类型、处理方式,偏离值的概念、鉴别方法与处理方式。通过本章的学习,学生需要掌握数据查核与清洗的相关知识,并且明晰二者的关系。在数据查核方面,本章将探讨数据查核的定义、目的和方式,重点在于对数据的逻辑性等进行检查,为后续数据清洗提供基础。在数据清洗部分,本章将介绍数据清洗的概念和重要性,重点关注遗漏值和偏离值的处理方法。遗漏值是数据中缺失的数值或信息,而偏离值则是与数据集中趋势不一致的数值。通过SPSS案例操作过程和截图展示,学生将学会如何有效地处理遗漏值和偏离值,确保数据的准确性和可靠性。本章的目的在于帮助学生掌握旅游统计数据查核与清洗的基本概念和方法,提升数据处理能力,确保数据分析的准确性和可靠性。

 **学习目标**

知识目标

(1) 理解数据查核的定义、目的和方式。
(2) 掌握数据清洗的概念和重要性。
(3) 熟悉遗漏值和偏离值的处理方法。
(4) 熟悉SPSS工具在数据处理中的应用方法。

能力目标

(1) 能够独立进行数据查核,确保数据的完整性和逻辑性。
(2) 能够有效地清洗数据,处理遗漏值和偏离值,提高数据质量。
(3) 能够运用SPSS工具进行数据处理和分析,掌握实际操作技能。

素养目标

(1) 能够将数据查核和清洗的相关知识应用于旅游统计学领域,提升旅游数据的质量和可靠性,推动旅游行业的发展。

(2) 培养学生在数据处理过程中的责任意识,强化正确的数据处理行为,保护数据安全和隐私,树立正确的人生观、价值观和世界观。

第一节 数据查核与数据清洗

一、数据查核

数据查核是指对数据进行有目的、系统性地检查和验证的过程。数据查核旨在确保数据的准确性、完整性和合理性,保证数据符合预期的格式和标准。在数据查核过程中,重点是对数据进行逻辑性和合理性的检查,包括验证数据的范围、类型和逻辑关系等。

(一)数据查核目的

数据查核是数据质量管理中的关键环节,目的是发现数据中的潜在问题和错误,并及时进行处理或纠正,以确认数据的可靠性和有效性。在数据查核过程中,研究者首先要验证数据的格式、范围和类型,以确保数据值的正确性和合理性。其次,数据查核要检查数据是否符合逻辑关系和业务规则,以避免数据之间的矛盾或冲突。最后,数据查核还需要发现并纠正数据中的问题,如数据错误或不一致性,减少数据分析过程中的错误和偏差,以确保数据质量。通过数据查核,数据的可信度和可用性能够有效提高,进而为后续的数据分析和应用提供可靠的基础支持。数据查核不仅可以帮助研究者更好地理解和利用数据,还可以提升数据管理和决策的效率和准确性。

(二)数据查核方式

根据数据量情况,数据查核工作可分为两种处理方式,一种是过程查核,另一种是终点查核。如果数据量大,数据查核的工作必须在数据输入过程当中便开始,研究者可以借由数据查核清洗点的设置,及时发现数据输入的错误,以免造成时间与人力的浪费。这种在数据处理过程当中就进行的数据查核工作,称为过程查核。如果数据量较小,数据查核可以在数据完成输入之后进行,称为终点查核。但是,出于科学研究工作的严谨性,一般而言,研究者对调查数据进行核查清洗时,会同时设置过程查核与终点查核程序,在数据录入过程中和完成后均会对录入数据进行查核。

1. 过程查核

过程查核是在数据录入过程中通过设置适当的查核点与时间的查核,维持数据输入过程的正确性。查核点的设置可采取定点查核、定时查核或专人查核的方式进行。

(1) 定点查核。定点查核是指根据数据输入工作的流程,在适当的节点进行数据检查。例如,每输入50份问卷的数据即进行一次检查,确认输入数据与文本资料相符。此外,若数据由多人合作录入,则为降低数据转手之间的错误,在将数据转交给不同人时,需进行查核,确认责任的归属。定点查核的优点是实时性,在数据处理的过程当中,可以及时发现问题。

(2) 定时查核。定时查核是以时间为单位,在特定的时段进行数据的检查。例如,在每日工作结束前或每间隔一定时间后进行。定时查核虽可能造成数据输入的中断,但是配合小型会议的沟通与讨论,可以将问题集中处理,有效扩大防错范围。

(3) 专人查核。专人查核是指定专人负责数据查核,由资深或具有经验的研究者,进行定点或定时查核。专人查核可以避免多人查核事权不一的缺点,集中数据检查的责任,不受查核时间与空间限制,增加弹性。

2. 终点查核

对于样本量较大的数据,一般会多人进行数据录入,在完成各自的录入工作后,需将数据进行合并,以便进行整体分析和运用。虽然研究者在数据录入过程中已进行过程查核,但是为确保数据的准确性,一般要求进行终点查核,即需将全体数据进行全面的检查。最严谨的终点查核一般采用逐笔检查的方式,但如果数据规模庞大,逐笔检查过于耽误时间,因此,研究者一般采用小样本查核法,即挑选一小部分的数据来进行检查。随着科技的日新月异,计算机功能日益完善,当前已经可以利用计算机取代人工对数据进行逐笔检查。具体检查模式可分为两种,即合理性检查与逻辑性检查。

(1) 合理性检查。合理性检查的主要目的是进行数据格式的确认,针对每一个题目、每一个变量,检查数据中是否有超过范围的数值。例如,研究者将某个变量的数值范围设定为1—4,但是在数据查核的过程中检测出5这个数值,且5并非编码表规定的遗漏值,这表示输入数据出现了问题。常用的分析工具为描述性统计中的频率工具,列出所有变量的所有可能数值,查看是否有超过合理范围的数值。

(2) 逻辑性检查。逻辑性检查是对输入的数据结构进行检查,通常会对多个变量的检验,由研究者设定检查的条件,进行较高程度的检验。例如,查看一个变量的次数分布是否呈正态分布,或是否具有特殊的偏离值。又如,当大多数学生的体重为40—70千克时,出现某学生的体重为20千克,这就是一个特殊的值,其合理性便会受到质疑。一般情况下,研究者可以运用描述性统计中的描述工具,将数据划分为不同的类别来进行详细检查。此外,还可以通过图表来检验数据的逻辑性,比如使用散布图来展示变量的分布情况。

二、数据清洗

数据清洗是指对数据进行处理和修复,即在数据查核的基础上做进一步处理,针对数据查核出的问题进行修复和优化,以达到研究要求,从而确保数据的质量和一致性。在数据清洗阶段,重点是识别和处理数据中的异常值、缺失值和重复值,使数据符合分析和应用的要求。

(一)数据清洗目的

数据清洗的目的是识别和处理数据中的异常值、缺失值和重复值,以确保数据的质量和可信度,从而支持准确的数据分析和推断。数据清洗包括对数据进行标准化、规范化和转换,以确保数据的一致性和可比性。此外,数据清洗也有助于提高数据的可用性和可理解性,使数据更易于被理解和应用。数据清洗可以减少数据中的混乱和错误,使数据更加清晰和可靠,从而为研究者提供准确、可靠的数据基础,为其研究和分析提供坚实支持。因此,数据清洗在统计过程中具有至关重要的作用,是确保数据质量和可靠性的重要步骤。

(二)数据清洗原因

1. 提高数据质量

数据清洗可以识别和处理数据集中的错误、不完整性、异常值等问题,从而提高数据的准确性、一致性和可靠性。高质量的数据可以提供更可靠的基础,支持有效分析和决策。

2. 确保数据的可用性

清洗数据可以确保数据的完整性和可用性。清洗数据可以消除数据集中的空值、重复项或不合适的数据格式,使数据集更加完整和易于使用。

3. 减少分析误差

数据中存在遗漏值或异常值可能会导致分析结果产生偏差或误差。数据清洗可以消除这些问题,确保分析和建模的准确性和可靠性。

4. 支持数据分析和挖掘

清洗后的数据更适合进行数据分析、挖掘和建模工作。高质量的数据可以提高分析的效率和准确性,并有利于发现其背后的规律和洞察。

三、数据查核与数据清洗关系

在统计学中,数据清洗和数据查核是数据质量管理的两个重要环节,各有不同的目的和重点。数据查核主要关注数据的逻辑性和合理性,旨在确保数据的准确性、完整性和一致性,以支持后续的数据分析和决策过程。数据清洗则是在数据查核的基础上进行的,旨在识别和处理数据中的异常值、缺失值和重复值等问题,使数据符合分析和应用的要求。

具体来说,数据查核环节强调验证数据的格式、范围和类型,确认数据是否包含所有必要信息,检查数据是否符合逻辑关系和业务规则,以确保数据的质量和一致性;而数据清洗环节则更侧重于识别和处理数据中的异常值、缺失值和重复值,以优化数据质量,减少数据中的错误和不一致性,提高数据的可用性和可信度。

因此,数据查核和数据清洗在统计学中是相辅相成的过程,数据查核为数据清洗提供了基础和指导,而数据清洗则进一步完善和修复了数据,以确保数据的高质量和可靠性,并为统计分析和决策提供可靠的数据基础。数据查核和数据清洗的有机结合,可以有效提升数据质量,为数据驱动的决策和业务运营提供可靠支持。

第二节　遗漏值处理

一、遗漏值及其类型

遗漏值,又称缺失值或不完全数据。在数据收集或者输入过程中,由于受多种因素影响,个案在一个或多个变量上作答的缺失使得数据出现不完整的情况,这部分缺少的数据即为遗漏值。遗漏值是量化研究中很容易出现且会干扰结果分析的一种数据,同时也是统计人员和资料获取人员所不愿意见到却又无法避免的。

(一)遗漏值产生原因

遗漏值产生的原因很多,除数据因人为因素没有被记录、遗漏或丢失,被调查者作答过程中的疏忽,因题意不明而漏答,被调查者拒绝作答等因素外,数据输入所造成的失误等都可能导致产生遗漏值。数据遗漏最大的影响是造成样本流失,因此,使用有效方式进行遗漏值诊断和处理,成为数据分析前最关键的一步。在数据分析前必须进行数据整备,处理好遗漏值的问题。处理遗漏值的关键是对遗漏值类型进行分析和鉴别,了解遗漏的可能机制与影响,进而决定采用适当的方法进行处理。

(二)遗漏值的类型

在数据分析和统计学中,遗漏值的类型主要包括以下几种。

1. 完全随机遗漏

完全随机遗漏是指遗漏值的出现与其他观测值无关,是随机的,没有任何模式或规律可循。在这种情况下,遗漏值的出现对数据分析的结果没有影响。例如,调查问卷中的某些问题由于技术原因没有记录下来。

2. 随机遗漏

随机遗漏是指遗漏值的出现可能与已观测的变量有关,但与遗漏值本身无关。在这种情况下,遗漏值的出现模式可以被其他已知变量解释。例如,在收入调查中,人们可能不愿意透露收入水平,但这种遗漏与其他因素(如年龄、性别)有关。

3. 非随机遗漏

非随机遗漏是指遗漏值的出现与未观测的变量有关,或者遗漏值本身就是需要研究的对象。在这种情况下,遗漏值的出现与已观测的变量无关,无法通过已有的数据或变量进行解释。例如,在健康调查中,某些患者可能因为症状严重而无法填写调查问卷。

根据遗漏值的类型,选择合适的处理方法和填补策略非常重要,这样才能确保数据分析和建模的准确性和可靠性。

二、遗漏值处理方法

遗漏值的产生虽然是研究者不愿见到的情况,但是在实际研究工作中,常有发生,难以避免。一份数据如果存在遗漏值,但是在数据分析之前研究者未能及时处理,此时将对后期的数据分析产生不同程度的影响。因此,对于遗漏值的处理属于数据分析前必备的数据清洗工作。遗漏值的处理方式一般有以下几种。

(一)预防法

在进行问卷设计时,研究者通常会考虑到可能产生遗漏值的情况,并采取预防措施以提高数据的可用性。一种常见的做法是在题目选项中增加"其他"选项,以便受访者在无法作答时选择该选项,研究者可以根据具体情况对填写的数据进行处理,从而提高样本的可用性。此外,有时研究者预期会出现多种不同的例外情况,可以直接为这些例外情况分配特定数值,例如在四点量表中,5代表"无法作答",6代表"尚未决定",以便区分可能的遗漏情况。在实际的抽样调查过程中,调查者应当在受访者填写问卷时进行监督,仔细检查填写情况,以便及时发现漏填情况并立即补救。然而,尽管预防措施在数据回收前起到一定作用,但在数据录入阶段仍然可能出现遗漏情况,例如研究者可能会输入错误或忘记输入某些数据。因此,为了确保数据的完整性和准确性,数据处理人员在数据录入和处理过程中仍需保持高度警惕,并采取相应的纠正措施。

(二)删除法

1. 完全删除法

在遗漏值处理过程中,最简单的方式是将涉及遗漏值的完整个案数据删除,只保留完整的个案数据,以确保后续数据分析的准确性。在处理过程中,如果任何一个变量出现遗漏,则将与该受访者有关的数据整个删除,这种方法称为完全删除法或全列删除法。通过这种方法保留的数据库将不包含任何遗漏值,因此,它也被称为完全数据分析。然而,使用完全删除法需要充分考虑样本量的情况。当总体样本量较大且有遗漏值的样本量较少时,使用完全删除法剔除具有遗漏值的样本后对总体数据分析结果影响较小。举例来说,如果有1000份样本,其中50份样本数据存在不同程度的遗漏情况,删除这50份样本数据后仍有950份完整的样本数据可用于后续研究,对分析结果的影响较小。此外,由于参与分析的数据是完整的,各种分析都具有相同的样本数,整个研究的准确性较高,研究的检验力也能保持一定水平。然而,需要注意的是完全删除法虽然简单直接,但会导数据量减少,从而可能会损失一些有价值的信息。因此,在实际应用中,研究者需要根据具体情况综合考虑使用完全删除法的利弊,以及其他处理遗漏值的方法,选择最适合研究目的和数据特点的数据清洗策略。

2. 配对删除法

在数据处理时,仅针对分析所涉及的变量存在遗漏值的情况进行删除的方法被称为配对删除法。通常情况下,配对删除法在进行分析之前,不会进行任何删除处理,而是在接收到数据分析指令后,针对与统计分析相关的变量,选择具有完整数据的样本进行分析,因此它也被称为有效样本分析。举例来说,假设有200名受访者,其中有10名受访者在第5题遗漏了填写,因此在与第5题相关的分析中,只有190条个案数据参与分析,而在与第5题无关的分析中,仍然使用全部200条数据进行分析。然而,需要注意的是,采用配对删除法可能导致每次分析所涉及的样本数量有所不同,从而影响整个研究的检验力,降低研究结果的可靠性。在实际应用中,研究者需权衡配对删除法的利弊,以及其对研究结论的影响。虽然配对删除法可以保留更多的数据样本,但在分析过程中可能会导致样本量不稳定,从而影响研究结果的一致性和可信度。因此,在选择数据处理方法时,研究者应综合考虑研究目的、数据特点和分析需求,选择最适合的数据清洗策略,以确保数据分析的准确性和可靠性。

(三)取代法

面对数据中的遗漏值,目前有多种方法可以进行填补。为了确保填补遗漏数据的科学性,研究者通常会采用相关测量法或类比推理法,以最有可能的数据来填补遗漏值。例如,研究者可以根据受访者在问卷中其他相似题目的选择来推断遗漏值,并进行填补。此外,研究者利用收集到的数据中具有相似特征的其他受访者的数据来进行遗漏值的插补,这种方法称为热层插补法;而使用先前研究的数据或者利用已有的知识来替代遗漏值,这种方法称为冷层插补法。冷层插补法与热层插补法的最大区别在于,冷层插补法利用研究以外的信息进行判断,是一种外部产生程序;热层插补法则是基于研究样本本身获取遗漏值的估计值,是一种内部产生程序,通常是较为常用的方法。总的来说,常用的内部产生程序估计方法包括以下几种:中间数取代法、平均数取代法及回归估计法。在数据填补过程中,研究者需要根据具体情况选择合适的方法,并在填补后进行适当的验证和检查,以确保填补的数据能够准确反映实际情况,从而提高数据的完整性和可靠性。

1. 中间数取代法

中间数取代法适用于处理数值型数据中的遗漏值,其原理是通过找到数据集中的中间值来代替遗漏值,以保持数据的整体趋势。例如在五点量表中,补入中间值3,即表示没有意见。这种方法适合数据分布比较集中且没有明显异常值的情况,而存在极端值或数据分布不均的情况则可能不太合适。

2. 平均数取代法

平均数取代法分为直接平均数取代法和分层平均数取代法。计算发生遗漏数值变量的平均数,并用该平均数填补遗漏值的方法称为直接平均数取代法。这种方法利用了全体样本的所有数值来进行估计,能够反映该题目特殊的集中情况,相比中间值估计法更为精确。分层平均数取代法的精确度更高,该方法根据受试者所属的类别,利用该类别的平均数作为估计值来填补遗漏值。这种方法不仅反映了该题目的集中情况,还能更好地反映该被试所属的群体特性,从而更准确地估计可能的答案。举例来说,对于某一年龄段或某一职业的受访者的遗漏值,可以将全体样本中同年龄段或同职业的样本在该题目上的平均数作为该受访者该题目的答案。通过分层平均数取代法,研究者可以更好地考虑不同群体之间的差异,从而提高数据填补的准确性和可靠性。在实际应用中,选择合适的填补方法需要综合考虑数据特点、研究目的和样本特征,以确保填补后的数据能够准确地反映实际情况,并提高数据分析的有效性。

3. 回归估计法

回归估计法是一种基于变量间关系进行数据填补的方法,适用于处理存在相关性的连续型变量之间的情况。研究者通过建立回归模型,利用其他完整数据的变量来预测遗漏值,并进行填补。这种方法能够较好地利用数据间的关联性,从单一变量的集中反映扩展到考虑其他变量的共变关系,使估计的基础更为丰富、精确度更高。然而,研究者需要注意选择适当的模型和确保拟合效果,以保证填补值的准确性。在实际应用中,当不同变量出现遗漏值时,研究者需要进行单独的回归分析,并代入其他变量的数值来求得估计值。因此,回归估计法适用于样本量足够大且遗漏值较少的情况,对于处理存在相关性的数据填补具有重要意义。

三、遗漏值处理SPSS实例操作

(一)检查遗漏值

当进行遗漏值检查时,首先要完成的任务就是详细考查数据的缺失情况,并据此评估可能的遗漏类型,以及遗漏值可能对分析结果带来的影响。IBM SPSS Statistics 23.0.0在分析工具下提供了专门针对遗漏值处理的功能,即"缺失值分析",通过该功能可以对数据的遗漏情况进行检查,通过模式分析和描述分析对数据进行检查分析,其中,缺失模式分析是检查遗漏值时常用的功能,便于研究者判断数据的缺失情况,为后续遗漏值的处理提供基础信息。接下来,将通过案例展示缺失模式分析的操作步骤。

缺失模式分析是针对每个案例给出缺失信息。具体操作如下:第一步,选择"分析(A)"—"缺失值分析"菜单项。第二步,将连续型变量选入"定量变量(Q)"框,将类型变量选入"分类变量(C)"框(见图6-1(a)),点击"模式(T)"按钮。第三步,在"缺失值分析:模式"子对话框中勾选所有的复选框(见图6-1(b)),点击"继续(C)"按钮。第四步,单击"确定"按钮。

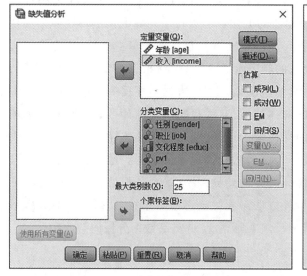
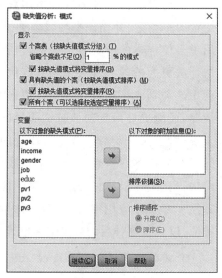

(a)　　　　　　　　　　　　　　　(b)

图6-1　"缺失值分析"主对话框和"缺失值分析:模式"子对话框

根据上述步骤操作完成后,将得到如下分析结果。

首先输出的是单变量统计表格,如表6-1所示,该表格显示了每个变量非遗漏值的个案数、平均值、标准差,同时还显示了遗漏值的计数和百分比。从中可见在8个变量中的5个变量存在7个遗漏值,具体缺失情况是"age"变量遗漏了3个值,"income""gender""job"和"pv2"4个变量分别遗漏了1个值。类型变量不输出平均值和标准差。表格中还会列出连续变量的极值数量。

表6-1　单变量统计

变量	个案数	平均值	标准差	缺失		极值数[a]	
				计数	百分比	低	高
age	224	39.74	18.235	3	1.3	0	0
income	226	5548.2301	2560.59393	1	0.4	0	0

续表

变量	个案数	平均值	标准差	缺失		极值数[a]	
				计数	百分比	低	高
gender	226			1	0.4		
job	226			1	0.4		
educ	227			0	0.0		
pv1	227			0	0.0		
pv2	226			1	0.4		
pv3	227			0	0.0		

a. 超出范围(Q1－1.5*IQR,Q3＋1.5*IQR)的案例数。

其次输出的数据模式(所有案例)表格给出所有案例的缺失值样式表,如表6-2所示(由于数据量较大,节选部分展示)。该表格的信息虽然和另一个表格"缺失模式(具有缺失值的案例)"完全相同,但另一个表格只截取了含有遗漏值的案例,如表6-3所示。在该表格中,如果指定了案例标签,则第一列会按照标签值输出。从第二列开始输出的分别是该案例中的缺失数、缺失百分比和各变量的具体缺失情况。注意在具体缺失情况中,系统缺失值、自定义遗漏值类型1、自定义遗漏值类型2、自定义遗漏值类型3将分别在表中用"S""A""B""C"表示。在这两张表格中,研究者可以找到遗漏值所在的位置,便于进行查核。

表6-2 数据模式(所有案例)

个案	缺失数	缺失百分比	缺失模式和极值模式							
			age	income	gender	job	educ	pv1	pv2	pv3
1	0	0.0								
2	0	0.0								
3	0	0.0								
4	1	12.5	S							
5	0	0.0								
6	1	12.5			S					
7	0	0.0								
8	1	12.5	S							
9	1	12.5		S						
10	0	0.0								
11	0	0.0								
12	1	12.5	S							

续表

个案	缺失数	缺失百分比	缺失模式和极值模式							
			age	income	gender	job	educ	pv1	pv2	pv3
13	0	0.0								
14	1	12.5				S				
15	0	0.0								

表6-3 缺失模式（具有缺失值的个案）

个案	缺失数	缺失百分比	缺失模式和极值模式[a]							
			educ	pv1	pv3	job	income	pv2	gender	age
4	1	12.5								S
8	1	12.5								S
12	1	12.5								S
9	1	12.5				S				
6	1	12.5							S	
14	1	12.5				S				
38	1	12.5					S			

a. 以缺失模式排列案例和变量。

最后输出的是制表模式表格，如表6-4所示，目的是为全部进入遗漏值分析的变量给出遗漏值样式表，可见在总共227个个案中，共有3个个案的"age"变量存在遗漏，其余变量则均无遗漏情况出现。需要说明的是，制表模式中不会显示个案百分比低于1%（2个或更少）的模式，因此仅遗漏了2个及以下的变量的遗漏模式没有计入其中。

表6-4 制表模式

个案数	缺失模式[a]								完成条件[b]
	educ	pv1	pv3	job	income	pv2	gender	age	
224									224
3								X	223

a. 按缺失模式对变量排序。
b. 不使用该模式（以X标记）中缺失的变量时的完整个案数。

（二）处理遗漏值常用方法

处理遗漏值的方法较多，由于遗漏类型的不同，研究者通常会选取不同的处理方式。平均数取代法是处理遗漏值最常用的方法,因此,本书就平均数取代法这一处理方法进行操作步骤演示。

平均数取代法是 SPSS 常用的遗漏值处理方法,处理思路是利用样本数据的平均数替换数据库中的遗漏值。以民族村寨旅游满意度调查问卷中第二部分的第 7 题"总体来看,本次旅游是一次满意的经历",即对游客进行满意度调查的变量(sat1)为例,对该变量的遗漏值进行插补。具体操作步骤如下,选择菜单栏中的"转换(T)"工具,点击"替换缺失值"选项,此时会出现如图 6-2 所示的对话框,将左侧有遗漏的变量 sat1 选入右侧的新变量当中(新变量系统自动命名为 sat1_1),研究者也可以自行输入所希望的变量名称。但是,需要注意的是,如果研究者把新变量的名称设为原来的变量名称,执行之后的该变量将更改为无遗漏情况的完整变量,即在原变量列进行了遗漏值的插补。插补方法有五种,分别是序列平均值、邻近点的平均值、邻近点的中位数、线性插值和邻近点的线性趋势。

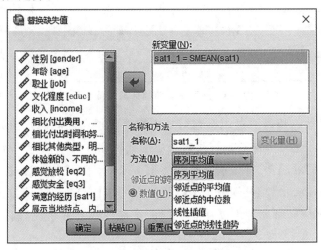

图 6-2 "替换缺失值"对话框

序列平均值就是将缺失值所在变量的全部数据进行平均值计算,将该平均值作为遗漏值对数据进行填补。例如,本案例中选择序列平均值的插补方法后,sat1 变量的 3 个遗漏值在新变量 sat1_1 中已进行插补,插补的数字"3.44"便是 sat1 变量中 224 个观察值的平均值,插补结果如图 6-3 所示。

在数据处理中,邻近点的平均值是指在遗漏值前后各取一个数值的平均数,或多个邻近点的数值的平均数。在使用 SPSS 时,研究者可以根据指令设定取前后 N 个数值的平均值来填补遗漏值,具体取多少个值可在邻近点的跨度选项中进行设置。然而,研究者需要注意遗漏值前后数值的情况,如果存在遗漏情况,该方法可能会失效。与邻近点的平均值类似,邻近点的中位数也是根据邻近的 N 个数值的中位数来进行填补。线性插值的原理与邻近点的平均值相似,即以前后两笔数值的平均数来填补,不同之处在于无法指定邻近点的跨度。选择合适的填补方式可以有效处理数据中的遗漏值,提高数据的完整性和准确性。

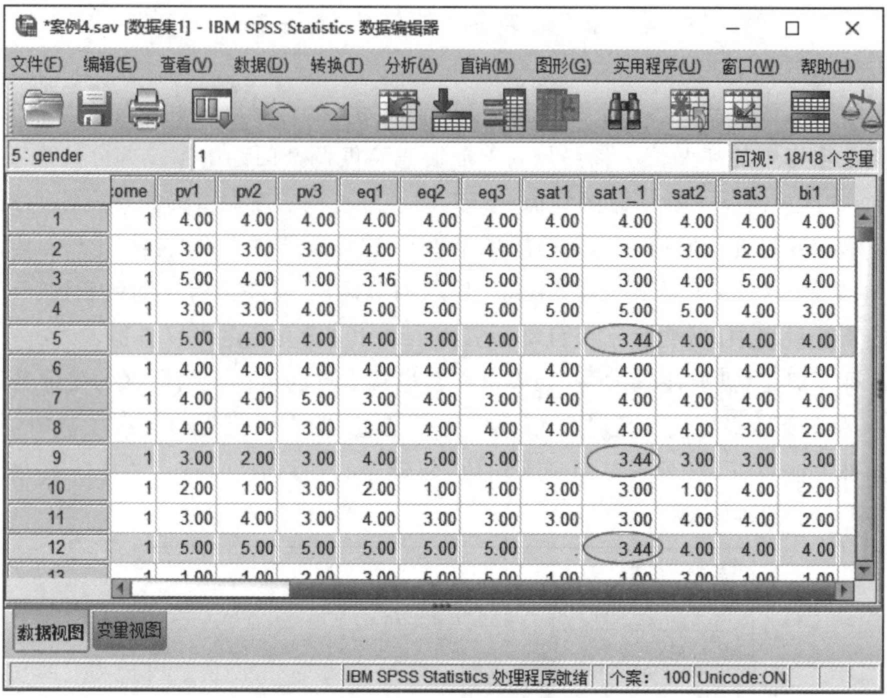

	come	pv1	pv2	pv3	eq1	eq2	eq3	sat1	sat1_1	sat2	sat3	bi1
1	1	4.00	4.00	4.00	4.00	4.00	4.00	4.00	4.00	4.00	4.00	4.00
2	1	3.00	3.00	3.00	4.00	3.00	4.00	3.00	3.00	3.00	2.00	3.00
3	1	5.00	4.00	1.00	3.16	5.00	5.00	3.00	3.00	4.00	5.00	4.00
4	1	3.00	3.00	4.00	5.00	5.00	5.00	5.00	5.00	5.00	4.00	3.00
5	1	5.00	4.00	4.00	4.00	3.00	4.00	.	3.44	4.00	4.00	4.00
6	1	4.00	4.00	4.00	4.00	4.00	4.00	4.00	4.00	4.00	4.00	4.00
7	1	4.00	4.00	5.00	3.00	4.00	3.00	4.00	4.00	4.00	4.00	4.00
8	1	4.00	4.00	3.00	3.00	4.00	4.00	4.00	4.00	4.00	3.00	2.00
9	1	3.00	2.00	3.00	4.00	5.00	3.00	.	3.44	3.00	3.00	3.00
10	1	2.00	1.00	3.00	2.00	1.00	1.00	3.00	3.00	1.00	4.00	2.00
11	1	3.00	4.00	3.00	4.00	3.00	3.00	3.00	3.00	4.00	4.00	2.00
12	1	5.00	5.00	5.00	5.00	5.00	5.00	.	3.44	4.00	4.00	4.00

图 6-3　序列平均值插补缺失值结果

邻近点的线性趋势是通过观察数据集中相邻数据点之间的线性关系来推测和填补缺失值的方法。这一方法涉及观察数据中的线性变化关系，利用线性回归或其他方法拟合相邻点之间的趋势，并根据线性趋势模型来估计缺失值。通过利用数据集中已有的信息来推测缺失值，填补缺失值中的邻近点的线性趋势可以使数据更加完整和准确，但在实际操作中，研究者需要注意数据的稳定性和异常情况，确保填补结果的可靠性。

第三节　偏离值处理

一、偏离值

偏离值也称为异常值，是指数据集中与其他观测值明显不同或极端的数值点，也就是与多数受访者选择的数值极为不同的情况。例如，某样本整体是符合正态分布的，受访者的身高集中于170厘米，标准差是5厘米，根据拉依达准则（处于3倍标准差之外的数据属于偏离值），该样本中身高超过185厘米或者不足155厘米的观察者均属于偏离值。如果出现严重的偏离情况，严重的偏离数据将成为极端值。例如，该样本中有人的身高为230厘米，此种极特殊的情况则属于极端值。除观察单一变量外，有时

Note

还需联系多个变量来检查偏离值的情况,即从观察值是否符合逻辑的角度去判断偏离值。比如,在样本数据中,某位受访者的年龄是10岁,身高为180厘米,按照单一变量观察该数据没有问题,但是联系到一起便与正常情况有所偏离。

在统计分析中,偏离值的存在可能会对数据分析和模型建立产生负面影响。偏离值的存在会对统计描述、数据分布、推断性统计、模型稳定性、数据解释和可视化结果产生多方面影响。在统计描述中,偏离值可能导致平均值、方差等统计量无法真实反映大多数观测值的特征。在数据分布方面,偏离值可能扭曲数据形状,使分析结果失真。在机器学习中,偏离值可能降低模型稳定性和泛化能力,导致过拟合。同时,偏离值可能误导数据解释,使得研究者对数据现象的理解出现错误。最后,在数据可视化过程中,偏离值可能造成图表失真,进而难以准确传达数据的整体特征和趋势。因此,正确处理偏离值对于数据分析和建模的准确性至关重要。

二、偏离值鉴别方法

(一)单变量偏离值检验

1. 描述性分析检验

单一变量的偏离值,可以使用SPSS分析工具中的"描述统计"功能进行检查,在生成的图表中会显示偏离常态的数值。例如,要检查一份样本中收入变量的偏离值情况,具体操作方法是,点击菜单栏"分析(A)"—"描述统计"—"频率",弹出图6-4所示的对话框,将收入变量选入"变量(V)"栏中,点击"图表(C)"按钮。在弹出的对话框的"图表类型"中勾选"直方图(H)"和"在直方图中显示正态曲线(S)"选项,如图6-5所示,点击"继续(C)"按钮。返回上一对话框后再点击"确定",即可得到如图6-6所示的直方图。从直方图中可看出,样本的收入变量呈现正偏态,存在少数偏离值。

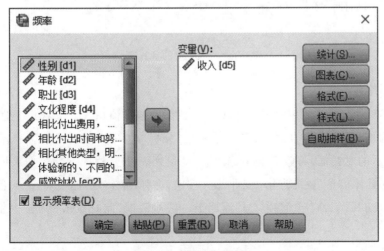

图6-4 "频率"对话框

图 6-5 "频率:图表"对话框

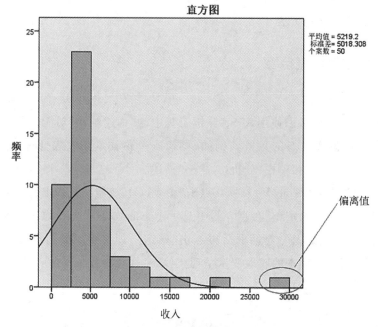

图 6-6 收入变量的直方图

2. 箱图检验

在 SPSS 中还可以使用箱图来呈现样本数据的偏离值情况。同样以上述案例中的收入变量为例,具体操作方式是,点击菜单栏"分析(A)"—"描述统计"—"探索",弹出如图 6-7 所示的对话框,将收入变量选入"因变量列表(D)"栏中,同时,如果想要获得偏离值出现的具体信息,还需点击"统计(S)"按钮,在弹出的对话框中勾选"离群值(O)"[①]选项,如图 6-8 所示,点击"继续(C)"返回上一层对话框,此时点击"确定"按钮,即可得

---

① 由于统计软件的不同版本,其表述存在不一致,如离群值、界外值等,离群值即偏离值。

到如图 6-9 所示的箱图以及偏离值的具体统计信息(见表 6-5),其中记录了偏离值的个案号及观察值,以便研究者对偏离值进行检验。

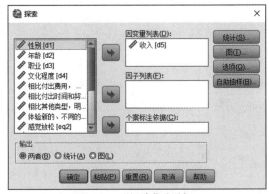

图 6-7 "探索"对话框

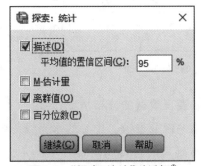

图 6-8 "探索:统计"对话框[①]

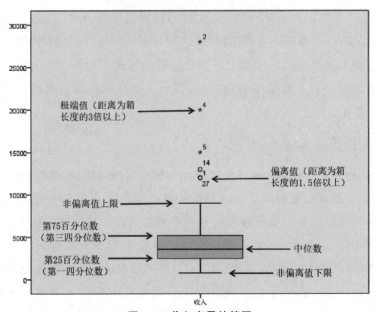

图 6-9 收入变量的箱图

---

① 由于不同版本软件表述差异,离群值即偏离值。

表6-5 极值统计表

			个案号	值
收入	最高	1	2	28000
		2	4	20000
		3	5	15000
		4	14	13000
		5	1	12000[a]
	最低	1	43	800
		2	50	1000
		3	3	1000
		4	49	1500
		5	48	1500

a.上限值表中仅显示一部分具有值12000的案例。

箱图主要以四分位数来表现数据的分布情况,矩形箱所在位置的上边缘与下边缘分别为收入变量的第三与第一四分位数。中心的水平线为中位数所在位置,意思是矩形箱的人数占50%。上下方延长的垂直线代表另外50%分布的情形。如果某一数值离开矩形箱上(下)边缘达到矩形箱长度的三倍以上(以下),则作为极端值处理,用"*"表示。如果某一分数距离为1.5倍矩形箱,则以偏离值处理,用"〇"表示。图中矩形箱的纵向长度越长,以及外延的垂直线越长,代表数据越分散,极端值与偏离值的点数越多,代表偏离情形越严重。中位数上下两侧的延伸线越不相等,表示偏态越明显。此案例中,高收入部分存在极端值和偏离值,低收入部分无任何偏离值,中心线向下偏移,收入变量整体呈现正偏态分布。

(二) 多变量偏离值检验

为解决多变量中可能会存在逻辑性错误和偏离值的问题,在进行数据偏离值检验时还需进行多变量偏离值的检验。这种检验方式是选取一个连续变量作为偏离值检验的目标变量,然后选取分类变量进行分割画面的处理。例如在上述的案例中,研究者想要检查不同职业受访者的收入是否存在偏离值情况,则可以使用图形工具下的箱图功能加以实现。具体操作是,选择"图形(G)"—"旧对话框"—"箱图"菜单项,弹出如图6-10所示的对话框,选择其中的"简单"选项(如果有3个及3个以上的变量则需要考虑选择"簇状"),再点击"定义"按钮。之后便会弹出如图6-11所示的对话框,将收入变量选入"变量"栏,将"职业"选入"类别轴(C)"栏,点击"确定"按钮,即可得到如图6-12所示的箱图。

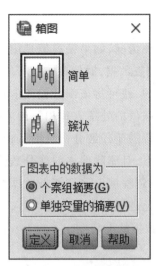

图6-10 "箱图对话框"

图6-11 "定义简单箱图"对话框

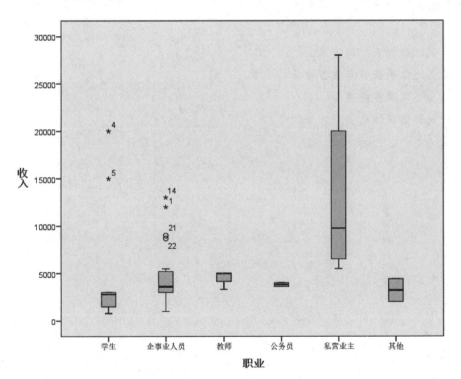

图6-12 双变量箱图(收入为连续变量、职业为类型变量)

从图中可看出,此样本数据中偏离值和极端值出现在学生和企事业人员的受访者中,其中学生分类中有2个极端值,企事业人员分类中分别有2个偏离值和极端值。从矩形箱的长度看出职业为私营业主的受访者的收入分布最为分散,中心线较其他职业的受访者要高,总体收入水平较高。研究者可根据自身的研究情况,对图中还能反映的其他信息进行分析和提炼。

三、偏离值处理

针对不同的情形，偏离值有不同的处理方式。第一种情况，如果偏离值是由于研究者进行数据录入时出错而产生的，此时应该查询原始调查数据，对偏离值进行修正。第二种情况，如果偏离值是由于受访者随便作答而产生的，便可将该部分偏离值转换为遗漏值进行处理，具体处理方式参见本章第二节中遗漏值的处理方式相关内容，但是如果采用遗漏值中的删除法进行处理的话，此时研究者需要仔细分析与确认，切不可轻易删除。第三种情况，在数据样本量足够大的情况下，且删除偏离的部分数值不会影响后续分析，则建议将偏离值进行删除，此举可在一定程度上保证调查数据的有效性。至于选择何种处理方式，研究者需要根据实际情况进行判断。一般而言，研究者在处理过程中应尽量做到在不损失样本的情况下保证数据的准确性。

思考题

1. 简述数据查核的方式。
2. 简述数据查核与数据清洗的关系。
3. 简述遗漏值的类型。
4. 简述偏离值的鉴别方法。

第七章
描述性统计分析

本章概要

描述性分析作为数据分析的起点,通过一系列统计方法和可视化工具,对数据的特征进行详尽描述。它主要包括对数据集中量数和离散量数的度量,以及数据分布形态的描绘。此外,描述性分析还可通过图表直观地反映数据的分布情况。这些分析有助于研究者快速把握数据的整体特征,为后续更深入分析奠定基础。在实际应用中,描述性分析广泛应用于各个领域,对于理解和说明数据具有重要意义。

学习目标

知识目标

(1) 理解描述性统计分析的基本概念、目的及其在数据分析中的重要作用。
(2) 了解数据分布形态的描述方法,理解不同分布形态对数据分析的影响。
(3) 掌握描述性统计量的计算方法,能够熟练运用数学公式和SPSS统计软件计算各类描述性统计量。

能力目标

(1) 能够理解和识别不同类型的数据,包括数量数据和属性数据,并能有效地进行数据处理,如清洗、转换和分组。
(2) 能够熟练掌握并计算各种描述性统计量,从而准确描述数据的中心趋势和离散程度。
(3) 能够通过计算偏度、峰度等指标,分析数据的分布形态,理解数据的形态特征,进一步揭示数据的内在规律。

素养目标

(1) 培养学生的科学思维和创新精神,使学生具备独立思考和解决问题的能力。
(2) 培养学生的诚信意识和求真精神。

第一节 集中量数

一、平均数

平均数,又称平均值(均值),是表示一组数据集中趋势的量数,是指在一组数据中所有数据之和再除以这组数据的个数。平均数是反映数据集中趋势的一项指标,用平均数表示一组数据的情况,具有直观、简明的特点,因此,它是旅游统计分析中重要的观测指标之一。

(一)算术平均数

算术平均数($\overline{X}$)是统计中非常基本且常用的一种平均数。它是用分布数列中所有各单位数值的总和除以全部单位数而得到的值,也就是将 n 个数的总和除以 n,所得的商叫作这 n 个数的算术平均数。其计算公式如下:

$$\overline{X} = \frac{a_1 + a_2 + a_3 + a_4 + \cdots + a_n}{n}$$

例如,某旅行社证件审核处有5名员工,日审核证件数分别为11个、13个、15个、27个和19个,则平均每人日审核证件数为

$$\overline{X} = \frac{11 + 13 + 15 + 27 + 19}{5} = 17(个)$$

除此之外,算术平均数还具有以下特点:①算术平均数是一个良好的集中量数,具有反应灵敏、确定严密、简明易解、计算简单、适合进一步演算,以及较小受抽样变化的影响等特点。②算术平均数反应灵敏,因此易受极端值的影响,而且受极大值的影响大于受极小值的影响。③算术平均数只适用于正态分布。

(二)加权平均数

加权平均数是将各数值乘以相应的权数,然后加总求和得到总体值,再除以总的单位数所得到的值。加权平均数的大小不仅取决于总体中各单位的数值大小,还取决于各数值出现的次数。因为各数值出现的次数对其在平均数中的影响起着权衡轻重的作用,所以它叫作权数。权数越大的数据在总体中所占的比例越大,对加权平均数的影响也越大。在日常生活中,人们常常把"权数"理解为事物所占的"权重"。其计算公式如下:

$$X = \frac{x_1 f_1 + x_2 f_2 + \cdots + x_k f_k}{n}$$

其中,$f_1 + f_2 + \cdots + f_k = n$,$f_1$、$f_2$、$\cdots$、$f_k$ 表示权重。

(三)算术平均数与加权平均数

1. 区别

算术平均数对所有数据点一视同仁,每个数据点的贡献权重相同,适用于数据间没有明显差异的情况。算术平均数是最常用的衡量数据集中趋势的统计量,计算方法简单,计算结果直观,易于理解和说明。算术平均数对数据中所有值都具有相同的重要性,适用于数据分布相对均匀或每个数据点对分析的贡献度相近的情况。而加权平均数考虑了不同数据点的重要性或贡献度,通过赋予不同的数据点不同的权重来计算平均数,适用于数据间具有明显差异或数据重要性不同的情况,它可以更精确地反映数据点的重要性或贡献度。当数据集中存在质量不均、重要性不同或相关度不同的数据点时,加权平均数可以更好地应对这种数据异质性。

2. 联系

加权平均数可以被视为平均数的一种推广形式,当所有数据点的权重相等时,加权平均数退化为平均数。在实际应用中,加权平均数常用于对不同数据点的重要性进行调整或反映,以更准确地描述数据的整体趋势。总体而言,算术平均数和加权平均数都是常用的统计量,用于衡量数据的中心趋势,但加权平均数在处理不同重要性或贡献度的数据时更加灵活和准确。

二、中位数

中位数是指将总体中各单位数值按大小顺序排列,处于数列中点位置的数值,常用M_e表示。中位数将数列分为相等的两部分:一部分的数值小于中位数,另一部分的数值大于中位数。因而,中位数能够反映社会现象的一般水平和集中趋势。

(一)中位数计算

中位数的确定方法依据掌握的资料不同而有所区别。

(1)对于未分组的资料,只需将各变量值按大小顺序排列,根据变量值的个数确定中位数所在位次,即中位数的位置$\frac{n+1}{2}$(其中,n代表变量值的个数)。

(2)对于单项式变量数列,中位数的确定方法是累计次数(向上累计或向下累计)的一半,找出中位数组的数值即可。

(3)对于组距式变量数列,确定中位数所在组的方法与单项式变量数列相同,一般通过下列公式计算确定中位数:

$$M_e = L + \frac{\frac{\sum f}{2} - F_{m-1}}{f_m} \times d$$

或

$$M_e = U - \frac{\frac{\sum f}{2} - F_{m+1}}{f_m} \times d$$

其中,M_e代表中位数;$\sum f$是总体单位总数;L为中位数所在组的下限;U表示中位数所在组的上限;f_m是中位数所在组的次数;F_{m-1}为中位数所在组的前一组的累计次数(向上累计);F_{m+1}为中位数所在组的后一组的累计次数(向下累计);d为中位数所在组的组距。

例如,某旅游网站30名员工处理售后问题时的信息回复效率如表7-1所示。

表7-1 某旅游网站30名员工的信息回复效率

回复效率(条/时)	人数	累计次数(向上累计)	累计次数(向下累计)
0—2	5	5	30
2—4	7	12	25
4—6	10	22	18
6—8	8	30	8
合计	30	—	—

由于$\frac{\sum f}{2} = \frac{30}{2} = 15$,我们可以看出中位数所在组为第三组,则中位数的计算如下:

$$M_e = L + \frac{\frac{\sum f}{2} - F_{m-1}}{f_m} \times d$$
$$= 4 + \frac{\frac{30}{2} - 12}{10} \times 2$$
$$= 4.6(条/时)$$

或

$$M_e = U - \frac{\frac{\sum f}{2} - F_{m+1}}{f_m} \times d$$
$$= 6 - \frac{\frac{30}{2} - 8}{10} \times 2$$
$$= 4.6(条/时)$$

(二)中位数适用范围

中位数是位置平均数,因此,它不受极端值的影响,在有极大或极小数值的分布数列中,中位数比算术平均数更具有代表性。中位数适用于任意分布类型的资料。但是由于中位数只考虑居中位置,其他变量值比中位数大多少或小多少,它是无法反映出来的。所以,用中位数来描述连续变量会损失很多信息。样本量较小时,中位数会不太稳定,并不是一个好的选择。因此,对于对称分布的资料,分析者往往优先考虑使用平均数,往往是在平均数不能使用的情况下才用中位数加以描述。

中位数对于类别型变量、连续型变量都可以使用。对于定序变量来说,虽然有众数和中位数两种统计量可供选择,但是由于众数不考虑变量的次序关系,用众数来描述定序变量会损失很多信息。因此,对于定序变量,应采用中位数来反映更多、更准确的信息。

三、众数

众数是总体中出现次数最多或最普遍的数值。分布数列中最常出现的数值,说明该数值最突出,最能反映数值群体特征,最具有变量数列的代表性。众数反映变量分布的集中趋势,只有集中趋势显著时,才能将众数作为总体的代表值。如果总体单位数很少,就算次数分配较集中,计算出来的众数意义也不大。如果总体单位数较多,但次数分配不集中,即各单位的数值在总体中出现的次数比重较平均,所计算出的众数也意义不大。众数一般用 M_o 表示。

(一) 众数计算

1. 单项数列计算

单项数列的众数通过观察次数获得,即出现次数最多的数值就是众数。

2. 组距数列计算

首先由最多次数来确定众数所在组,然后再用比例插值法推算众数的近似值。其计算公式如下。

下限公式:

$$M_o = X_L + \frac{\Delta_1}{\Delta_1 + \Delta_2} \times d$$

上限公式:

$$M_o = X_U - \frac{\Delta_1}{\Delta_1 + \Delta_2} \times d$$

其中,X_L、X_U 分别表示众数组的下限、上限;Δ_1 表示众数组次数与以前一组次数之差;Δ_2 表示众数组次数与以后一组次数之差;d 表示众数组组距。

(二) 众数特征

众数具有以下特征:

(1) 众数是一种位置平均数,它是以组内单位均匀分布为研究前提条件的,不受数列中各个数值大小的影响。

（2）当分布数列没有明显的集中趋势而趋向均匀分布时，则无众数。

（3）总体中出现次数最多的数值，能直观地说明总体中各单位该数值的集中趋势，因而能说明该现象在数量方面的一般水平。

（4）在不容易计算算术平均数的情况下，众数可直接代替算术平均数。

四、集中量数SPSS案例操作

在集中量数的SPSS案例操作中，本书以民族村寨旅游满意度调查问卷为案例，对其中旅游满意度的3个变量进行集中量数的描述性统计分析。具体操作过程如下：

第一步，打开拟要分析的数据文件，并单击菜单栏中"分析（A）"选项。

第二步，点击"描述统计"按钮，选择"频率（F）"选项，将变量sat1、sat2、sat3选入变量框中，如图7-1所示。

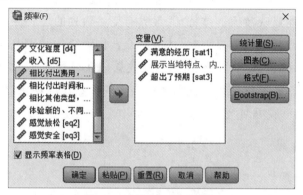

图7-1　"频率（F）"对话框

第三步，在"频率（F）"对话框中，单击"统计量（S）"按钮，打开"频率：统计"对话框，并勾选"平均值（M）""中位数（D）""众数（O）"，如图7-2所示。随后，点击"继续（C）"按钮，返回"频率（F）"对话框并单击"确定"按钮。数据输出结果如表7-2所示。

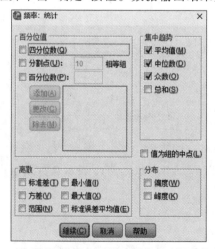

图7-2　勾选"平均值（M）""中位数（D）""众数（O）"

表 7-2　集中量数统计

		sat1	sat2	sat3
N	有效	227	227	227
	缺失	0	0	0
平均数		3.4488	3.3004	3.0871
中位数		3.4500	3.3000	3.0000
众数		3.00	3.00	3.00

分析结果表明,在民族村寨旅游满意度的三个测量题项中,题项 sat1 的平均数为 3.4488,其中位数和众数分别为 3.4500 和 3.00,表明游客对民族村寨旅游的满意经历感知为中等偏上。题项 sat2 的平均数为 3.3004,其中位数和众数分别为 3.3000 和 3.00;题项 sat3 的平均数为 3.0871,其中位数和众数分别为 3.0000 和 3.00,游客感知评分相对于 sat1 的分值略低。

第二节　离散量数

一、全距

全距又称为极差,是一组数据中最大值(Maximum)与最小值(Minimum)之差。它是最简单的变异指标,反映的是变量分布的变异范围或离散幅度。在总体中,任何两个数值之差都不可能超过极差。其计算公式如下:

$$R = X_{\max} - X_{\min}$$

其中,$X_{\max}$ 为数据组中的最大值;$X_{\min}$ 为数据组中的最小值。

全距不仅计算方便,还易于理解。在工业生产过程中,全距常被用来检查产品质量的稳定性和进行质量控制。在正常的生产条件下,产品的质量性能指标(如强度、浓度、长度等)的误差总在一定范围内波动,如果误差超出了一定范围,就说明生产可能会出现问题。利用全距指标可以及时发现生产中存在的问题,采取相应措施,保证产品的质量。值得注意的是,全距指标相对粗略,它只考虑数列两端数值差异,而不能全面考虑中间数值的差异情况,也不受次数分配的影响,因此不能全面反映总体中各单位数值的变异程度。

二、四分位数与四分位差

(一)四分位数

一组数据排序后处于 25% 和 75% 位置上的值,称为四分位数,也称四分位点。四分位数通过3个点将全部数据等分为四部分,其中每一部分包含25%的数据。位于中间的分位数就是中位数,因此,通常所说的四分位数是指处在25%位置上的数值(下四分位数)和处在75%位置上的数值(上四分位数)。与中位数的计算方法类似,根据未分组数据计算四分位数时,先对数据进行排序,然后确定四分位数所在的位置。

(二) 四分位差

四分位差又称内距、四分间距,是指将各个变量值先按大小顺序排列,然后将此数列分成四等份,所得第三个四分位上的值与第一个分位上的值的差。其公式如下:

$$Q = Q_3 - Q_1$$

其中,$Q_1 = \dfrac{(n+1)}{4}$; $Q_3 = 3\dfrac{(n+1)}{4}$。

四分位差反映了中间50%数据的离散程度,其数值越小,说明中间的数据越集中;数值越大,说明中间的数据越分散。计算四分位差的直接目的是排除部分极端值对变异指标的影响,其计算可以看成先从总体分布中剔除最大和最小各1/4的单位,再对总体中剩下的一半单位计算全距。因此,四分位数间距适用于任意分布类型的资料,它与全距(极差)的区别在于计算范围较窄,反映的是处于分布中间半数单位的变异幅度。

四分位差主要用于测度顺序型数据的离散程度,它克服了极差容易受极端值的影响这一缺陷。此外,由于中位数处于数据的中间位置,四分位差的大小在一定程度上也说明了中位数对一组数据的代表程度。

三、方差与标准差

(一) 方差

方差是衡量随机变量或一组数据的离散程度的度量。在许多实际问题中,研究方差即偏离程度有着重要意义。在统计描述中,方差用来计算每一个变量与总体均数之间的差异。为避免出现离均差总和为零,统计学采用平均离均差平方和来描述变量的变异程度。

方差的计算公式主要有两种形式,它们都是基于数据集的均值和各个数据点与均值之间的差的平方来计算的,具体分为总体方差和样本方差两种方式。

总体方差是用于计算整个数据集的方差,描述数据集中数据点的离散程度。假设有一个数据集X,包含N个数据点$X_1, X_2, \cdots, X_N$,其均值为μ,则总体方差σ^2的计算公式如下:

$$\sigma^2 = \frac{1}{N} \sum_{i=1}^{N} (X_i - \mu)^2$$

样本方差是用于计算从总体中抽取的一个样本的方差,描述样本中数据点的离散程度。假设有一个样本数据集X,包含n个样本点$X_1, X_2, \cdots, X_n$,其样本均值为$\overline{X}$,则样

本方差 S^2 的计算公式如下：

$$S^2 = \frac{1}{n-1}\sum_{i=1}^{n}(X_i - \overline{X})^2$$

需要注意的是，在实际应用中，通常使用样本方差来估计总体方差，因为在实际操作中，我们往往只能获得一个样本数据集，而无法获得整个总体数据集。

对方差的统计意义的解释主要有以下三个方面：①方差为零意味着所有数据点完全相等，没有差异，数据集完全集中在均值附近。②方差值较大意味着数据点之间的差异较大，数据集分散程度较高。③方差值较小意味着数据点之间的差异较小，数据集更加稳定和集中。方差提供了对数据集中数据点分布和偏离程度的直观理解，有助于分析数据的离散程度和变异性。与此同时，在方差与数据稳定性关系方面，方差越大表示数据点波动或变化幅度较大，数据集的稳定性较低；方差较小则表示数据点的波动或变化幅度较小，数据集的稳定性较高。

（二）标准差

标准差是总体中各单位标准值与其平均数离差平方的算术平均数的平方根，即方差的平方根。它表示一个数据组中变异性的平均数量。标准差的计算公式有两种形式，它们在数学上是等价的，但根据数据不同的已知信息（如均值和样本大小），可以选择不同的公式进行计算，具体分为总体标准差和样本标准差两种方式。

总体标准差，当已知总体数据（即全部数据，而非样本）时，可以使用以下公式计算总体标准差：

$$\sigma = \sqrt{\frac{1}{N}\sum_{i=1}^{N}(X_i - \mu)^2}$$

样本标准差，当只有样本数据（即从总体中抽取的一部分数据）时，需要使用以下公式计算样本标准差，以考虑样本估计总体时的不确定性：

$$S = \sqrt{\frac{1}{n-1}\sum_{i=1}^{n}(X_i - \overline{X})^2}$$

四、离散量数 SPSS 案例操作

在离散量数的 SPSS 案例操作中，本书选择民族村寨旅游满意度调查问卷为案例，对其中旅游满意度的 3 个变量进行离散量数的描述性统计分析。具体操作过程如下：

第一步，打开数据，并单击菜单栏中"分析(A)"选项。

第二步，单击"描述统计"按钮，选择"频率(F)"，将变量 sat1、sat2、sat3 选入变量框中。

第三步，在"频率(F)"对话框中，单击"统计量(S)"按钮，打开"频率：统计"对话框，并勾选"四分位数(Q)""标准差(I)""方差(V)""范围(N)"，如图 7-3 所示。随后，单击"继续(C)"按钮，数据输出结果如表 7-3 所示。

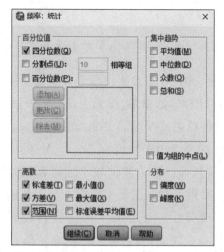

图7-3 勾选"四分位数(Q)""标准差(I)""方差(V)""范围(N)"

表7-3 离散变量分析统计

		sat1	sat2	sat3
N	有效	227	227	227
	缺失	0	0	0
标准差		0.68429	0.75731	0.76913
方差		0.468	0.574	0.592
全距		4.00	4.00	4.00
百分位数	25	3.0000	3.0000	3.0000
	50	3.4500	3.3000	3.0000
	75	4.0000	4.0000	3.0900

分析结果表明,在民族村寨旅游满意度的三个测量题项中,题项sat1的标准差为0.68429,方差为0.468,全距为4.00,其四分位数的三个点位分别为3.0000、3.4500和4.0000。从方差指标来看,sat1与sat2和sat3的方差虽均集中在0.4到0.6之间,但sat1的方差最小,这意味着sat1的数据集更加稳定和集中在均值附近。相对而言,sat2和sat3的数据集分散程度偏高。

第三节 偏度与峰度

一、偏度

偏度是统计数据分布偏斜方向和程度的度量,是统计数据分布非对称程度的数字

特征,记作SK。它也被称作偏态、偏态系数。其计算公式如下:

$$SK = \frac{\frac{1}{n}\sum_{i=1}^{n}(X_i - \overline{X})^3}{S^3}$$

其中,n表示观测值的数量;X_i表示第i个观测值;$\overline{X}$表示所有观测值的平均数;S表示所有观测值的标准差。如果偏度为0,那么它的平均数、中位数和众数将会重合,即平均数=中位数=众数,且其他所有的数值完全以对称的形式分布在这三个数值的左右两侧,如图7-4所示。

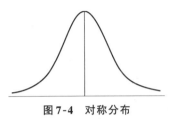

图7-4　对称分布

若数据分布不对称,那么平均数、中位数和众数必定处在不同的位置。此时,若以平均数为参照点,位于平均数左侧的数据较多,长尾拖在右侧,称之为右偏分布(偏度>0)。这种右偏意味着数据集中程度较高的值比数据集中程度较低的值分布得更广,取值小的数据发生概率大,如图7-5所示。在右偏分布场合,通常是众数<中位数<平均数。

若以平均数为参照点,位于平均数右侧的数据较多,长尾拖在左侧,称之为左偏分布(偏度<0)。这种左偏意味着数据集中程度较低的值比较高的值分布得更广,取值大的数据发生概率大,如图7-6所示。在左偏分布场合,通常是平均数<中位数<众数。

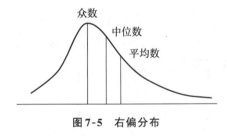

图7-5　右偏分布

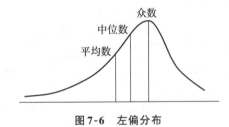

图7-6　左偏分布

二、峰度

峰度,又称峰态系数,记为K,是测定次数分布曲线顶端的尖峭或扁平程度的指标,它直观上反映了峰部的尖度,用来衡量数据分布陡峭的程度,其值可以帮助我们判断数据相对于正态分布而言是陡峭还是平缓。

计算公式如下:

$$\beta = \frac{M_4}{\sigma^4} = \frac{M_4}{\sqrt{M_2^2}} = \frac{M_4}{M_2}$$

当$\beta=3$时,次数分布曲线为正态曲线;当$\beta<3$时,次数分布曲线为平顶曲线;当$\beta>3$时,次数分布曲线为尖顶曲线。β值越小,次数分布曲线顶端越平缓;β值越大,次数分布曲线顶端越陡峭。

图7-7所示为峰度分布情况,分布情况可以做如下描述：

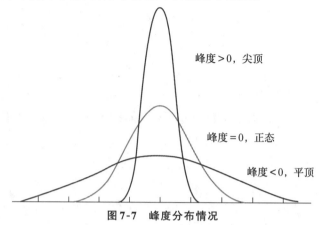

图7-7　峰度分布情况

(1)正峰度(尖顶峰度)。当峰度>0时,数据分布相对于正态分布更为陡峭,尾部相对于峰顶更加厚,分布为重尾分布。这通常意味着数据集中存在一些极端值或异常值,使得分布曲线在平均值附近更为陡峭。

(2)零峰度(正态峰度)。当峰度=0时,表示数据分布与正态分布的陡缓程度相同,尾部与峰顶处于正常状态,符合正态分布的特征。

(3)负峰度(平顶峰度)。当峰度<0时,表示数据分布相对于正态分布更为平缓,尾部相对于峰顶较为薄,分布为轻尾分布。这可能意味着数据集中没有太多极端值,分布曲线在平均值附近较为平坦。

第四节　数据标准化处理

一、数据标准化

数据的标准化处理是一种常见的数据预处理技术,它通过将原始数据转换为具有统一尺度的标准形式,来消除不同特征之间的量纲差异和尺度差异。这种转换通常涉及对原始数据进行数学变换,使得处理后的数据具有特定的统计特性,如将数据转换为均值为0、标准差为1的标准正态分布形式。

对原始数据进行标准化处理,主要原因有以下几点。

1. 消除量纲和尺度影响

不同的特征可能有不同的单位和量纲,如身高可能是以厘米为单位,而体重可能是以千克为单位。这些不同的单位和尺度可能导致某些算法在处理数据时产生偏差。标准化处理能够将不同特征的数据转换到同一尺度上,使它们在进行比较或计算时具有相同的权重。

2. 提升模型稳定性

标准化处理可以使模型对输入数据的微小变化不太敏感，从而提高模型的稳定性。这在处理具有噪声或异常值的数据集时尤为重要。

3. 便于特征比较和解释

经过标准化处理后，所有特征都位于相同的尺度上，这使得特征之间的比较更加直观和易于解释。

二、数据标准化类型

（一）指标一致化

指标一致化处理是数据标准化处理中的一种重要类型，主要用于解决数据之间不同性质的问题。在评价多个不同指标的作用时，常常会遇到数值越大越好的正指标和数值越小越好的逆指标。当同时评价这两类指标的综合作用时，由于它们的作用方向不同，直接相加并不能正确反映不同作用方向产生的综合结果。因此，研究者需要对逆指标进行一致化处理，改变其性质和作用方向，使所有指标作用方向一致化，从而得出适宜的结果。

常见的指标一致化处理方式主要有以下几种。

1. 倒数一致化

针对逆指标，可以通过取原始数据的倒数来将其转化为正指标。公式如下：

$$X' = \frac{1}{x} \quad (x > 0)$$

但需要注意的是，倒数一致化可能会改变原始数据的分散程度，使得原始数据中较小的数值经过倒数一致化后变得很大，而原本较大的数值则变得相对较小，影响综合评价的准确性。这种处理方式可能导致数据的实际差异扩大，这将对综合评价产生不利影响。

2. 减法一致化

利用该指标的最大范围临界值(M)减去每一个原始数据，公式如下：

$$X' = M - x$$

减法一致化不会改变数据的分散程度，即原始数据中的相对差异在一致化处理后仍然保持不变。这使得减法一致化的结果相对于倒数一致化而言更加稳定。并且，由于减法一致化是通过去减一个固定的上界值来实现一致化的，它不会受到原始数据中极端值的影响。这使得减法一致化在处理包含异常值或极端值的数据集时更加可靠。

（二）无量纲化

数据无量纲化处理，旨在解决数据之间可比性的问题。由于不同变量自身的量纲不同，数据的量级存在较大差异而无法直接进行比较（如旅游服务质量和旅游景区等级）。因此，为了消除不同变量量纲的影响，比较不同变量之间的作用和关系，研究者需要对数据进行无量纲化处理，将其转化为无量纲的纯数值来进行分析。

常见的无量纲化处理方式有以下几种。

1. Z分数标准化法

Z分数又称标准分数，是一个实测值与平均数之差再除以标准差的结果。Z分数标准化是数据处理的一种常用方法。通过此法，研究者能够将不同量级的数据转化为统一量度的Z分数值进行比较。

其公式如下：

$$Z=(x-\mu)/\sigma$$

其中，x为某实测值，μ为平均数，σ为标准差。Z分数代表着实测值和总体平均值之间的距离，以标准差为单位计算。大于平均数的实测值会得到一个正的Z分数，小于平均数的实测值会得到一个负的Z分数。Z分数通过$(x-\mu)/\sigma$将两组或多组数据转化为无单位的Z分数，使得数据标准统一化，提高了数据可比性，削弱了数据解释性。经过Z分数标准化后，数据将符合标准正态分布，即将有约一半观察值的数值小于0，另一半观察值的数值大于0，变量的均值为0，标准差为1，变化范围为$-1 \leqslant Z \leqslant 1$。

但是Z分数的应用有以下要求：①估算Z分数需要总体的平均值与方差，但是这一值在真实的分析与挖掘中很难得到，大多数情况下是用样本的均值与标准差替代。②Z分数对于数据的分布有一定的要求，正态分布是最有利于Z分数计算的。③Z分数消除了数据具有的实际意义，因此，Z分数只能用于比较数据间的结果，数据的真正意义还需要还原原值。

2. 极差标准化法

极差标准化法也称为极差正规化或离差标准化。这种方法是通过计算原始数据的最大值和最小值之间的极差，然后将每个原始数据值映射到新的标准化值，通常在0和1之间。其原理是定义最好的指标属性值为1，最差的指标属性值为0，其余的指标属性值均用线性插值方法得到其规范值。具体的操作方法如下：

第一步，找出该指标的最大值（X_{max}）和最小值（X_{min}），并计算极差，公式如下：

$$R = X_{max} - X_{min}$$

第二步，用该变量的每一个观察值（X）减去最小值（X_{min}），再除以极差（R），公式如下：

$$X' = \frac{X - X_{min}}{X_{max} - X_{min}}$$

经过极差标准化方法处理后，无论原始数据是正值还是负值，该变量各个观察值的数值变化范围都满足 $0 \leqslant X' \leqslant 1$，并且正指标、逆指标均可转化为正向指标，作用方向一致。但是如果有新数据加入，则可能会导致最大值（$X_{\max}$）和最小值（$X_{\min}$）发生变化，这时研究者就需要进行重新定义，并重新计算极差（R）。

（三）Z分数标准化SPSS案例操作

在SPSS中进行Z分数标准化处理，其操作过程如下：第一步，打开数据，并单击菜单栏中“分析（A）”，随后点击“描述统计”，单击“描述”。第二步，将需要进行标准化的变量选入“变量（V）”框，勾选“将标准化值另存为变量（Z）”，点击“确定”按钮（见图7-8）。这里需要解释一下什么是“将标准化值另存为变量”。标准化值用来描述原始数据和平均值之间的差异，如果标准化值为负数，代表原始数据低于平均值，如果是正数则表示原始数据高于平均值。另存为变量的意思是，将这些标准化值在数据集中生成一个新的变量。

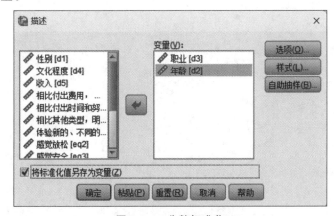

图7-8　Z分数标准化

计算完成之后，会导出相应的描述统计表，且在数据视图中新增加标准化后的数据列，如图7-9所示。

	pv2	pv3	eq1	eq2	eq3	sat1	sat2	sat3	bi1	bi2	bi3	Zd3	Zd2	变量
1	4.00	4.00	4.00	4.00	4.00	4.00	4.00	4.00	4.00	4.00	4.00	-1.12595	-2.20744	
2	3.00	3.00	4.00	3.00	4.00	3.00	3.00	2.00	3.00	3.00	4.00	-1.12595	-2.20744	
3	4.00	1.00	3.16	5.00	5.00	3.00	4.00	5.00	4.00	5.00	2.00	-1.12595	-2.20744	
4	3.00	4.00	5.00	5.00	5.00	5.00	5.00	4.00	3.00	5.00	5.00	-1.12595	-1.21518	
5	4.00	4.00	4.00	3.00	4.00	5.00	4.00	4.00	4.00	4.00	4.00	-1.12595	-1.21518	
6	4.00	4.00	4.00	4.00	4.00	4.00	4.00	4.00	4.00	4.00	4.00	-1.12595	-1.21518	
7	4.00	5.00	3.00	4.00	3.00	4.00	4.00	4.00	4.00	4.00	4.00	-1.12595	-1.21518	
8	4.00	3.00	3.00	4.00	4.00	4.00	4.00	3.00	2.00	3.00	4.00	-1.12595	-1.21518	
9	2.00	3.00	4.00	5.00	3.00	3.00	3.00	3.00	3.00	4.00	3.00	-1.12595	-1.21518	
10	1.00	3.00	2.00	1.00	1.00	3.00	1.00	4.00	2.00	4.00	1.00	-1.12595	-1.21518	
11	4.00	3.00	4.00	3.00	3.00	3.00	4.00	4.00	2.00	3.00	3.00	-1.12595	-2.20744	
12	5.00	5.00	5.00	5.00	5.00	5.00	4.00	4.00	4.00	3.00	5.00	-1.12595	-1.21518	
13	1.00	2.00	3.00	5.00	5.00	1.00	3.00	1.00	1.00	1.00	5.00	-1.12595	-1.21518	

图7-9　Z分数值

Note

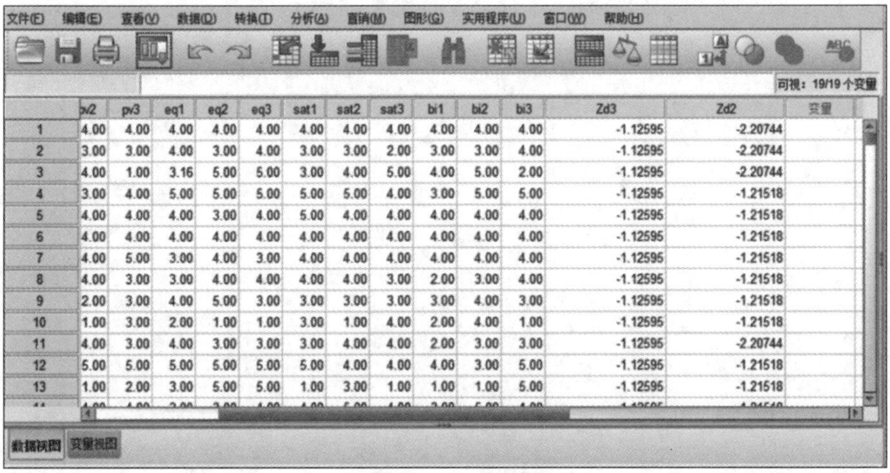

思考题

1. 如何解释一个数据集中没有众数的情况？这种情况通常意味着什么？
2. 如果一个数据集的标准差很小，这通常说明了什么？标准差大又意味着什么？
3. 偏态系数如何帮助我们理解数据的偏斜程度？正偏态和负偏态分别表示什么？

第八章 抽样分布与假设检验

本章概要

抽样分布主要研究的是从总体中随机抽取的样本统计量的分布特性。这一部分将详细介绍几种常见的抽样分布类型,如正态分布、t 分布、卡方分布等,并探讨这些分布的特点、适用条件及其在统计学中的应用。通过理解抽样分布,学生可以更好地了解样本统计量与总体参数之间的关系,为后续的假设检验提供理论基础。在本章,学生将学习如何设定原假设和备择假设,如何选择合适的检验统计量,以及如何确定临界值和计算检验统计量的值。

学习目标

知识目标

(1) 理解抽样分布的概念和性质,掌握不同抽样分布类型的特征和适用条件。
(2) 掌握假设检验的基本原理和步骤,了解假设检验相关知识点。
(3) 理解假设检验中第一类错误和第二类错误的概念。

能力目标

(1) 能够根据实际问题选择合适的抽样方法和抽样分布类型。
(2) 能够运用假设检验方法进行参数的估计和推断,解决实际问题。
(3) 能够独立进行假设检验的计算和分析,得出合理的结论。

素养目标

(1) 培养学生的科学精神和严谨态度,使其在进行抽样和假设检验时能够遵循科学的方法和原则,并引导学生树立正确的统计观念,理解统计在解决实际问题中的重要作用和价值。
(2) 通过学习假设检验中的错误控制和决策过程,培养学生的批判性思维和决策能力,使其面对复杂问题时能够做出正确的判断和选择。

第一节 抽样分布

一、抽样分布概述

抽样分布也称统计量分布、随机变量函数分布,是指从一个特定的总体中,按照某种抽样方法重复多次抽取样本,并计算相应的样本统计量(如样本平均数、样本比例、样本方差等)后,这些样本统计量的所有可能取值所形成的概率分布。因为每次抽取的样本都是随机的,所以每次计算得到的样本统计量值也会有所不同,抽样分布描述了这些样本统计量值的分布形态和概率特征。通过了解抽样分布,我们可以对样本统计量的可能取值范围、集中趋势、离散程度及形状等有更深入的认识。在统计学中,我们通常使用样本统计量来估计总体参数,而抽样分布则描述了这些样本统计量的变化情况,从而帮助我们进行统计推断。

抽样分布的性质取决于样本的大小和总体的性质。其中,较重要的概念之一是中心极限定理。该定理指出,在一定条件下,当样本容量足够大时,样本均值的抽样分布近似服从正态分布。这意味着,无论总体的分布形态如何,只要样本容量足够大,样本均值的抽样分布都会接近于正态分布,这为统计推断提供了重要的理论基础。

此外,抽样分布还包括以下重要特征:

(1)抽样分布的标准误差可用来衡量样本统计量与总体参数之间的差异,标准误差的大小取决于样本容量和总体标准差。

(2)根据抽样分布可以计算出样本统计量的置信区间,用来对总体参数进行区间估计。置信区间提供了一种估计总体参数的方法,同时反映了估计的不确定性。

(3)通过抽样分布可以进行假设检验,用来判断样本统计量与总体参数之间是否存在显著差异。在假设检验中,研究者可以根据抽样分布计算出统计量的临界值,从而进行假设检验的判断。

二、大数定律与中心极限定理

(一)大数定律

大数定律是一种描述当试验次数很多时所呈现的概率性质的定律。简单而言,大数定律是指某个随机事件在单次试验中可能发生也可能不发生,但在大量重复实验中往往呈现出明显的规律性,即该随机事件发生的频率会向某个常数值收敛,该常数值即为该事件发生的概率。大数定律并非经验规律,而是在一些附加条件上经过严格证明了的定理。它包括多种不同的形式,每种形式都有其特定的适用条件和结论。下面简单介绍两种大数定律的常见形式。

1. 切比雪夫大数定律

切比雪夫大数定律指出，对于一组独立同分布的随机变量，如果它们的数学期望存在，那么当试验次数趋于无穷时，这些随机变量的算术平均值几乎必然收敛于其数学期望。公式如下：

设 $X_1, X_2, \cdots, X_n$ 是一组相互独立的随机变量，它们的期望和方差都存在且有限，记为 $E(X_i) = \mu_i$ 和 $D(X_i) = \sigma_i^2$，其中 $i = 1, 2, \cdots, n$。令 $S_n = X_1 + X_2 + \cdots + X_n$，则对于任意给定的正数 ε，有：

$$\lim_{n \to \infty} P\left(\left| \frac{S_n}{n} - \frac{\sum_{i=1}^{n} \mu_i}{n} \right| < \varepsilon \right) = 1$$

公式的意义在于，当试验次数 n 越来越大时，随机变量的平均值 $\frac{S_n}{n}$ 偏离其期望值 $\frac{\sum_{i=1}^{n} \mu_i}{n}$ 的概率越来越小。换句话说，$\frac{S_n}{n}$ 以概率收敛于 $\frac{\sum_{i=1}^{n} \mu_i}{n}$。

为了确保定律的适用性和准确性，切比雪夫大数定律的应用需要满足一定的条件，包括随机变量的独立性、数学期望和方差的存在性，以及方差的有限性。

2. 伯努利大数定律

伯努利大数定律是指在大量重复进行的独立随机试验中，某一事件发生的频率会趋近于它的概率。当试验次数足够多时，随机事件发生的频率将趋近于一个稳定的值，这个值就是该事件在一次试验中发生的概率。其公式如下：

设 f_n 为 n 重伯努利试验中事件 A 发生的次数，p 为事件 A 在每次试验中发生的概率。对于任意给定的实数 $\varepsilon > 0$，当 n 趋向于无穷大时，事件 A 在 n 重伯努利试验中发生的频率 f_n/n 将无限接近于事件 A 在一次试验中发生的概率 p。公式如下：

$$\lim_{n \to \infty} P\left(\left| \frac{f_n}{n} - p \right| < \varepsilon \right) = 1$$

为了确保定律的适用性和准确性，伯努利大数定律的应用需要满足一定的条件，包括随机试验的独立性、相同分布性，以及试验次数的足够多。

（二）中心极限定理

中心极限定理是概率论中讨论随机变量序列部分和分布渐近于正态分布的一类定理。该定理指出，当一组数据的样本数足够大时，它们的分布接近正态分布，为钟形曲线。大量独立随机变量的平均值在适当标准化后会趋近于正态分布，无论这些随机变量本身服从什么分布。中心极限定理的数学形式如下：

$$\overline{X} \sim N(\mu, \sigma^2/n)$$

其中，$\overline{X}$表示样本均值，μ表示总体均值，σ表示总体标准差，N表示正态分布。

中心极限定理的基本原理主要基于以下几个方面。

1. 独立同分布

这是中心极限定理应用的基础。随机变量需要是独立的，意味着一个随机变量的取值不会受到其他随机变量取值的影响。同时，这些随机变量还需要是同分布的，即它们具有相同的数学期望和方差等统计特性。

2. 大数定律

中心极限定理实际上是大数定律的一种体现。大数定律表明，当样本量足够大时，样本均值会趋近于总体均值。中心极限定理进一步指出，这种样本均值的分布会趋近于正态分布。

3. 正态分布的近似

无论原始随机变量的分布形态如何，只要样本量足够大，其和的分布都将趋近于正态分布。这一特性使得我们可以利用正态分布的性质来分析和处理这些随机变量的和或均值，从而简化了复杂问题的处理过程。

三、正态分布

正态分布，也称为常态分布或高斯分布，最早由棣莫弗在求二项分布的渐近公式中得到，并由高斯在研究测量误差时从另一个角度导出。其定义如下：

若连续性随机变量x的概率密度函数为

$$f(x) = \frac{1}{\sqrt{2\pi}\sigma} \exp\left(-\frac{(x-\mu)^2}{2\sigma^2}\right)$$

其中，μ为均值，σ^2为方差，则称随机变量X服从正态分布，记为$x \sim N(\mu, \sigma^2)$。不同的μ、不同的σ，对应不同的正态分布。均值μ描述了正态分布的平均水平，决定了正态曲线在x轴上的位置；而标准差σ则描述了正态分布的变异程度，决定了正态曲线的分布形状，也就是分布的幅度。当$\mu=0, \sigma=1$时，正态分布就被称为标准正态分布。一般说来，若某一随机变量受多种相互独立的随机因素的影响，而每一种随机因素所起的作用又是极其微小的，那么该随机变量就近似服从正态分布。

除此之外，正态分布还具有以下特征：

（1）正态分布曲线是关于其均值μ对称的。这意味着，如果随机变量X服从正态分布，那么在均值μ的左侧和右侧，分布曲线呈现出完全对称的形状，因此，正态分布具有对称性。

（2）正态分布曲线的高峰位于均值μ处，也就是说，大部分数据点都集中在均值附近，而远离均值的数据点则相对较少。

(3) 在正态分布中,标准差值影响分布曲线形态,标准差越大,个体差异越大,正态曲线也越扁平;反之,标准差越小,个体差异越小,正态曲线也越尖峭。因此,标准差被称为正态分布的尺度参数。

(4) 曲线无论向左或向右延伸,都越来越接近横轴,但不会与横轴相交,以横轴为渐进线。除此以外,正态曲线下的面积也有一定的分布规律,称为"3σ原则",即大约68.26%的数值分布在均值$\mu \pm \sigma$的范围内,大约95.44%的数值分布在均值$\mu \pm 2\sigma$的范围内,而几乎全部的数值都分布在均值$\mu \pm 3\sigma$的范围内。

四、常用的抽样分布

有很多统计推断是基于正态分布假设的,以标准正态分布变量为基石而构造的三个著名统计量在实际中有广泛的应用,这是因为这三个统计量不但有明确背景,而且其抽样分布的密度函数有显式表达式,它们被称为统计中的三大抽样分布。这三大抽样分布即为t分布、卡方分布和F分布。

(一) t分布

t分布,是由英国统计学家威廉·戈塞于1908年提出的。它是一种正态分布的变体,与正态分布密切相关。

设随机变量$X \sim N(0,1)$,$Y \sim X^2(n)$,且X和Y独立,$T = \dfrac{X}{\sqrt{Y/n}}$则称为自由度为$n$的$t$变量,其分布称为$n$的$t$分布,记为$T \sim t_n$。

其中,自由度是指在不影响给定限制条件的情况下,可以自由变换信息的数量,可以将自由度看作估算其他信息时可有的独立信息数量。t分布主要用于计算样本统计量与总体参数之间的差异,我们可以根据小样本来估计呈正态分布且方差未知的总体的均值。当样本容量不大,总体方差未知时,我们使用t分布可以更加准确地估计总体均值的分布。

t分布的曲线随着自由度的变化而变动,随着自由度的增大,t分布曲线逐渐逼近标准正态曲线。当自由度较小时,t分布曲线较为扁平,尾部较厚;随着自由度的增加,曲线逐渐变得陡峭,尾部变薄。当自由度无穷大时,t分布曲线与标准正态曲线完全重合。

t分布的应用十分广泛,主要体现在以下几个方面:

(1) 小样本假设检验。当样本容量不大且总体方差未知时,t分布可以用于检验小样本的总体均值。例如,我们想要判断两组样本均值是否有显著差异时,可以使用t检验。

(2) 置信区间估计。在统计推断中,置信区间用于估计总体参数的范围。当样本容量较小或总体标准差未知时,t分布可以用来构建置信区间。将样本均值与t分布的临界值相乘,可以得到置信区间的上下界。

(3) 回归分析。回归分析是统计学中一种重要的方法,用于研究因变量与自变量之间的关系。当样本容量较小且误差项服从正态分布时,我们可以使用t分布进行回归系数的显著性检验。通过比较回归系数与t分布的临界值,可以判断回归系数是否显著不为零。

（二）卡方分布

卡方分布是由恩斯特·卡尔·阿贝于1863年首先提出的,后来由弗里德里希·罗伯特·海尔墨特和卡·皮尔逊分别于1875年和1900年推导出来。

若n个相互独立的随机变量$\xi_1, \xi_2, \cdots, \xi_n$均服从标准正态分布（也称独立同分布于标准正态分布）,则这n个随机变量的平方和构成一个新的随机变量,其分布规律称为卡方分布。卡方分布是由多个独立、同分布于标准正态分布的随机变量的平方和所构成的分布。

在卡方分布中,卡方值都是正值,所以卡方分布在第一象限内,呈正偏态（右偏态）,随着参数的增大,卡方分布趋近于正态分布。卡方分布的形状取决于其自由度n的大小,通常为右偏分布,随着自由度的增大,卡方分布向正无穷方向延伸,分布曲线也越来越低阔。不同的自由度决定不同的卡方分布,自由度越小,分布曲线越陡峭;自由度越大,分布曲线越平缓。

卡方分布的核心思想在于利用样本数据来检验我们关于总体的某种假设是否成立。具体来说,当我们想要了解一个总体的分布是否与某个特定的期望分布存在显著差异时,或者想要判断两个分类变量之间是否存在相关性或独立性时,卡方分布为我们提供了一个有效的工具。因此,卡方分布可以用于以下情况:

（1）差异度量。卡方分布通过计算卡方统计量来衡量实际频数与期望频数之间的差异。这个统计量反映了样本数据与预期模型之间的偏差大小,为我们提供了一个量化差异的工具。

（2）假设检验。基于卡方统计量,我们可以进行假设检验。例如,在拟合优度检验中,我们假设总体服从某个特定的分布,然后通过计算卡方统计量来判断样本数据是否支持这一假设。如果卡方统计量过大,超出了特定自由度下的临界值,那么我们倾向于拒绝原假设,认为实际观测结果与理论预期存在显著差异。

（3）分类变量关系推断。在独立性检验中,卡方分布用于推断两个分类变量之间是否独立。通过比较卡方统计量与临界值,我们可以判断观察到的频数分布是否显著偏离了独立假设下的期望频数分布,从而推断两个变量之间是否存在某种关联或依赖关系。

（三）F分布

F分布是由英国统计学家罗纳德·费希尔提出。F分布是统计学中的一个重要概率分布。它主要用于方差分析和回归分析等统计推断中,是检验两个或两个以上总体的方差是否具有显著差异的一种重要方法。

设随机变量 $X \sim x^2(m)$, $Y \sim x^2(n)$, 且 X 和 Y 独立, $M = \dfrac{X/m}{Y/n}$ 则是自由度为 m 和 n 的 F 分布,记为 $F \sim F(m, n)$, F 分布的形状取决于自由度参数 m 和 n。当 $m = n$ 时, F 分布呈现对称形态; 当 $m > n$ 时, F 分布向右偏倾斜; 当 $m < n$ 时, F 分布向左偏倾斜。

由于 F 分布的形状和特性可以通过调整自由度参数来改变。这使得 F 分布能够适应不同场景和需求,为各种统计问题提供合适的解决方案。F 分布主要运用于以下情况:

(1) 方差分析。在统计学中,方差分析是一种常用的方法,用于比较不同来源的变异对总变异的贡献大小,从而确定可控因素对研究结果影响力的大小。F 分布在此处扮演着重要角色,因为它可以用于检验多个样本组的方差是否具有显著差异。通过计算 F 统计量并与 F 分布进行比较,我们可以判断不同样本组之间的方差是否相等,进而推断出各因素对总体方差的贡献程度。

(2) 回归分析。回归分析是一种研究变量之间关系的统计方法。F 分布可以用于检验回归模型的显著性,即判断解释变量整体上是否对被解释变量有显著影响。通过计算 F 统计量并与 F 分布进行比较,我们可以判断回归模型是否成立,从而进一步分析各解释变量对被解释变量的具体影响。

(3) 假设检验。在统计学中需要进行假设检验来验证某种假设是否成立。F 分布可以用于进行方差齐性检验、协方差分析等假设检验。例如,在比较两个样本组的方差时,我们可以利用 F 分布来判断两个样本组的方差是否相等,从而验证我们的假设是否成立。

第二节　假 设 检 验

一、假设检验原理

(一) 假设检验核心思想

假设检验是统计学中的一种重要方法,用于判断样本与样本、样本与总体的差异是由抽样误差引起还是本质差别造成的统计推断方法。其基本原理是先对总体的特征做出某种假设,然后通过抽样研究的统计推理,对此假设应该被拒绝还是接受做出推断。

假设检验的核心思想是反证法,它首先设定一个原假设(通常是研究者想要证明为不成立的假设),然后收集样本数据,并根据这些数据来检验原假设是否成立。假设检验依据小概率事件原理来判断样本数据与总体假设之间的差异是否显著,在进行假设检验时,研究者需要预先设定一个显著性水平(通常为α),该水平表示在原假设成立的情况下,拒绝原假设所犯错误的概率。显著性水平的设定直接影响假设检验的结果,不同的显著性水平可能导致不同的决策。假设检验得出的结论是基于样本数据和显著性水平的概率性判断,而非绝对的肯定或否定。因此,即使拒绝了原假设,我们也不能完全确定备择假设的正确性,只能说在当前样本和显著性水平下,备择假设相对于原假设更为合理。

(二)假设检验分析过程

假设检验的具体过程如下:

(1)建立假设。首先提出原假设,记为H_0,设立原假设的目的在于检验中要予以拒绝或接受的假设,原假设总是假定总体没有显著性差异,所有差异都是由随机原因引起的,所以这种假设又称无效假设。然后提出备择假设,记为H_1,如果原假设被拒绝,相当于接受了备择假设,因此,备择假设也就是原假设的对立事件。

(2)确定检验统计量。根据样本信息计算检验统计量的实际值。

(3)选择显著水平α,求出相应的临界值。假设检验是围绕原假设展开的。如果原假设正确而接受原假设(同时拒绝了备择假设),或原假设错误而拒绝原假设(同时也就接受了备择假设),这表明做出了正确的决定。但是,由于假设检验是根据样本提供的信息进行推断的,也就有犯错误的可能。如果原假设正确,而我们却把它当成错误的加以拒绝。犯这种错误的概率就是假设检验中的显著性水平α,也就是决策中所面临的风险。所以,显著性水平是指当原假设正确时人们却把它拒绝了的概率或风险。这个概率是人为确定的,通常取$\alpha=0.05$或$\alpha=0.01$。这表明,做出接受原假设的决定时,其正确的可能性为95%或99%,这就相当于区间估计中的置信水平$(1-\alpha)$。根据显著性水平α和统计量的分布,我们可以找出接受域和拒绝域的临界点。如果使用Z统计量,其临界点双侧假设检验时为$Z_{\frac{\alpha}{2}}$,单侧检验时为Z_α。

(4)将实际求得的检验统计量取值与临界值进行比较,做出拒绝或接受原假设的决策。如果样本统计量取值超过临界值,说明原假设落入拒绝域中,我们就选择拒绝原假设;如果样本统计量的取值小于临界值,原假设落入接受域中,我们就不能拒绝原假设,而必须接受原假设或做进一步的检验。

二、零假设与备择假设

在进行假设检验时,正确设定零假设(H_0)和备择假设(H_1)是至关重要的。这两种假设是假设检验的基石,它们代表了两种相互对立的情况。

(一)零假设(H_0)

零假设通常表示"无效果"或"无差异"的状态。它是一种默认假设,表明样本观测结果仅由随机变异所引起,而不是由我们正在测试的效应引起。例如,在民族村寨旅游行为意图评价中,零假设可能是"旅游满意度与游客行为意图无关系"。

(二) 备择假设 (H_1)

备择假设与零假设对立,通常表示我们希望证明或支持的情况。它可能表明有显著效果、有差异或有特定方向的变化。继续刚才的例子,备择假设可能是"旅游满意度与游客行为意图有关系"。

(三) 假设检验的两类错误

由于总体的真实情况往往是未知的,根据样本推断总体,假设检验可能有两类错误:①原假设 H_0 本来是正确的,但是我们拒绝了 H_0,这类错误即弃真错误,也称第一类错误;②原假设 H_0 本来不正确,我们却接受了 H_0,这类错误即取伪错误,也称第二类错误。假设检验的各种可能如表8-1所示。习惯上,我们将犯第一类错误的概率记为 α,将犯第二类错误的概率记为 β,即

$$P\{拒绝H_0 | H_0 为真\} = \alpha$$
$$P\{接受H_0 | H_0 为假\} = \beta$$

表8-1 假设检验的各种可能结果

	接受 H_0	拒绝 H_0
H_0 为真	正确	第一类错误
H_0 为假	第二类错误	正确

一个好的检验应该在样本容量 n 一定的情况下,这两类错误的概率 α 和 β 都尽可能小,但 α 不能定得过低,否则会使 β 大幅增加。在实际问题中,一般总是控制犯第一类错误的概率 α,使 H_0 成立时犯第一类错误的概率不超过 α。在这种原则下的统计假设检验问题称为显著性检验,将犯第一类错误的概率 α 称为假设检验的显著性水平。

三、置信区间

置信区间是指由样本统计量所构造的总体参数的估计区间。在统计学中,一个概率样本的置信区间是对这个样本的某个总体参数的区间估计。置信区间展现的是这个参数的真实值有一定概率落在测量结果的周围的程度,其给出的是被测量参数的测量值的可信程度,即前面所要求的"一定概率",这个概率被称为置信水平。置信水平越高,所对应的置信区间就会越大。

(一) 大样本如何计算置信区间

当一个抽样调查的样本数量大于30,此时样本分布趋近于正态分布,因此,它符合中心极限定理。计算其置信区间的步骤如下:

(1) 确定要求解的问题。

(2) 求样本的平均值和标准误差。

(3) 确定置信水平,查找Z表格,求Z值。

误差范围即置信区间$[a,b]$的大小,取决于你对"区间中包含总体平均值"这一说法有多大信心。置信水平越高,区间越宽,置信区间包含总体平均值统计量的概率越大。常用的置信水平是95%。但这个数字并不是必然的,而是人为设定的。因为置信水平的设定是有影响的——如果我们对置信水平要求过高,就可能会拒绝实际上是正确的理论(犯了第一类错误);反之,如果我们对置信水平要求过低,则可能会接受错误的理论(犯了第二类错误)。由于无法保证降低犯两种错误的可能性,我们通常会根据习惯接受第一类错误,一般选择95%的置信区间。

(4) 求出置信区间上下限的值。

$$a = 样本平均值 - Z \times 标准误差$$
$$b = 样本平均值 + Z \times 标准误差$$

(二) 小样本如何计算置信区间

当一个抽样调查的样本数量小于30,样本分布符合t分布,计算其置信区间步骤如下:

(1) 确定要求解的问题。

(2) 求样本的平均值和标准误差。

(3) 查找t分布表,求t值。

(4) 求出置信区间上下限的值。

$$a = 样本平均值 - t \times 标准误差$$
$$b = 样本平均值 + t \times 标准误差$$

(三) 常见三个置信水平

在统计学中,有三个置信水平,它们分别为95%、99%和99.9%,这三个置信水平在统计学中各自具有不同的意义,它们主要用于估计总体参数的取值范围。

1. 95%置信区间

95%置信区间表示在多次抽样过程中,由大约95%的样本计算得到的区间会包含总体参数的真实值。换言之,如果我们进行多次抽样并计算置信区间,那么约有95%的置信区间会包含总体参数的真实值。它提供了一个相对平衡的精度和可靠性的估计。

2. 99%置信区间

99%置信区间意味着在多次抽样过程中,大约有99%的置信区间会包含真实的总体参数值。这提供了比95%置信区间更高的可靠性。当需要更高程度的确定性时,研究者可能会选择99%置信区间。

3. 99.9%置信区间

99.9%置信区间进一步提高了可靠性,意味着在多次抽样中,仅有极少数的置信区间不包含总体参数的真实值。由于99.9%置信区间提供了极高的可靠性,它通常用于需要极高置信水平的场合。

四、单尾检验与双尾检验

在对平均数的检验中,如果研究者不仅关心样本统计量的均值与总体均值的差异,还关心这个差异的特定方向,正差异或者负差异,那么这种模式就是单尾检验;如果研究者只关心样本均值与总体均值是否有显著差异,而不去追究差异是正的还是负的,那么就采用双尾检验模式。

(一)单尾检验

单尾检验主要验证观察值是否显著地高于或低于某个期望值。它只强调某一方向的检验,单尾检验的分类主要基于其关注的方向性,具体分为左单侧检验、右单侧检验。

1. 左单侧检验

在左尾检验中,如果样本统计量落入了分布的左侧临界区域,那么我们就有理由拒绝原假设,接受备择假设,即样本统计量显著小于特定值。其假设形式如表8-2所示,用数学公式表示时,原假设和备择假设分别为

$$H_0: \overline{X} \geqslant \overline{X_0}; \quad H_1: \overline{X} < \overline{X_1}$$

2. 右单侧检验

与左单侧检验相反,右尾检验关注的是样本统计量是否显著大于某一特定值。当样本统计量位于分布的右侧临界区域时,我们同样会拒绝原假设,接受备择假设,即样本统计量显著大于特定值。其假设形式如表8-2所示,用数学公式表示时,原假设和备择假设分别为

$$H_0: \overline{X} \leqslant \overline{X_0}; \quad H_1: \overline{X} > \overline{X_1}$$

(二)双尾检验

双尾检验关注的是观察值是否显著不等于某个期望值,检验样本平均数和总体平均数,或样本成数与总体成数是否存在显著差异。具体而言,双尾检验的零假设取等式,备择假设取不等式,其假设形式如表8-2所示。用数学公式表示时,原假设和备择假设分别为

$$H_0: \overline{X} = \overline{X_0}; \quad H_1: \overline{X} \neq \overline{X_1}$$

表 8-2　假设形式

假设	双侧检验	单侧检验	
		左单侧检验	右单侧检验
原假设	$H_0: \overline{X} = \overline{X_0}$	$H_0: \overline{X} \geqslant \overline{X_0}$	$H_0: \overline{X} \leqslant \overline{X_0}$
备择假设	$H_1: \overline{X} \neq \overline{X_1}$	$H_1: \overline{X} < \overline{X_1}$	$H_1: \overline{X} > \overline{X_1}$

五、临界值

临界值是指在原假设下,检验统计量在分布图上所对应的点,这些点定义一组要求否定原假设的值。这组值称为临界或否定区域。一般来说,单边检验具有临界价值,因为拒绝区域构成了分布的单个尾部,而双尾检验有两个临界值,因为拒绝区域对应于分布的两个尾部。在临界值处,当原假设为真时,检验统计量在检验的否定区域中有值的概率等于显著性水平(α)。

(一)计算临界值

Z 临界值和 t 临界值是针对均值的置信区间计算的。区别在于,Z 临界值是在总体标准差已知的情况下计算的,而不是使用 t 临界值当仅知道一个样本的数据时。

1. Z 临界值

Z 临界值用于确定平均值置信区间的极限。更准确地说,仅当已知总体标准差时使用 Z 临界值。计算 Z 临界值,必须在标准正态分布表中找到与显著性水平一半的概率对应的值。

例如,如果确定置信水平为 95% 的平均值的置信区间,这意味着显著性水平为 5%。因此,研究者有必要在标准正态分布表中查看哪个值对应于 2.5% 的概率,因为均值的置信区间是两侧的。

$$1 - a = 0.95 \rightarrow a = 0.05 \rightarrow a/2 = 0.025$$
$$Z_{a/2} = ?$$
$$Z_{0.025} = 1.96$$

2. t 临界值

当总体标准差未知时,t 临界值用于查找均值置信区间的极限。为了计算 t 临界值,必须在 t 分布表中找到与显著性水平相对应的值,同时考虑到 t 分布的自由度是一个单位。

$$1 - a = 0.95 \rightarrow a = 0.05 \rightarrow a/2 = 0.025$$
$$t_{a/2 \mid n-1} = ?$$
$$Z_{0.025 \mid 7} = 2.365$$

（二）临界值用于假设检验判断

临界值可在假设检验的过程中,作为判断样本数据是否足以拒绝原假设的依据。

（1）需要明确研究问题和假设。原假设通常是研究者想要拒绝的假设,而备择假设则是研究者希望支持的假设。其次,选择适当的统计量和检验方法。然后,根据所选择的检验方法和显著性水平,查找对应的临界值。临界值通常可以通过统计分布表或统计软件得到。这些临界值表示在原假设为真时,观察到的统计量值出现的概率。接下来,计算样本数据的统计量值。这个值是基于实际观测数据计算得到的,反映了样本数据的某种特性。

（2）将计算得到的统计量值与临界值进行比较。如果统计量值的绝对值大于临界值,这通常意味着观察到的数据与原假设不符,因此可以拒绝原假设,接受备择假设。相反,如果统计量值的绝对值小于或等于临界值,则没有足够的证据拒绝原假设。

需要注意的是,临界值的判断并非绝对,而是一种基于概率的决策过程。即使统计量值超过了临界值,也不能完全确定备择假设为真,只能说明有足够的证据拒绝原假设。同样,即使统计量值未超过临界值,也不能完全确定原假设为真,只能说明没有足够的证据拒绝它。

六、p 值

原假设 H_0 为真时,所得到的样本观察结果或更极端结果出现的概率,称为 p 值,也称观察到的显著性水平。

除此之外,可利用 p 值进行决策。

传统的统计量检验方法是在检验之前确定显著性水平 α,也就意味着事先确定了拒绝域。这样,无论检验统计量的值是大还是小,只要其值落入拒绝域就拒绝原假设 H_0,否则就不拒绝 H_0。这种固定的显著性水平 α 对检验结果的可靠性起度量作用。但不足的是,α 是犯第一类错误的上限控制值,它只能提供检验结论可靠性的一个大致范围,而对于一个特定的假设检验问题,却无法给出观测数据与原假设之间不一致程度的精确度量,也就是说,仅从显著性水平来比较,如果选择的 α 值相同,所有检验结论的可靠性都一样。要测量出样本观测数据与原假设中的假设值 μ_0 的偏离程度,则需要计算 p 值。

由 p 值可知,如果原假设是正确的话,这样的样本数据出现的可能性有多大。如果这样的样本数据出现的可能性很小,就是原假设不对的证据。但永远也不会知道对总体的原假设是否正确。如果取显著性水平为5%,则只能说明如果原假设为真,这样的数据只有5%的可能性会发生。p 值是反映实际观测到的数据与原假设 H_0 之间不一致程度的一个概率值。p 值越小,说明实际观测到的数据与 H_0 之间不一致的程度就越大,检验的结果也就越显著。由于 p 值是在原假设为真的情况下得到的目前这个样本数据的概率,因此,用p值进行检验的基本思想是,小的p值表明在原假设为真时,得到目前这样一个样本结果的可能性很小,所以应该拒绝原假设。

p值是用于确定是否拒绝原假设的另一个重要工具,它有效地补充了关于检验可靠性的有限信息。由于传统的假设检验中,究竟选择多大的比较合适是难以定论的,而用p值进行检验可以避免这一问题。此外,与传统的统计量检验相比,利用p值进行检验比根据统计量检验提供更多的信息。例如,根据事先确定的进行检验时,只要统计量的值落在拒绝域,这时拒绝原假设的结论都是一样的,即检验结果显著。但实际上,统计量落在拒绝域不同的地方,实际的显著性水平是不同的。例如,统计量落在临界值附近时,实际的显著性水平就有较大的差异。而p值给出的是实际计算的显著性水平,它告诉我们实际显著性水平是多少。而统计量检验是以事先给出的一个显著性水平为标准进行决策,如果拒绝原假设,仅知道犯错误的可能性是那么大,但究竟实际有多大却不知道。

利用p值进行决策的规则十分简单,在已知p值的条件下,将其与给定的显著性水平值进行比较,就可以确定是否应该拒绝原假设。当然也可根据需要来进行决策,而不必事先规定显著性水平。在单侧检验中,p值位于抽样分布的一侧,而双侧检验的p值位于分布的两侧,每一侧为p值的$1/2$。通常将两侧面积的总和定义为p值,这样可将p值直接与给定的显著性水平值进行比较。因此,不论是单侧还是双侧检验,用p值进行决策的准则都是,如果$p < \alpha$,则拒绝原假设H_0。

思考题

1. 什么是抽样分布?它在统计学中的作用是什么?

2. 假设你是一名调研人员,需要估算某种新旅游产品的潜在市场规模,你会如何利用抽样分布和中心极限定理来设计你的调研方案?请说明你的理由。

3. 批判性地评估以下陈述:"如果p值小于0.05,那么我们就可以确信实验结果是有意义的。"请指出这个结论中可能存在的问题,并提出改进建议。

第九章
均值比较

本章概要

均值比较是统计学中的基础概念,它指对两组或多组数据的均值进行比较。这种比较有助于我们了解不同样本或总体之间的差异,进而揭示数据背后的潜在规律。基于样本特征不同,均值比较包括单一样本、独立样本和配对样本的均值比较。此外,基于变量类型不同,均值比较所使用的方法包括 t 检验和卡方检验。本章主要对均值比较的概念类型、t 检验的原理及 SPSS 案例操作,卡方检验的原理及 SPSS 案例操作进行介绍。通过本章的学习,学生能够掌握不同均值比较方法的基本原理及实用操作,进而揭示变量之间的关系,为旅游活动现象研究和决策提供有力支持。在学习和实践这些统计方法时,学生需要注意理解其背后的原理和假设条件,正确选择和应用这些方法,以确保分析结果的准确性和可靠性。

学习目标

知识目标

(1) 掌握均值的概念和计算方法,理解均值在描述数据分布中的作用。
(2) 了解不同类型 t 检验的特点和适用情境,熟悉 t 检验的基本原理和假设条件,掌握 t 值的计算方法和解释。
(3) 理解卡方检验的基本概念和用途,掌握卡方值的计算方法和解释。

能力目标

(1) 通过学习和实践均值比较、t 检验和卡方检验,学生应具备对实际数据进行统计分析的能力,能够正确选择和应用这些方法来解决实际问题。
(2) 学生应能够批判性地评估统计结果的有效性和可靠性,理解统计方法的局限性和假设条件,避免盲目接受或拒绝统计结论。
(3) 在团队项目中,学生应能够运用统计知识进行有效沟通和协作,解决数据分析中的问题,提升团队的整体数据分析能力。

素养目标

(1) 通过学习统计学方法，培养学生的科学思维和探索精神，使他们能够运用科学的方法和手段去发现问题、分析问题并解决问题。

(2) 通过数据分析的实践，学生能够意识到统计学在社会发展中的重要作用，增强他们的社会责任感，积极为社会进步和发展做出贡献。

(3) 在数据分析和统计过程中，强调诚信的重要性，要求学生遵守学术规范和道德准则，树立良好的学术风气。

第一节 均值比较概述

一、问题提出

在民族村寨旅游研究中，研究者经常需要观察不同特征的游客群体对旅游体验的感知是否存在差异。这些特征可能包括游客的年龄、性别、文化背景、旅游目的等。为了深入了解这些不同特征的游客群体对旅游体验的感知，研究者通常会关注一些变量，比如游客对民族文化的兴趣程度、对旅游服务的满意度等。这些变量通常以数值形式表示，能够更精确地反映游客的感知和态度，因此称为连续型变量。通过比较不同游客群体在这些连续型变量上的均值，研究者可以判断是否存在显著差异。例如，如果研究发现年轻游客和老年游客在对民族文化的兴趣程度上存在显著差异，那么民族村寨旅游开发者就可以根据这一结果调整旅游产品的设计和推广策略，以更好地满足年轻游客和老年游客的不同需求。通过 t 检验，研究者可以为民族村寨旅游的发展提供科学的、有针对性的建议，从而推动旅游业的可持续发展。

在温泉旅游的研究中，我们经常需要分析不同类别的游客群体在某些方面的差异。这些类别型变量可能包括游客的性别、年龄、职业等。通过了解这些不同类别的游客在温泉旅游中的行为和偏好，我们可以为温泉度假村提供更精准的市场定位和服务优化建议。假设我们正在研究不同性别的游客在选择温泉类型时的偏好差异，其中"性别"是一个类别型变量，而"温泉类型"是另一个类别型变量，因为它涉及的是不同类型的温泉，如硫黄泉、碳酸泉、碱性泉等。为了分析不同性别游客在温泉类型上的选择差异，我们可以使用卡方检验。卡方检验是一种用于检验两个或多个类别型变量之间是否独立的统计方法。

在民族村寨旅游与温泉旅游的研究中，我们不仅要关注不同游客群体在类别型变量上的差异，如性别、年龄、旅游目的等，还需要深入探讨他们在连续型变量上的表现是否存在显著差异。连续型变量,如游客对民族文化的兴趣程度、对温泉水质的满意度评分等,为我们提供了更为具体和精确的游客感知和体验数据。

均值比较作为一种重要的统计方法,可以帮助我们直接观察不同游客群体在某一变量上的平均水平是否存在显著差异。通过计算不同群体的均值并进行比较,我们可以得出关于游客感知和体验的量化结论。因此,在进行旅游研究时,除了进行类别型变量的差异分析,我们还应充分利用均值比较等统计方法,深入探讨连续型变量在不同游客群体间的差异。通过综合运用这些方法,我们可以更全面地了解游客的需求和特点,为旅游业的发展提供科学、有效的建议。

二、均值比较及类型

(一)均值比较

均值比较常用于比较两个或多个群体的平均值之间是否存在显著差异。它是研究群体差异性的一种重要手段,在实验设计、社会调查、医学研究等领域都有广泛应用。在均值比较中,我们通常希望根据样本数据判断不同组别之间的均值是否有统计学上的显著差异,从而推断这些组别在总体上是否存在差异。例如,比较不同对照组和实验组的工作效率、不同地区的收入水平、不同年龄段的游客满意度等。

均值比较通常涉及一些基本的统计方法,包括 t 检验、方差分析、卡方检验等。这些方法根据研究设计的不同和数据的特点进行选择,以判断群体之间的差异是否具有统计学意义。通过均值比较,我们可以了解不同群体之间的差异情况,从而为研究问题的解答提供重要的统计依据。均值比较在旅游研究中具有重要的作用,可以帮助研究者深入了解旅游市场、产品和行为,为旅游业的发展和管理提供科学依据。主要体现在以下几个方面:

(1)比较不同旅游目的地或景点的满意度。旅游研究常常需要比较不同旅游目的地或景点的游客满意度,以评估它们的吸引力和竞争力。通过对游客满意度调查数据进行均值比较,可以确定哪些目的地或景点在各个方面表现更好,从而为旅游目的地的管理和营销提供参考依据。

(2)评估不同旅游产品或服务的质量。在旅游业中,各种旅游产品和服务层出不穷,如酒店住宿、导游服务、交通运输等。均值比较可以帮助研究者比较不同产品或服务的质量水平,从而识别出优势和劣势,并为提升服务质量提供指导。

(3)分析不同旅游活动的效果。旅游活动的设计和实施对于游客的体验和满意度具有重要影响。通过对不同旅游活动参与者的评价数据进行均值比较,研究者可以分析出哪些活动更受游客欢迎,哪些活动效果更好,从而为旅游活动的策划和改进提供依据。

(4)比较不同旅游市场的表现。旅游研究还需要比较不同旅游市场的表现,如国内游客和国际游客、不同年龄段游客等。通过均值比较分析各个市场的旅游行为、偏好和满意度差异,研究者能够更了解市场需求和特点,从而为旅游产品开发和市场定位提供指导。

(5)探究旅游行为差异。旅游行为受到多种因素的影响,如个人特征、旅游动机、旅游经验等。通过均值比较分析不同群体之间的旅游行为差异,研究者可以深入了解不同群体的旅游偏好和行为模式,从而为目标市场的细分和定位提供依据。

(二)均值比较类型

1.基于不同变量类型的均值比较

在统计学中,变量根据其性质和数据类型的不同,可以分为连续型变量和类别型变量。这两类变量在均值比较时会采用不同的方法。

(1)连续型变量。

连续型变量是指可以在一定区间内取任意值的变量,其数值是连续不断的。例如,人的身高、体重等都是连续型变量。对于连续型变量,我们通常使用 t 检验来进行均值比较。t 检验通过计算 t 统计量来评估两个或多个样本均值之间的差异是否显著,从而推断总体均值之间是否存在差异。

(2)类别型变量。

类别型变量,又称定性变量或离散型变量,其取值是离散的、不连续的。例如,性别、血型等都是类别型变量。对于类别型变量,当它们为二分类变量时,我们可以使用卡方检验来比较不同组别之间的频数分布差异。卡方检验是指通过计算卡方统计量来检验实际频数与期望频数之间的差异,从而判断分类变量之间是否独立。

2.基于变量个数的均值比较

均值比较还可以根据所涉及的变量个数进行分类。

(1)两个变量均值比较。

当只有两个变量需要进行均值比较时,连续型变量的均值比较采用 t 检验,而类别型变量的均值比较则采用卡方检验。具体有,t 检验适用于连续型变量的均值比较,它用于检验两个独立样本或配对样本的均值是否存在显著差异。例如,在旅游研究中,我们可以使用 t 检验来比较不同年龄段的游客在满意度评分这一连续型变量上是否存在显著差异。卡方检验适用于类别型变量的均值比较,检验两个类别变量是否独立。它通过比较观察频数与期望频数之间的差异来判断两个变量之间是否存在关联。例如,在旅游研究中,我们可以使用卡方检验来分析不同性别的游客在选择旅游目的地这一类别型变量上是否存在显著差异。

(2)三个及以上变量均值比较。

当涉及三个或更多变量时,研究者通常使用方差分析来进行均值比较。方差分析旨在检验多个独立样本的均值是否存在显著差异。它不仅可以比较三个或更多组别的均值,还可以提供关于这些差异来源的信息。方差分析能够通过分解总变异为组间变异和组内变异,来判断不同组别之间的变异是否显著超过组内变异。如果方差分析的结果显示存在显著差异,我们还可以进一步进行事后检验,如最小显著性差异(LSD)法,来确定哪些组别之间的均值存在显著差异。

在旅游研究中,方差分析可以应用于多个场景。例如,研究者可能想要比较不同旅游目的地的游客满意度、不同旅游产品的消费额,或者不同旅游季节的游客数量等多个变量或组别的均值差异。通过方差分析,研究者可以全面而准确地了解这些变量或组别之间的差异情况,为旅游管理和决策提供科学依据。

综上所述,对于两个变量的均值比较,我们通常使用t检验或卡方检验;对于三个及以上变量的均值比较,方差分析是更为合适的一种方法。这些方法的选择主要取决于变量的类型和研究的具体需求。在实际应用中,我们需要根据具体情况选择适当的均值比较方法,并进行合理的假设检验和结果解释。

三、均值比较过程

均值比较是统计学中常用的分析方法,用于比较两个或多个组别的均值是否存在显著差异。均值比较的分析过程如下。

(1) 确定研究问题和假设。

研究问题:比较不同组别或条件的均值是否有显著差异。

研究假设:设立原假设(H_0)和备择假设(H_1)。通常原假设为两个或多个组别的均值相等,备择假设为均值不相等。

(2) 收集数据。

收集每个组别的样本数据,确保数据的收集方式和样本选择符合研究设计和统计分析的要求。数据应该具有代表性,并且应该清洁和完整,避免缺失值和异常值的影响。

(3) 确定统计方法。

根据研究设计和数据类型,选择适当的统计方法。

① 独立样本均值比较:用于比较两组独立样本的均值差异,常用的方法包括独立样本t检验和非参数检验。

② 配对样本均值比较:用于比较同一组样本在不同条件下的均值差异,常用的方法包括配对样本t检验。

③ 多组均值比较:用于比较三个或多个组别的均值差异,常用的方法包括单因素方差分析。

(4) 设定显著性水平。

在进行统计检验之前,需要设定显著性水平(通常为 0.05),用于判断检验结果是否达到统计学上的显著性。

(5) 执行统计检验。

根据选定的统计方法,计算相应的统计量(如t值、F值),并进行假设检验。根据显著性水平和统计量的计算结果,进行假设检验。若检验结果达到显著性水平,则拒绝原假设,认为组别间存在显著差异;若不达到显著性水平,则无法拒绝原假设,认为差异不显著。

(6)解释和推断结果。

根据统计检验的结果,解释不同组别间的均值差异是否具有统计学意义。同时,根据研究问题和检验结果,进行推断和应用。例如,根据不同组别的均值差异,评估干预效果、制定政策建议等。

第二节　t 检 验

一、t检验概述

(一)概念

t检验是英国统计学家威廉·戈塞于20世纪初开发的。戈塞在酿酒厂工作,其研究主要是为了解决酿酒过程中的统计问题,包括小样本大小和样本方差的估计。戈塞在1908年以笔名"Student"(学生)发表了一篇关于t分布的论文,并由此开创了小样本计量资料进行统计推断的先河。因此,t检验有时也被称为"学生t检验"。t检验常用于比较两组数据均值之间的差异,尤其是在小样本情况下。其基本思想是通过计算两组数据的均值差异,并与两组数据的变异性(标准差)进行比较,以判断这个均值差异是否显著。如果均值差异大于标准差的变异性,那么差异就被认为是显著的。

1. t检验特点

(1)适用范围广。

t检验是一种常用的假设检验方法,适用于比较两个样本均值之间的差异,包括独立样本和配对样本。

(2)对样本量要求较低。

相对于其他检验方法,t检验对样本量的要求较低,尤其是在正态分布或接近正态分布的情况下,可以对较小的样本量进行检验。

(3)基于正态分布的假设。

t检验基于样本数据的均值和标准差,假设样本数据服从正态分布,因此在应用时,研究者需要对数据的分布进行检验或者将数据进行转换以满足正态性要求。尽管t检验对数据的正态性有一定要求,但在样本量较大的情况下,对数据的正态分布要求较为宽松,也适用于近似正态分布的情况。

2. t 检验适用条件

t 检验只有满足以下适用条件，才能帮助统计学家和研究者做出科学推断和决策。

(1) 数据必须是随机抽样的。

(2) 数据必须服从正态分布或对正态分布的偏差不大。

(3) 样本应该足够大，通常建议数据集至少有 30 个观测值，以便使用中心极限定理。

(4) 方差齐性，两组或多组样本数据的方差是齐次的。

(二) t 检验公式及过程

1. t 检验公式

t 检验主要应用 t 分布理论来推断差异发生的概率，从而判定两个平均数的差异是否显著，且 t 检验只适用于连续性变量。其公式为

$$t = \frac{\text{样本统计量} - \text{总体参数}}{\text{样本统计量的标准差(标准误)}}$$

若两组比较，一般假设总体参数为两组均值的差值为 0，则其公式为

$$t = \frac{(\bar{x}_1 - \bar{x}_2) - 0}{s_{\bar{x}_1 - \bar{x}_2}}$$

分子中的 $\bar{x}_1 - \bar{x}_2$ 是样本统计量(两组均值之差)，0 则是无效假设的总体参数(总体中两组均值的差值)，因此，分子反映了样本统计量与总体参数的偏离程度。分母中的标准误则是样本统计量的标准差。这个公式反映了样本均值差与合并标准误的比值，用于衡量样本均值差相对于样本误差的大小。如果 t 值较大，说明样本均值差相对于样本误差较大，两个样本的均值可能存在显著差异。

2. t 检验过程

t 检验主要用于样本含量较小（如 $n < 30$），总体标准差 σ 未知的正态分布。t 检验的具体步骤如下。

(1) 提出原假设和备择假设。

原假设 H_0：两个样本的均值相等，即 $\mu_1 = \mu_2$。

备择假设 H_1：两个样本的均值不相等，即 $\mu_1 \neq \mu_2$。

(2) 收集数据。

根据研究目的，收集两个样本的数据。确保数据满足 t 检验的前提假设，即数据应来自正态分布总体，并且样本之间相互独立。

(3) 计算统计量。

计算每个样本的均值(x_1 和 x_2)与标准差(s_1 和 s_2)，以及样本量(n_1 和 n_2)。对于独立样本 t 检验，还需要计算合并标准差，它是两个样本标准差的加权平均值，权重与各自的样本量成反比。使用 t 检验的公式计算 t 值。

(4) 确定显著性水平和临界值。

选择一个显著性水平 α，通常使用的 α 值为 0.05，但也可以根据具体情况选择其他值，如 0.01 或 0.001；根据选择的显著性水平和自由度（$df=n_1+n_2-2$，对于独立样本 t 检验），查找 t 分布表或使用统计软件来确定临界值。

(5) 做出决策。

将计算得到的 t 值与临界值进行比较。如果 $|t|>$ 临界值，则拒绝原假设 H_0，认为两个样本之间存在显著差异。如果 $|t|\leqslant$ 临界值，则接受原假设 H_0，认为两个样本之间无显著差异。

(6) 解读结果。

根据 t 检验的结果，结合研究背景和目的，对结果进行解释和讨论。报告结果时，应包括样本量、均值、标准差、t 值、自由度、显著性水平和决策结果。

二、t 检验类型

（一）单样本 t 检验

1. 概述

样本均数与总体均数之间的差异显著性检验是单样本 t 检验。单样本 t 检验是在样本来自的总体服从正态分布的前提下，检验某个变量的总体均值与指定的检验值之间是否存在显著差异。以民族村寨旅游满意度评价为例，如果我们想要了解游客对民族村寨的整体满意度是否达到某个预设的期望值（例如，是否达到全国同类景区的平均满意度），就可以运用单样本 t 检验。

单样本 t 检验的前提如下。

(1) 数据正态分布。

样本数据应该具有正态分布，即数据分布的形状应该是高峰、低谷、高峰的样子。如果数据不具有正态分布，我们可以通过转换数据或使用其他统计检验方法来解决。

(2) 方差齐性。

样本数据的方差应该相等。如果方差不相等，我们可以通过调整样本数据的大小或使用其他统计检验方法来解决。

(3) 数据独立性。

样本数据之间不应该存在显著的相关性。如果样本数据之间存在相关性，我们可以通过选择不同的样本或使用其他统计检验方法来解决。

(4) 样本量充足。

样本量应该足够大。样本量越大，统计检验的结果越可靠。通常，样本量的大小应该在 30 以上，才能保证统计检验的结果的可靠性。

2. 分析步骤

单样本 t 检验的分析步骤如下。

(1) 提出原假设和备择假设。

单样本 t 检验的原假设 H_0 为总体均值与检验值之间不存在显著差异，即 $H_0:\mu=\mu_0$。其中，μ 为总体均值，μ_0 为检验值。

备择假设 H_1 认为总体均值与检验值之间存在显著差异，即 $H_1:\mu\neq\mu_0$。

(2) 选择检验统计量。

当总体服从正态分布 (μ,σ^2) 时，样本均值的抽样分布仍为正态分布，该正态分布的均值为 μ，方差为 σ^2/n，即

$$\overline{X}\sim N(\mu,\frac{\sigma^2}{n})$$

其中，μ 为总体均值，当原假设成立时，$\mu=\mu_0$，σ^2 为总体方差，n 为样本数。总体分布近似服从正态分布时，通常总体方差是未知的，此时可以用样本方差 S^2 替代，得到的检验统计量为 t 统计量，数学定义为

$$t=\frac{\overline{x}-\mu}{\sqrt{\frac{S^2}{n}}}$$

其中，t 统计量服从自由度为 $n-1$ 的 t 分布。单样本 t 检验的检验统计量即为 t 统计量。当认为原假设成立时，μ 用 μ_0 代入。

(3) 计算检验统计量的观测值和 p 值。

使用样本数据计算 t 统计量的观测值。这通常涉及计算样本均值、样本标准差以及样本大小。根据 t 统计量的观测值和自由度，查找 t 分布表或使用统计软件计算 p 值。p 值表示在原假设为真的情况下，观察到当前或更极端结果的概率。

(4) 确定显著性水平 α，并做出决策。

显著性水平 α 通常预设为 0.05（或其他常用的值，如 0.01、0.001 等），表示接受原假设的风险水平。将计算得到的 p 值与显著性水平 α 进行比较：如果 p 值小于或等于 α，则拒绝原假设 H_0，接受备择假设 H_1。这意味着有足够的证据认为总体均值与给定的值之间存在显著差异。如果 p 值大于 α，则不能拒绝原假设 H_0。这意味着没有足够的证据认为总体均值与给定的值之间存在显著差异。

单样本 t 检验的 p 值是用来评估观察到的样本均值与假定的总体均值之间的差异是否显著的概率值。具体来说，p 值是在原假设为真（即样本均值等于总体均值）的条件下，观察到的样本均值或更极端值出现的概率。p 值越小，说明观察到的样本均值与总体均值之间的差异越显著，即拒绝原假设的理由越充分。

在单样本 t 检验中，t 值是通过比较样本均值与总体均值之间的差异，并考虑样本的标准误差来计算的。将这个 t 值与 t 分布表中的临界值进行比较，以确定是否拒绝原假设。临界值的选择取决于样本大小（即自由度）和所选择的显著性水平（如 $\alpha=0.05$）。

因此，t值并不是直接与一个固定的标准值进行比较，而是与根据自由度和显著性水平在t分布表中查找得到的临界值进行比较。如果计算得到的t值的绝对值大于临界值，则拒绝原假设，认为样本均值与总体均值之间存在显著差异；反之，则接受原假设。

需要注意的是，p值和t值的计算通常需要使用统计软件或查阅相关的统计表格来完成。同时，在进行单样本t检验之前，还需要满足一些前提条件，如样本数据应来自正态分布总体，并且样本之间是相互独立的。如果不满足这些条件，可能需要对数据进行转换或使用其他非参数检验方法。

（二）独立样本t检验

1. 概述

独立样本t检验就是对两个不同总体均值之间的差异性进行检验，用于检验两个独立样本是否来自具有相同均值的个体。独立样本t检验的实质就是对两个样本的均值之差进行t检验，检验两个正态总体的均值是否相等。例如，想知道购买旅游纪念品的顾客与不购买旅游纪念品的顾客的旅游体验感知是否相同，这时就可以对两个独立样本进行t检验。必须要注意，使用这种检验的条件是必须具有来自两个不相关组的观测，其均值必须是对在两组中相同的测度。

独立样本t检验的前提如下。

（1）样本具有独立性。

要比较的两个样本应该是相互独立的，即从一个总体中抽取一批样本对另一总体中抽取一批样本没有任何影响，两组样本的个案数目可以不同，个案顺序可以随意调整。

（2）样本具有正态性。

要比较的两个样本基本服从正态分布。

（3）方差齐性。

要比较的两个样本的方差相等。

2. 分析步骤

独立样本t检验的分析步骤如下。

（1）提出原假设和备择假设。

原假设H_0为$x=y$，备择假设H_1为$x \neq y$，即原假设为两总体均值之间不存在显著差异。独立样本t检验需要检验两样本均值之间是否存在显著差异。

（2）选择检验统计量。

独立样本t检验均值检验的前提是两个独立的总体分别服从$N(1, \delta_1^2)$和$N(2, \delta_2^2)$。在零假设成立的条件下，适用t统计量。构造独立样本t检验的统计量分为两种情况：

如果两总体方差相等，则构造t统计量定义为

$$t = \frac{(\overline{X} - \overline{Y}) - (\mu_x - \mu_y)}{\sqrt{\frac{1}{n_1} + \frac{1}{n_2}} \sqrt{\frac{(n_1-1)s_x^2 + (n_2-1)s_y^2}{n_1 + n_2 - 2}}}$$

如果两总体方差未知且不相等,则构造 t 统计量定义为

$$t = \frac{(\overline{X} - \overline{Y}) - (\mu_x - \mu_y)}{\sqrt{\frac{s_x^2}{n_1} + \frac{s_y^2}{n_2}}}$$

独立样本 t 检验的结论很大程度上取决于两个总体的方差是否相等。在检验两总体均值是否相等之前,首先要对两总体方差的齐性进行检验。如果两个总体的方差相等,称之为满足方差齐性。

(3) 计算检验统计量的观测值和 p 值。

利用原假设和样本数据计算 t 统计量和其对应的 p 值。

(4) 在给定的显著性水平下,做出统计推断结果。

当检验统计量的概率 p 值小于或等于显著性水平(通常为 0.05)时,则拒绝原假设,认为两个总体均值存在显著差异;反之,当 p 值大于显著性水平时,则接受原假设,认为两个总体均值之间不存在显著差异。

(三) 配对样本 t 检验

1. 概述

配对样本 t 检验,也称关联样本 t 检验,是一种统计分析方法,主要用于比较同一样本在两个不同条件下的平均值是否存在显著差异。所谓配对样本,是指两个样本的数据之间存在一一对应的关系,比如同一组被试在前后两次实验或调查中的项目相同,这时前后两次结果互相影响,而不独立。这种方法适用于两个样本之间存在相关性的情况,如同一组人在不同时间点的测量结果、同一组人在不同条件下的测量结果等。

配对样本 t 检验的目的在于判断两种不同条件对同一组样本的影响是否存在显著差异。计算过程涉及对每对数据求差值,如果这些差值的总体均值显著不为 0,那么就意味着这两种处理手段之间存在显著差异。

配对样本 t 检验的前提如下。

(1) 两个样本应该是配对的。

配对可以从两个因素考虑,一是两个样本的观测值数目相同,二是两个样本的观测值的顺序不能随意更改。

(2) 样本来自的两个总体服从正态分布。

需要注意的是,配对样本 t 检验与独立样本 t 检验的差别之一是要求样本是配对的。所谓配对样本,可以是个案在"前""后"两种状态下某属性的两种不同特征,也可以是对某事物两个不同侧面的描述。其差别在于抽样不是相互独立,而是相互关

联的。

2. 分析步骤

配对样本 t 检验的分析步骤如下。

(1) 提出原假设和备择假设。

配对样本需要检验两个总体均值是否存在显著性差异。原假设 H_0 为 $\mu=0$,备选假设 H_1 为 $\mu\neq 0$,即原假设为总体均值发生显著差异。

(2) 选择检验统计量。

设 $(X_1, Y_1), (X_2, Y_2), \cdots, (X_m, Y_n)$ 为配对样本,差值 $d_i = X_i - Y_i (i=1,2,\cdots,n)$。在原假设成立的条件下,差值的来自总体 d 的均值为零,配对样本 t 检验适用 t 统计量。构造的 t 统计量为

$$t = \frac{\bar{d} - (\mu_1 - \mu_2)}{\frac{s}{\sqrt{n}}}$$

当 $\mu_1 = \mu_2 = 0$ 时,t 统计量服从自由度为 $n-1$ 的 t 分布。

(3) 计算检验统计量的观测值和 p 值。

利用原假设和样本数据计算 t 统计量和其对应的 p 值。

(4) 给定显著性水平,做出统计推断结果。

当检验统计量的 p 值小于显著性水平时,则拒绝原假设,认为两个总体均值存在显著差异;反之,当 p 值大于显著性水平时,则接受原假设,认为两总体均值之间不存在显著差异。

三、t 检验案例操作应用

(一) 单样本 t 检验 SPSS 案例操作

举例,在 2018—2022 年某地民族村寨旅游满意度的连续调查中,"相比所付出的费用,本次旅游是一次好的经历"这一变量的平均值是 3.5 分。而在 2023 年的年度常规问卷调查中,旅游部门获得了新的数据,样本均值为 3.3 分,样本标准差为 0.7 分,样本量为 227。分析:2023 年关于"相比所付出的费用,本次旅游是一次好的经历"是否与过去几年的平均值存在显著差异?

1. 操作步骤

第一步,将民族村寨旅游满意度数据导入 SPSS,点击"分析(A)"—"比较平均值",选择单样本 t 检验。

第二步,将变量"相比所付出的费用,本次旅游是一次好的经历"导入"检验变量(T)"文本框。

第三步,在"检验值(V)"文本框输入总体均数"3.5",如图 9-1 所示。

第四步,单击"确定"按钮,输出结果。

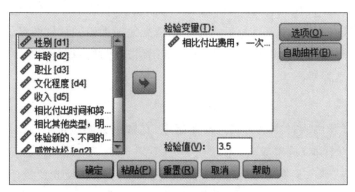

图 9-1　单样本 t 检验

2. 结果解读

(1) 描述性统计量。

单样本 t 检验的描述性统计量如表 9-1 所示,分别列出了检验变量的个案数、平均值、标准差和标准误差平均值。

表 9-1　单样本 t 检验的描述性统计量

	个案数	平均值	标准差	标准误差平均值
相比所付出的费用,本次旅游是一次好的经历	227	3.3004	0.71757	0.04763

(2) 单样本 t 检验结果。

表 9-2 所示为单样本 t 检验的结果。结果显示统计量 $t=-4.190$、p 值为 0.000, 0.000<0.05,因此,拒绝原假设,认为此次调查民族村寨关于"相比所付出的费用,本次旅游是一次好的经历"的平均满意度与 3.5 分是有差异的。

表 9-2　单样本 t 检验的结果

	检验值=3.5				
	t	自由度	显著性(双尾)	平均值差值	差值95%置信区间	
					下限	上限
相比所付出的费用,本次旅游是一次好的经历	-4.190	226	0.000	-0.19956	-0.2934	-0.1057

本次调查数据的均值为 3.3,比前几年均值 3.5 低,因此,这说明游客在某种程度上对于案例地旅游体验满意度正在下降,需要结合实际进行有针对性的提升和改善。

(二) 独立样本 t 检验案例操作

例如,旅游部门为了深入了解不同性别游客对民族村寨旅游满意度的评价,特别关注了在旅游满意度中关于"本次旅游活动超出了我的预期设想"这一问题的反馈。基于相互独立的评价假设,旅游部门收集了一份详尽的数据集,其中包含了男性和女性对于上述问题的具体评分。为了能够更加精准地把握不同性别游客的满意度,进而为优化景区管理和服务提供有力支持,旅游部门决定通过数据分析来比较两者的平均评价是否存在显著差异。

1. 操作步骤

第一步,打开民族村寨旅游满意度数据库,在数据视图点击"分析(A)"—"比较平均值",选择独立样本 t 检验。

第二步,将"本次旅游活动超出了我的预期设想"导入"检验变量(T)"文本框,将"性别"导入"分组变量(G)"文本框,如图9-2所示。

图9-2　独立样本 t 检验

第三步,单击"定义组(D)"按钮,弹出对话框,分别在"组1"和"组2"文本框中输入男性和女性的变量值,1代表男性,2代表女性,那么在"组1"后的文本框中输入"1","组2"后的文本框中输入"2",如图9-3所示。然后点击"继续(C)"按钮,返回上一界面,点击"确定"按钮,即可输出结果。

图9-3　"定义组"对话框

2. 结果解读

(1) 表9-3所示为独立样本 t 检验统计量,分别列出了男生和女生两个组的个案数、平均值、标准差和标准误差平均值。

表9-3 独立样本 t 检验的描述性统计量

	性别	个案数	平均值	标准差	标准误差平均值
本次旅游活动超出了我的预期设想	男	105	3.0350	0.84361	0.08233
	女	122	3.1319	0.69916	0.06330

（2）表9-4所示为独立样本 t 检验分析的结果，并且进行了方差齐性检验。其中"假定等方差"行是假设方差相等时进行的独立样本 t 检验，当方差相等时看这一行的结果；"不假定等方差"行是假设方差不相等时进行的独立样本 t 检验，当方差不相等时看这一行的结果。从表9-4可以看到，显著性为 $0.345>0.05$，因此，我们接受原假设，认为对于民族村寨关于"本次旅游活动超出了我的预期设想"的男性与女性评价没有差异。

表9-4 独立样本 t 检验的结果

		莱文方差等同性检验		平均值等同性 t 检验					
								差值95%置信区间	
		F	显著性	t	自由度	显著性（双尾）	平均值差值	标准误差差值	下限	上限
本次旅游活动超出了我的预期设想	假定等方差	0.511	0.475	−0.946	225	0.345	−0.09684	0.10241	−0.29864	0.10497
	不假定等方差			−0.932	202.484	0.352	−0.09684	0.10385	−0.30160	0.10793

以上是独立样本 t 检验的结果，其中包括了莱文方差等同性检验（用于检验两组样本的方差是否相等）和平均值等同性 t 检验的结果。

莱文方差等同性检验的结果：F 值为0.511，这是用于检验两组样本方差是否相等的统计量；显著性值为0.475，由于它大于通常的显著性水平（如0.05），我们可以认为两组样本的方差没有显著差异，即满足方差齐性假设成立。

平均值等同性 t 检验的结果：当假定等方差的情况（即方差齐性假设成立）：t 值为−0.946，这是用于检验两组样本平均值是否相等的统计量；自由度为225，这是独立样本 t 检验中的样本量减去2；显著性（双尾）值为0.345，由于它大于通常的显著性水平（如0.05），我们可以认为两组样本的平均值没有显著差异；差值95%置信区间为（−0.29864，0.10497），这表示我们有95%的信心认为两组样本的平均值差异位于这个区间内。

不假定等方差的情况(即方差齐性假设不成立,但如果莱文方差等同性检验的结果显示方差齐性假设成立,那么我们会优先使用假定等方差的结果):t值为-0.932,与假定等方差的情况下的t值相近;自由度调整为202.484,这是因为不假定方差相等时自由度会有所不同;显著性(双尾)值为0.352,与假定等方差的情况下的显著性值相近,并且同样大于通常的显著性水平,因此,结论也是两组样本的平均值没有显著差异。

综上,根据这次独立样本t检验的结果,我们可以认为两组样本的平均值没有显著差异。这可能是因为两组样本在总体分布上相似,或者样本量不够大以检测到微小的差异。

(三)配对样本t检验案例操作

例如,在民族村寨的年度游客调查中,旅游部门收集了100位游客的满意度和行为意图评分数据,以探究两者之间的关系。满意度评分范围从1(非常不满意)到5(非常满意),行为意图评分范围也是从1(非常不可能)到5(非常可能)。每位游客都针对这两个指标进行了评分,从而确保了数据的配对性。研究问题:游客的满意度是否对行为意图有显著影响?

1. 操作步骤

第一步,将民族村寨旅游满意度数据导入SPSS,点击"分析(A)"—"比较平均值",选择成对样本t检验,并弹出对话框。第二步,将满意度"相比付出费用,一次好经历"放入配对变量"变量1"文本框中,将行为意图"有可能的话,再来"放入配对变量"变量2"文本框中,如图9-4所示。第三步,点击"继续(C)"按钮返回图9-4的界面,然后点击"确定"按钮,输出结果。

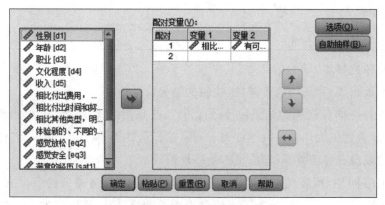

图9-4 成对样本t检验

2. 结果解读

(1)描述性统计分析。

从表9-5中可以看出,游客的满意度和行为意图的平均值分别为3.3004和2.8780。

表 9-5 配对样本描述性统计

		平均值	个案数	标准差	标准误差平均值
配对 1	相比付出费用,一次好经历	3.3004	227	0.71757	0.04763
	有可能的话,再来	2.8780	227	0.89358	0.05931

(2)相关分析。

从表 9-6 中可知,游客满意度和行为意图的相关系数为 0.411,相应的 p 值为 0.000,小于 0.05,说明相关程度较高。

表 9-6 配对样本相关性

		个案数	相关性	显著性
配对 1	相比付出费用,一次好经历 & 有可能的话,再来	227	0.411	0.000

(3)配对样本 t 检验。

配对样本 t 检验的结果如表 9-7 所示。

表 9-7 配对样本 t 检验的结果

		配对差值					t	自由度	显著性(双尾)
		平均值	标准差	标准误差平均值	差值95%置信区间				
					下限	上限			
配对	相比付出费用,一次好经历 & 有可能的话,再来	0.42242	0.88701	0.05887	0.30641	0.53843	7.175	226	0.000

配对结果表明,t 为 7.175,自由度为 226,双尾显著性水平为 0.000,小于 0.05,因此,我们拒绝原假设,认为两变量之间是有显著差异的,即认为游客的满意度会对行为意图产生影响。

第三节 卡方检验

一、卡方检验概述

(一)概述

1. 参数检验与非参数检验

参数检验和非参数检验是统计学中两种不同的检验方法,它们在概念和应用上有所区别。

参数检验是在总体分布形式已知的情况下,对总体分布的参数如均值、方差等进行推断的方法。但是,在数据分析过程中,由于种种原因人们往往无法对总体分布形态做简单假定,此时参数检验的方法就不再适用。非参数检验正是一类基于这种考虑,在总体方差未知或知道甚少的情况下,利用样本数据对总体分布形态等进行推断的方法。这类方法在过程中不涉及有关总体分布的参数,因而得名"非参数检验"。

非参数检验是不依赖总体分布的统计推断方法,它一般不涉及总体参数,因此得名。这类方法的假定前提比参数假设检验方法少得多,也较容易满足,适用于计量信息较少的资料,由于计算方法也简单易行,非参数检验在实际中有广泛的应用。常见的非参数检验方法包括卡方检验等。

和参数检验方法相比,非参数检验方法的优势如下:①稳健性。它对总体分布的约束条件大大放宽,避免了因统计中的假设过于理想化而无法切合实际情况,从而对个别偏离较大的数据太敏感。②对数据的测量尺度无约束,对数据的要求也较宽松。③适用于小样本、无分布样本、数据污染样本、混杂样本。

2. 卡方检验

卡方检验由英国统计学家卡尔·皮尔逊提出。卡方检验是一种典型的对总体分布进行检验的非参数检验方法,又称卡方拟合优度检验,主要用于检验样本数据是否与某种概率分布的理论数值相符合,从而推断样本数据是否来自该分布的问题。卡方检验就是统计样本的实际观测值与理论推断值之间的偏离程度检验,实际观测值与理论推断值之间的偏离程度决定卡方值的大小,如果卡方值越大,二者偏差程度越大;反之,二者偏差越小;若两个值完全相等时,卡方值就为0,表明理论值完全符合。卡方检验主要是针对类别变量。

(1)类别变量。它也可以叫作分类变量,比如性别。

(2)期望频数。它是指在一定的试验次数内,某一事件发生的平均次数。期望频数并不是直接观察到的数值,而是通过概率计算得出的。它可以帮助我们理解随机事件的发生规律,并对实际问题的分析和预测提供重要的参考。例如,在抛硬币的试验中,期望频数可以帮助我们预测在多次抛掷中,正面或反面朝上的平均次数。

(3)实际频数。它又称观察频数,是指某个事件、现象或者数据在一定时间内实际出现的次数。这是一个直接观察到的、具体的数值,反映了数据的实际分布情况。例如,在一段时间内,某个商店实际售出的商品数量就是典型例子。

卡方检验的前提假设:

(1)分类互斥,互不包容,且每一个观测值只能划分到一个类别之中。

(2)观测值相互独立,这是最基本的假定。

(3)任一单元格的期望频数大于等于5,或大于1小于5的期望频数不超过20%。

3. 卡方检验应用

卡方检验更多是用于检验实际频数与期望频数之间的差异,而不是直接对均值进行比较。在实际应用中,卡方检验可以应用于多个领域。例如,在医学研究中,卡方检验可以用于分析两种治疗方法的疗效差异;在教育研究中,它可以用于判断不同教学方法的教学效果;在市场调研中,卡方检验可以帮助分析不同人群对某一问题的看法差异;在财务分析中,卡方检验也可以用来分析不同因素之间的相关性。

(二)卡方检验基本思想

卡方检验的基本理论依据是,如果从一个随机变量 X 中随机抽取若干个观察样本,这些样本落在 X 的 k 个互不相交的子集中的观察频率服从一个多项分布,当 k 趋于无穷大时,这个多项分布近似服从卡方分布。卡方检验的零假设为,总体 X 服从某种分布,这里的样本来自总体 X。

基于上述基本思想,对变量 X 总体分布的检验就应该从对各个观测频率的分析入手。实际上,零假设给出了在假想总体中归入每一类别内的对象所占的比例。也就是说,可以从零假设推出期望的频率是多少,而卡方检验则可以判断观测的频率是否充分接近零假设成立时可能出现的期望频率。

最典型的卡方检验统计量是 Pearson 统计量,它将总体 X 的取值分为 k 个不相交的区间(子集),如果样本值落在第 i 个区间的频率为 n_i,当 k 足够大时,Pearson 统计量的数学定义为

$$x^2 = \sum_{i=1}^{k} \frac{(n_i - np_i)^2}{np_i}$$

Pearson 统计量服从自由度为 $k-1$ 的卡方分布。如果 x^2 值较大,则说明观测频率分布与期望频率分布差距较大;反之,如果 x^2 值较小,则说明观测频率分布与期望频率分布较接近。SPSS 可自动计算 x 统计量的观测值,并依据卡方分布表计算观测值对应的 p 值。

如果 x^2 的概率 p 值小于显著性水平($\alpha=0.05$),则应拒绝原假设,认为样本来自的总体分布与期望分布或某一理论分布存在显著性差异;反之,如果 x^2 的 p 值大于显著性水平,则不应拒绝原假设,可以认为样本来自的总体分布与期望分布或某一理论分布无显著性差异。

二、卡方检验类型

卡方检验是一种用途广泛的假设检验方法,主要用于研究定类与定类数据之间的差异关系。其类型主要可以分为以下几种。

(一)配合度检验

配合度检验(也称为拟合度检验)主要用于检验一个因素多项分类的实际频数和

理论频数是否接近。这种方法涉及某分布与总体分布是否相符的检验,但并不涉及总体参数的问题。这种检验方法的核心在于比较实际观察到的频数与基于某种理论或假设计算出的期望频数之间的差异。

在实际应用中,研究者首先会提出一个关于因素分类的理论模型或假设,并基于该模型计算出期望频数;其次会通过收集实际数据得到实际频数;最后会利用卡方统计量来量化实际频数与期望频数之间的差异。这个统计量会考虑每个分类的实际频数与期望频数之间的偏差,并将它们汇总成一个数值。

如果计算得到的卡方统计量超过某个临界值(这个临界值通常与样本大小和研究者设定的显著性水平有关),那么研究者将拒绝原假设,认为实际频数与理论频数存在显著差异。这意味着观察到的数据分布与理论模型或假设的分布不符,可能存在其他未知的因素或变量在影响分类的分布。

相反,如果卡方统计量没有超过临界值,那么研究者将接受原假设,认为实际频数与理论频数较为接近。这表示观察到的数据分布与理论模型或假设的分布相对一致,可以认为该因素的分类是符合预期的。需要注意的是,配合度检验的结果受到多种因素的影响,包括样本大小、数据的分布形态以及研究者设定的显著性水平等。因此,在进行配合度检验时,研究者需要谨慎考虑这些因素,并确保其研究设计和方法能够准确地反映所研究的问题。

(二)同质性检验

同质性检验主要是用来比较两个或更多群体的分布是否相同,或者说它们是否在同一变量上具有类似的分布模式。其核心目的是检验两个样本数据是否同质,即它们是否来自相同的总体分布。

在进行同质性检验时,研究者会先提出一个原假设,即两个或更多群体的分布是相同的。然后,通过计算卡方统计量来比较实际观察到的频数与根据原假设计算得到的期望频数之间的差异。这个统计量将用于确定观察到的频数分布与原假设的期望频数分布之间的差异是否显著。

如果卡方统计量的值大于某一特定的临界值(这个临界值通常与样本大小和研究者设定的显著性水平有关),那么研究者将拒绝原假设,认为两个或更多群体的分布是不同的,即它们不是同质的。相反,如果卡方统计量的值小于临界值,则研究者将接受原假设,认为这些群体的分布是相同的,即它们是同质的。需要注意的是,同质性检验的结果受到多种因素的影响,包括样本量的大小、数据的分布形态以及研究者设定的显著性水平等。因此,在进行同质性检验时,研究者需要仔细考虑这些因素,并确保其研究设计和方法能够准确地反映问题。

(三)独立性检验

独立性检验是统计学中的一种检验方式,它与适合性检验同属于卡方检验。独立性检验的基本原理是,首先建立一个原假设,即所研究的两个或多个变量之间不存在关联,然后通过计算卡方统计量来判断观察值与期望值之间的差异是否显著,从而推断变量之间是否独立。假设有两个分类变量 x 和 y,它们的值域分别为 $\{x_1, x_2\}$ 和 $\{y_1, y_2\}$,其样本频数列联表为 k^2 的值越大,说明"x 与 y 有关系"成立的可能性越大。

常用的独立性检验方法包括皮尔逊卡方检验和 McNemar 检验。皮尔逊卡方检验适用于有两个以上分类变量的情况,它基于观察频数和期望频数之间的差异,计算出一个卡方统计量,并根据卡方分布表给出显著性水平;而 McNemar 检验则适用于配对数据比较的独立性检验,例如一个样本在两个时间点上的观察结果。

在独立性检验中,我们通常建立如下假设:原假设 H_0 是两个分类变量相互独立;备择假设 H_1 是两个分类变量不相互独立。然后,通过构造检验统计量(如卡方统计量)和计算 p 值,来判断是否拒绝原假设。

三、卡方检验SPSS案例操作应用

例如,近年来,随着人们生活质量的提升,泡温泉已成为一种备受欢迎的休闲方式。人们泡温泉的目的多种多样,可能是为了放松身心、缓解压力,也可能是为了寻求健康养生之道。因此,温泉旅游部门想要了解不同性别在过去一年中泡温泉的次数是否存在显著差异,从而制定更有针对性的营销策略,提高温泉旅游的可持续发展。研究问题:不同性别对于过去一年泡温泉的次数有无显著差异?

(一)操作步骤

第一步,导入温泉数据。

第二步,点击"分析(A)"—"非参数检验",选择卡方检验,弹出对话框。将"9.在过去的一年中,您泡温泉的次数是"添加到"检验变量列表(T)",如图9-5所示。

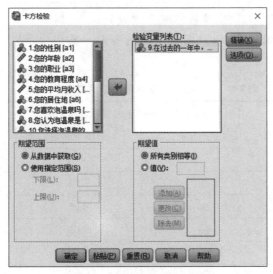

图9-5 "卡方检验"对话框

第三步，单击"选项(O)"，弹出对话框，勾选"描述(D)"和"四分位数(Q)"，如图 9-6 所示，点击"继续(C)"按钮，返回图 9-5 所示的"卡方检验"对话框。

第四步，点击"确定"按钮，输出结果。

图 9-6 "卡方检验：选项"对话框

（二）结果解读

1. 描述性统计量

表 9-8 所示为检验数据的描述性统计量，254 个数据中，平均值为 2.039 次，标准差为 1.1552 次，最小值和最大值分别为 1 次和 5 次。

表 9-8 卡方检验的描述性统计量

	个案数	平均值	标准差	最小值	最大值	百分位数		
						第 25 个	第 50 个（中位数）	第 75 个
9.在过去的一年中，您泡温泉的次数是	254	2.039	1.1552	1.0	5.0	1.000	2.000	2.000

表 9-9 是卡方检验的观察频数和期望频数分布表，列出了一年泡温泉不同次数的实际观测数和期望观测数，以及两者之间的残差。从表中可以看出，实际个案数为 254，最大残差为 56.5。

表 9-9 卡方检验的观察频数和期望频数分布表

9.在过去的一年中，您泡温泉的次数是			
	实测个案数	期望个案数	残差
0 次	91	63.5	27.5
1—3 次	120	63.5	56.5
7—10 次	28	63.5	−35.5
10 次及以上	15	63.5	−48.5
总计	254		

注：问卷调查中，选择泡温泉次数为"4—6 次"选项的样本量为 0。

2. 卡方检验

表9-10所示为卡方检验的结果。

表9-10 卡方检验的结果

	9.在过去的一年中,您泡温泉的次数是
卡方	119.071[a]
自由度	3
渐进显著性	0.000

a.单元格的期望计数少于5。

从表9-10中可以看出,卡方统计量为119.071,自由度为3,渐进显著性为0.000,小于显著性水平0.05,因此,我们接受原假设,认为过去一年中泡温泉次数的分布与预期分布之间存在显著差异。这说明,可能存在某些因素影响了人们泡温泉的次数,需要进一步的研究和分析来揭示这些潜在因素。

思考题

1. 均值比较适用于哪些分析场景?
2. t检验与卡方检验的适用条件有哪些差异?
3. 比较不同旅游目的地的游客平均消费额,分析可能导致这些差异(如目的地类型、旅游季节、游客来源等)的因素。

第十章 方差分析

 本章概要

方差分析是统计学中一种重要的分析方法,它主要用于研究不同来源的变异对总体变异的影响程度,以确定可控因素对研究结果的影响。方差分析旨在通过比较不同组间的均值差异,判断这些因素是否对因变量产生显著影响。为了保证分析结果的可靠性,方差分析需要满足一定的假定条件,包括数据的正态性、独立性和方差齐性等。本章将介绍方差分析的基本类型,即单因素方差分析和多因素方差分析,并将通过SPSS的实际操作案例来展示单因素方差分析和多因素方差分析的具体应用。通过详细的操作步骤和结果解读,学生能够掌握在SPSS中进行方差分析的方法和技巧。

 **学习目标**

知识目标

(1) 掌握方差分析的基本概念,包括方差、均方和 F 值等。
(2) 了解方差分析的基本假设和前提条件,如数据的正态性、方差齐性等。
(3) 掌握方差分析的数学模型和计算方法,包括总方差、组内方差、组间方差等。

能力目标

(1) 能够运用方差分析软件(如SPSS)进行实际操作和分析。
(2) 能够根据实际问题选择合适的方差分析方法,并正确解释分析结果。
(3) 培养学生的批判性思维能力和数据分析能力,使其能够独立思考和解决复杂问题。

素养目标

(1) 培养学生的科学精神和实践能力,使其能够运用所学知识解决实际问题。

（2）引导学生树立正确的价值观和方法论，注重数据的真实性和可靠性，遵守学术规范和道德准则。

（3）结合实际案例，培养学生的社会责任感和使命感，使其能够为社会发展和人类进步做出贡献。

第一节　方差分析概述

一、问题提出

在旅游行业中，经常需要对不同旅游目的地的吸引力、游客满意度或旅游收入等多个指标进行均值比较。假设某旅游公司想要评估三个不同旅游目的地（A、B、C）的游客满意度。为了获取数据，旅游公司向每个目的地的游客发放了满意度调查问卷，并要求游客对目的地的整体满意度进行评分（例如，1—5分）。收集到数据后，旅游公司想要知道这三个目的地在游客满意度上是否存在显著差异，就需要进行分析。这时，当涉及三个或更多目的地时，简单的两两比较可能不足以全面揭示它们之间的差异，因此就需要使用方差分析来进行更准确的均值比较。

通过方差分析，旅游公司可以了解到哪些目的地在游客满意度上表现较好，哪些目的地需要改进。这有助于公司制定更精准的营销策略，优化资源配置，提升游客体验，从而增加旅游收入和市场竞争力。因此，当需要对三个或更多变量的均值进行比较时，方差分析是一种非常实用且有效的统计方法。

二、方差分析

（一）概念

方差分析（Analysis of Variance，ANOVA）是由英国统计学家罗纳德·费希尔在20世纪初提出的一种统计方法，旨在比较三个或更多组之间的均值是否存在显著差异。方差分析之所以得名，主要是因为它研究的是均值的变异，即推断多个总体的均值是否有差别，而不是直接研究方差本身。方差分析的核心思想是变异度的分解，主要过程是F统计量的构建。通过方差分析，研究者能够了解不同样本或总体之间的均值是否存在显著差异，从而做出更准确的统计推断。

在方差分析中，研究者将数据分为不同组，并计算每组内观察值的方差。通过比较组间的方差与组内的方差，可以判断不同因素对总体均值的影响是否显著。如果组间方差显著大于组内方差，说明不同组之间存在显著的均值差异，进而可以推断不同因素对观察结果具有显著影响。具体来说，方差分析将数据变异分解为不同来源的变异,通过比较这些变异的大小来判断不同因素对总体均值的影响程度。这种分析方式有助于研究者理解不同组别之间的差异,以及这些差异是否由特定的因素引起。因此,方差分析在科学研究、市场调研、医学实验等领域得到了广泛的应用,成为一种重要的统计推断工具。值得注意的是,方差分析的应用需要满足两个关键条件:独立方差性和方差齐性。这意味着样本必须来自正态分布总体且相互独立,同时所抽样的总体必须是等方差的。只有当这些条件得到满足时,方差分析的结果才是有效和可靠的。

(二)方差分析假定条件

方差分析的假定条件确保了方差分析的结果具有可靠性和有效性,具体包括:

(1)正态性假定。它指的是每组数据都应当服从正态分布。正态分布的假设有助于确保方差分析的结果不会受到数据分布形态的影响。如果数据不是正态分布的,那么统计推断的可靠性就会受到质疑。在实际应用中,如果数据不满足正态性,可以通过对数据进行转换(如对数转换)或使用非参数统计方法来解决。

(2)独立性假定。它指的是每个观测值是独立获取的,不存在相关性。也就是说,一个观测值的取值不会受到其他观测值的影响。这个假定是为了避免重复计算和混淆统计结论。如果数据之间存在相关性,可能导致无效的推断。因此,在实际应用中,研究者需要注意数据的来源和处理方式,以尽量避免数据之间的相关性。

(3)方差齐性假定。它指的是各组数据的方差应该是相等的。方差齐性的假定有助于确保组间的差异不会由于方差不同而受到影响。如果方差不齐,可能会导致错误的结论。在实际应用中,可以通过方差齐性检验(如 Levene 检验或 Bartlett 球形检验)来检查这一假定是否成立。如果方差不齐,可以通过数据变换(如对数变换)或采用非参数统计方法来解决。

这些假定条件为方差分析提供了坚实的基础,确保了统计推断的准确性和可靠性。如果数据不符合这些前提条件,可能会影响方差分析的结果和解释。在进行方差分析之前,最好进行数据的探索性分析,以检查数据是否满足这些前提条件。当数据不符合这些条件时,可能需要采取适当的数据转换或考虑使用非参数方法来进行分析。

(三)基本原理

1. 组内差异与组间差异

方差分析的基本原理认为不同处理组的均值间的差别基本来源有两个。

一是随机误差。例如,测量误差造成的差异或个体间的差异,也称为组内差异,用变量在各组的均值与该组内变量值之偏差平方和的总和表示,记作 SS_w,组内自由度记作 df_w。

二是试验条件或不同处理造成的差异,称为组间差异。用变量在各组的均值与总均值之偏差的总平方和表示,记作SS_b,组间自由度记作df_b。例如,$k×m$个试验对象随机分到k组,分别进行k种处理,要研究k种处理间的均值是否存在显著差异,即处理是否有作用。测得数据是单因素k水平的完全随机设计数据,见表10-1。

表10-1 单因素k水平的完全随机设计数据

	j=处理1	j=处理2	j=处理3	j=处理4	...	j=处理k
$i=1$	x_{11}	x_{21}	x_{31}	x_{41}	...	x_{k1}
$i=2$	x_{12}	x_{22}	x_{32}	x_{42}	...	x_{k2}
$i=3$	x_{13}	x_{23}	x_{33}	x_{43}	...	x_{k3}
$i=4$	x_{14}	x_{24}	x_{34}	x_{44}	...	x_{k4}
$i=5$	x_{15}	x_{25}	x_{35}	x_{45}	...	x_{k5}
⋮	⋮	⋮	⋮	⋮	⋱	⋮
$i=m$	x_{1m}	x_{2m}	x_{3m}	x_{4m}	...	x_{km}

其中,$i=1,\cdots,m$,是试验序号;$j=1,\cdots,k$,是处理序号;x_{ij}是对第i个试验对象第j种处理后的因变量测试值。

此为平衡设计,即各处理组试验对象数相等,均为m个。数据的完全随机分析中,总偏差平方和分解为组间偏差平方和和组内偏差平方和之和,即$SS_t=SS_w+SS_b$。

总均值计算公式如下:

$$\bar{\bar{x}}=\frac{\sum_{j=1}^{k}\sum_{i=1}^{m}x_{ij}}{km}$$

第j种处理组均值如下:

$$\bar{x}_j=\frac{\sum_{i=1}^{m}x_{ij}}{m}$$

总偏差平方和如下:

$$SS_t=\sum_{j=1}^{k}\sum_{i=1}^{m}(x_{ij}-\bar{\bar{x}})^2$$

其中,x_{ij}是第j种处理组对第i个试验对象的观察值。

组间偏差平方和如下:

$$SS_b=m\sum_{j=1}^{k}(\bar{x}_j-\bar{\bar{x}})^2$$

上式反映处理间差异,自由度$df_b=k-1$。

组内偏差平方和如下:

$$SS_w=\sum_{j=1}^{k}\sum_{i=1}^{m}(x_{ij}-\bar{x}_j)^2$$

总误差偏差平方和,自由度$df_w=k(m-1)$。

为去除样本量的影响，SS_b、SS_w除以各自的自由度得到其均方（即方差）值，即组间均方和组内均方：

$$MS_b = \frac{SS_b}{df_b}, \quad MS_w = \frac{SS_w}{df_w}$$

两者比值服从自由度为$(k-1)$和$k(m-1)$的F分布，有

$$F = \frac{MS_b}{MS_w}$$

一种情况是处理不起作用，即各样本均来自同一总体，即$\frac{MS_b}{MS_w}=1$；考虑抽样误差的存在，则有$\frac{MS_b}{MS_w} \approx 1$。

另一种情况是处理确实有用，组间均方是由于误差与不同处理共同导致的结果，即各样本来自不同总体。那么，组间均方会远远大于组内均方，即$MS_b \gg MS_w$。

MS_b/MS_w比值构成F分布，用F值与其临界值比较，推断各样本是否来自相同的总体。

2. 方差分析的假设检验

假设有k个样本，如果原假设H_0为样本均数都相同，即$\mu_1=\mu_2=\mu_3=\cdots=\mu_k=\mu$，$k$个样本有共同的方差$\delta^2$，则$k$个样本来自具有共同方差$\delta^2$和相同均数$\mu$的总体。

如果经过计算，组间均方远远大于组内均方，使得$F>F_{0.05}(df_b,df_w)$，则p值小于0.05，拒绝原假设，这说明样本来自不同的正态总体，处理造成均值的差异有统计意义；若$F<F_{0.05}(df_b,df_w)$，则p值大于0.05，不拒绝原假设，这说明样本来自相同总体，处理间无差异。

三、方差分析类型

方差分析主要分为以下几种类型。

（一）单因素方差分析

单因素方差分析又称为一维方差分析，主要用来研究一个控制变量的不同水平是否对观测变量产生了显著影响。单因素方差分析适用于问卷数据和实验数据，特别是那些实验中只有一个因素改变的样本。通过单因素方差分析，我们可以判断该因素对样本的影响因素是否显著。在此过程中，因变量只有一个，且为连续型变量；自变量只有一个，且为分类变量，有两个或两个以上的类（组）。

（二）多因素方差分析

多因素方差分析是一种由多因素试验设计得到数据的分析方法，主要通过研究观测变量的均值是否存在显著差异，来探讨一个观测变量是否受到多个控制变量的影响。多因素方差分析不仅能够分析多个因素对观测变量的独立影响，还能够分析多个

控制因素的交互作用能否对观测变量的分布产生显著影响,从而找到有利于观测变量的最优组合。此外,根据具体的研究问题和数据特点,方差分析还可以进一步细分为一元方差分析、协方差分析和多元方差分析等类型。这些分析方法在统计学和实验设计中都有广泛的应用,可以帮助研究者有效地分析数据并得出科学的结论。

比较单因素方差分析与多因素方差分析,二者具有以下特点。

(1)在变量数量方面,单因素方差分析涉及一个独立变量,而多因素方差分析涉及两个或更多个独立变量。

(2)在假设检验方面,两者的原假设H_0不同。单因素方差分析的原假设H_0是各组之间的均值没有显著性差异,而多因素方差分析的原假设H_0是多个变量之间没有相互交互作用。

(3)在影响考虑方面,多因素方差分析在考虑每个因素对因变量的主效应的同时,还考虑因素之间的交互作用,而单因素方差分析则只考虑一个因素对因变量的影响。

总的来说,单因素方差分析和多因素方差分析都是用于检验不同组别间均值差异的重要统计方法,但它们在处理的变量数量、假设检验以及影响的考虑上有所不同。选择使用哪种方法取决于研究的具体问题和背景。

第二节 基本原理

一、单因素方差分析

(一)基本原理

方差分析认为观测变量值的变动受到两方面的影响,即控制变量和随机变量的影响。所以,在单因素方差分析中,观测变量总的离差平方和就可以分解为组间离差平方和与组内离差平方和两部分,公式如下:

$$SST = SSA + SSE$$

其中,SST 为观测变量总离差平方和,SSA 为组间离差平方和,SSE 为组内离差平方和。SST 的数学公式如下:

$$SST = \sum_{i=1}^{k} \sum_{j=1}^{n_i} (x_{ij} - \overline{x})^2$$

其中,k 为控制变量的水平数,x_{ij} 为控制变量第 i 水平下第 j 个样本值,n_i 为控制变量在第 i 个水平下样本个数,$\overline{x}$ 为观测变量均值。

SSA 主要是由控制变量的不同水平造成的变差,其数学公式如下:

$$SSA = \sum_{i=1}^{k} n_i (\bar{x}_i - \bar{x})^2$$

其中，$\bar{x}_i$为控制变量在第i个水平下观测变量的样本均值。可见，组间离差平方和是各水平组均值和总均值离差的平方和，反映了控制变量不同水平对观测变量的影响。

SSE主要是由抽样误差造成的变差，其数学公式如下：

$$SSE = \sum_{i=1}^{k} \sum_{j=1}^{n_i} (x_{ij} - \bar{x}_i)^2$$

可见，组内离差平方和是每个观测数据与本水平组均值离差的平方和，反映了抽样误差的大小。

（二）分析步骤

1. 建立原假设

在方差分析中，原假设构造为$H_0: \mu_1 = \mu_2 = \cdots = \mu_k$，其中$\mu_1, \mu_2, \cdots, \mu_k$不完全相等。$\mu_k$为因素的第$k$个水平下的观测变量的总体均值，即单因素方差分析的原假设为不同因素水平下的观测变量各总体均值无显著性差异。

2. 构造统计量

方差分析采用的检验统计量是F统计量，其数学公式如下：

$$F = \frac{MSB}{MSE} = \frac{SSB/(k-1)}{SSE/(n-k)}$$

其中，n为总样本数，SSB、SSE、SST分别服从自由度为$(k-1)$、$(n-k)$、$(n-1)$的X^2分布。F统计量服从$(k-1, n-k)$各自由度的F分布。

3. 计算统计量的观测值和p值

该步骤的目的是计算检验统计量的观测值和相应的p值。如果控制变量对观测变量造成了显著影响，那么在观测变量总的变差中控制变量影响所占的比例相对于随机变量必然较大，F值显著大于1；反之，如果控制变量没有对观测变量造成显著影响，那么观测变量的变差应归结为随机变量造成的，F值接近1。

4. 给定显著性水平α，得出结论

给定显著性水平α，并与检验统计量的p值进行比较（$\alpha = 0.05$）。如果p值小于显著性水平α，则拒绝原假设，即在控制变量不同水平下观测变量各总体的均值存在显著性差异，控制变量的各个效应不同时为0，控制变量的不同水平对观测变量产生了显著影响；反之，如果p值大于显著性水平α，则应接受原假设，即在控制变量不同水平下观测变量各总体的均值无显著性差异，控制变量的各个效应同时为0，控制变量的不同水平对观测变量没有产生显著影响。

二、多因素方差分析

（一）基本原理

在多因素方差分析中，观测变量取值的变动受到三个方面的影响：①控制变量独立作用的影响；②控制变量交互作用的影响；③随机变量的影响。所以，多因素方差分析的观测变量总变差可以进行以下分解。

观测变量总变差分解公式：

$$SST = SSA + SSB + SSAB + SSE$$

当控制变量为三个时，多因素方差分析的观测变量总变差可以分解为

$$SST = SSA + SSB + SSC + SSAB + SSBC + SSAC + SSABC + SSE$$

这里仅以两个控制变量为例进行说明，当控制变量多于两个时，结构更为复杂，但基本思路不变。SST 为观测变量的总变差；SSA 和 SSB 分别为控制变量 A 和 B 独立作用引起的变差；SSAB 为控制变量 A 和 B 交互作用引起的变差；SSE 为随机因素引起的变差。

交互作用可解释的变差 SSAB 可以表示为

$$SSAB = SST - SSA - SSB - SSE$$

（二）分析过程

1. 提出原假设

多因素方差分析的原假设 H_0 为各控制变量不同水平下观测值对各总体的均值无显著性差异，控制变量各效应和交互作用效应同时为 0，即控制变量和它们的交互作用没有对观测变量产生显著影响。数学表达式为 $a_1 = a_2 = \cdots = a_k = 0, b_1 = b_2 = \cdots = b_r = 0$。

2. 构造检验统计量

多因素方差分析仍然采用 F 统计量，但在多因素方差分析中，控制变量可以被进一步划分为固定效应和随机效应两种类型。固定效应通常指控制变量的各个水平，是可以严格控制的，给观测值带来的影响是固定的，如温度、品种等。随机效应是指控制变量的各个水平无法进行严格的控制，给观测值带来的影响是随机的，如城市规模、受教育水平等。

以两个控制变量为例，总方差分解为 $SST = SSA + SSB + SSAB + SSE$。其中，SST 为观测变量的总变差，SSA 和 SSB 分别为控制变量 A 和 B 独立作用的变差，SSAB 为控制变量 A 和 B 两两交互作用引起的变差，SSE 为随机变量引起的误差。通常称 $SSA + SSB + SSAB$ 为主效应，SSAB 为 N 向交互效应，SSE 为剩余。

一般区分固定效应和随机效应是比较困难的，由于这两种效应的存在，多因素方差分析模型也有固定效应模型和随机效应模型之分。这两种模型分解观测值变差的方式是完全相同的，主要差别体现在检验统计量的构造方面。

在固定效应模型中,各F统计量为

$$F_A = \frac{SSA/(k-1)}{SSE/kr(l-1)} = \frac{MSA}{MSE}$$

$$F_B = \frac{SSB/(r-1)}{SSE/kr(l-1)} = \frac{MSB}{MSE}$$

$$F_{AB} = \frac{SSAB/(k-1)(r-1)}{SSE/kr(l-1)} = \frac{MSAB}{MSE}$$

在随机效应模型中,各F统计量为

$$F_A = \frac{SSA/(k-1)}{SSAB/(k-1)(r-1)} = \frac{MSA}{MSAB}$$

$$F_B = \frac{SSB/(r-1)}{SSAB/(k-1)(r-1)} = \frac{MSB}{MSAB}$$

$$F_{AB} = \frac{SSAB/(k-1)(r-1)}{SSE/kr(l-1)} = \frac{MSAB}{MSE}$$

其中,$k-1$和$r-1$分别是SSA和SSB的自由度,$(k-1)(r-1)$是SSAB的自由度,$kr(l-1)$是SSE的自由度;MSA和MSB分别是两控制变量平均组间平方和,MSAB是两控制变量交互作用的平均组间平方和,MSE是平均组内平方和。

3. 计算检验统计量观测值和p值

SPSS自动将相关数据代入各式,计算出各F统计量的观测值和对应的p值。

4. 给出显著性水平,并做出决策

给定显著性水平α,依次与各个检验统计量的p值做比较。在固定效应模型中,如果F_A的p值小于显著性水平α,则应拒绝原假设,认为控制变量A不同水平下观测变量各总体的均值存在显著差异,控制变量A的各个效应不同时为0,控制变量A的不同水平对观测变量产生了显著影响;反之,如果F_A的p值大于显著性水平α,则不应拒绝原假设,认为控制变量A不同水平下观测变量各总体的均值无显著差异,控制变量A的各个效应同时为0,控制变量A的不同水平对观测变量没有产生显著影响。对控制变量B及A、B交互作用的推断同理。在随机效应模型中,应首先对A、B的交互作用是否显著进行推断,再分别依次对A、B的效应进行检验。

第三节 方差分析SPSS案例操作

一、单因素方差分析

举例,某旅游研究机构对来民族村寨旅游的游客进行了满意度调查。调查共收集了400份有效问卷,涵盖了不同年龄段的游客。调查问卷采用五级量表,让游客对西江千户苗寨的旅游满意度进行评价,1代表非常不满意,5代表非常满意。研究问题:不同年龄段游客对西江千户苗寨旅游满意度是否差异显著。

(一)操作步骤

第一步,将民族村寨旅游满意度数据导入SPSS,在数据视图页面,点击"分析(A)"—"比较平均值"—"单因素ANOVA检验"。

第二步,将满意的经历作为观测变量放入"因变量列表(E)",将年龄放入"因子(F)"方框中,如图10-1所示。

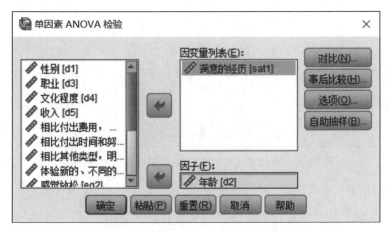

图10-1 "单因素ANOVA检验"对话框

第三步,单击"对比(N)"按钮,然后勾选"多项式(P)"将"等级(D)"选为"线性",如图10-2所示。单击"继续(C)"按钮,返回图10-1所示界面。

图10-2 "单因素ANOVA检验:对比"对话框

第四步，单击"事后比较(H)"，弹出对话框，勾选假定等方差"图基(T)"和不假定等方差"塔姆黑尼T2(M)"，如图10-3所示。点击"继续(C)"按钮，返回图10-1所示界面。

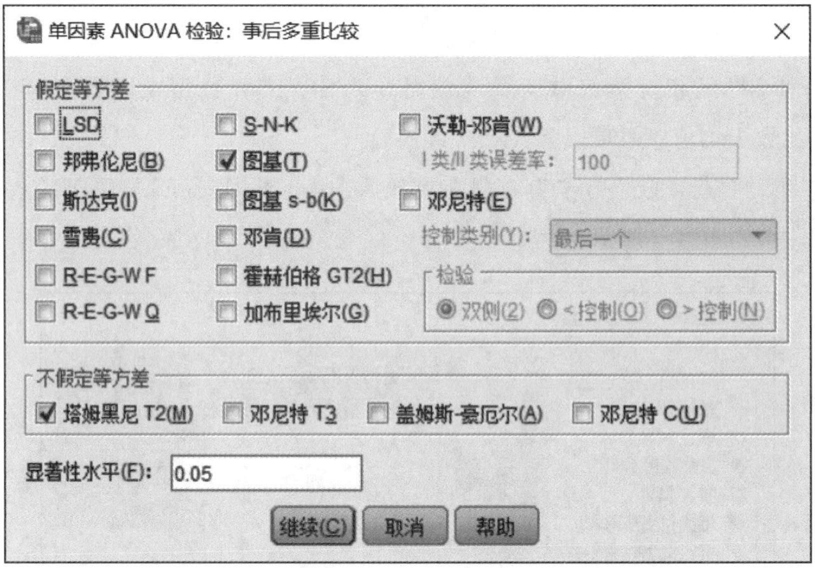

图10-3 "单因素ANOVA检验：事后多重比较"对话框

第五步，单击"选项(O)"，弹出对话框，勾选"描述(D)""方差齐性检验(H)"和"平均值图(M)"，如图10-4所示，点击"继续(C)"按钮，返回图10-1所示界面。

第六步，单击"确定"，即可得到单因素方差分析表。

图10-4 单因素ANOVA检验

(二)结果解读

1. 描述性统计量

表10-2所示为描述性统计量的结果,分别列出了年龄、个案数(即样本量)、平均值、标准差、标准误差、平均值95%置信区间下限和上限、最大值、最小值。从表10-2中可以看出不同年龄段人群在民族村寨旅游中都获得了较好的旅游体验(满意度的均值在3.4左右),说明受访者对此次旅游都较为满意。

表10-2 描述性

年龄	个案数	平均值	标准差	标准误差	平均值95%置信区间		最小值	最大值
					下限	上限		
≤18岁	5	3.4000	0.54772	0.24495	2.7199	4.0801	3.00	4.00
19—24岁	48	3.4731	0.77539	0.11192	3.2480	3.6983	1.00	5.00
25—34岁	95	3.3936	0.66432	0.06816	3.2583	3.5289	1.00	5.00
35—44岁	51	3.5037	0.67888	0.09506	3.3128	3.6947	1.00	5.00
45—54岁	26	3.5035	0.65649	0.12875	3.2383	3.7686	2.00	5.00
≥55岁	2	3.5000	0.70711	0.50000	−2.8531	9.8531	3.00	4.00
总计	227	3.4488	0.68429	0.04542	3.3593	3.5383	1.00	5.00

2. 方差齐性的检验

表10-3所示是方差齐性检验的结果,从表中可以看出,不同年龄段游客在民族村寨旅游满意经历的方差齐性检验观测值为0.765,p值为0.996,在显著性水平为0.05的前提下,由于p值大于显著性水平,因此,研究认为不同年龄的游客对于在民族村寨旅游是一次满意经历中的总体方差无显著差异,满足方差分析的前提。

表10-3 方差齐性检验

满意经历			
莱文(Levene)统计	自由度1	自由度2	p值
0.765	5	221	0.996

3. 单因素方差分析结果

表10-4所示为单因素方差分析的结果。其中,观测变量满意经历的离差平方总和为105.87;因为只考虑年龄的原因,满意经历中总变差中,不同年龄可解释的变差为0.567,抽样误差引起的变差为105.20,组间方差和组内方差分别为0.113和0.476,两者相除所得到的F统计量的观测值为0.238,对应的p值为0.945。在显著性水平α为0.05时,p值大于0.05,所以接受原假设,认为在民族村寨旅游中不同年龄段游客间的满意度不存在显著差异。

表 10-4　ANOVA

	平方和	自由度	均方	F	p值
组间	0.567	5	0.113	0.238	0.945
组内	105.20	221	0.476		
总计	105.87	226			

4. 结论

根据单因素方差分析的结果，可以得出结论：不同年龄对于民族村寨旅游游客满意度影响效应不显著，即年龄因素不是影响游客满意度的主要因素。这可能是因为其他未考虑的因素对满意度的影响更为显著，或者在所研究的样本中，年龄差异并没有导致明显的满意度差异。在进一步的研究中，我们可以考虑引入更多可能的影响因素，以更全面地分析影响民族村寨旅游游客满意度的因素。

二、多因素方差分析

例如，某地作为中国著名的苗族文化旅游胜地，吸引了大量游客前来体验其独特的民俗风情和自然景观。然而，不同性别和年龄段的游客在旅游体验中可能存在不同的需求和期望，这直接影响了他们的满意度。研究问题：不同性别和年龄段的游客在民族村寨旅游体验中的满意度是否存在显著差异？

（一）操作步骤

第一步，点击"分析(A)"—"一般线性模型"—"单变量"，弹出对话框，如图 10-5 所示。

图 10-5　多因素方差分析

第二步，将"相比其他类型，此次旅游是明智选择"放入"单变量"方框中，将年龄、性别放入"固定因子(F)"框中，如图 10-6 所示。

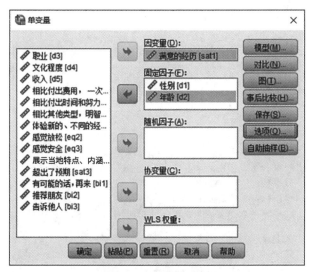

图 10-6 "单变量"对话框

第三步,单击"选项(O)",弹出对话框,勾选"描述统计(D)"和"齐性检验(H)",如图 10-7 所示。然后点击"继续(C)"按钮,返回图 10-6 所示的界面。

第四步,单击"事后比较(H)",弹出对话框,将"d2"放入"下列各项的事后检验(P)"框中,在"假定等方差"中勾选"LSD"和"图基(T)",如图 10-8 所示,然后点击"继续(C)"按钮,返回图 10-6 所示的界面。

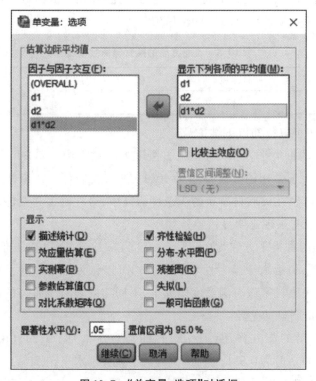

图 10-7 "单变量:选项"对话框

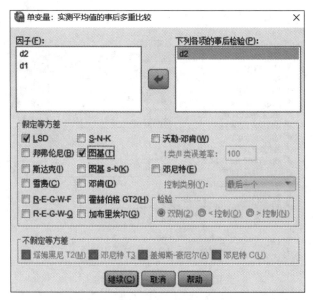

图 10-8 "单变量:实测平均值的事后多重比较"对话框

第五步,单击"确定",输出结果如表 10-4、表 10-5 所示。

(二)结果解读

(1)如表 10-5 所示,F 值为 1.651,p 值为 0.086,在显著性水平为 0.05 的前提下,p 值大于显著水平,因此,我们认为不同性别和年龄的游客在民族村寨旅游满意经历方面的总体方差无显著差异,满足方差分析的前提。

表 10-5 误差方差的莱文等同性检验

F	自由度 1	自由度 2	显著性
1.651	11	215	0.086

(2)从表 10-6 可以得知以下结论:

① 性别($d1$)的Ⅲ类平方和为 0.530,自由度为 1,均方为 0.530;F 值为 1.110,p 值为 0.293。由于 p 值大于常用的显著性水平 α(如 0.05),我们可以认为性别对满意度没有显著影响。这意味着在民族村寨旅游满意度研究中,男性游客和女性游客在民族村寨旅游满意经历上没有表现出明显的差异。

② 年龄($d2$)的Ⅲ类平方和为 0.623,自由度为 5,均方为 0.125;F 值为 0.261,p 值为 0.934;同样,由于 p 值远大于显著性水平 α,我们可以认为年龄对满意度也没有显著影响。这意味着在民族村寨旅游满意度研究中,不同年龄段对于游客的民族村寨旅游满意经历没有表现出明显的差异。

③ 性别与年龄的交互作用($d1*d2$)的Ⅲ类平方和为 1.912,自由度为 5,均方为 0.382;F 值为 0.800,p 值为 0.551;由于 p 值远大于显著性水平 α,我们可以认为性别和年龄之间的交互作用对满意度没有显著影响。这意味着在此研究中,不同性别和年龄的

组合并没有导致游客在民族村寨旅游满意经历上的显著差异。

表 10-6　主体间效应检验[a]

源	Ⅲ类平方和	自由度	均方	F	显著性
修正模型	3.085[a]	11	0.280	0.587	0.838
截距	532.096	1	532.096	1113.482	0.000
$d1$	0.530	1	0.530	1.110	0.293
$d2$	0.623	5	0.125	0.261	0.934
$d1*d2$	1.912	5	0.382	0.800	0.551
误差	102.741	215	0.478		
总计	2805.831	227			
修正后总计	105.827	226			

a. 因变量:满意度。
b. $R^2=0.029$(调整后$R^2=0.021$)。

综上所述,根据这个多因素方差分析的结果,性别和年龄以及它们的交互作用对满意经历均没有显著影响。然而,需要注意的是,这个结果可能受到样本量、数据分布、研究设计以及其他潜在因素的影响。此外,即使性别和年龄在民族村寨旅游满意度研究中没有表现出显著影响,它们仍然可能在其他情境或研究中对满意经历产生重要影响。因此,在解释这些结果时,我们要谨慎并要考虑其他可能的因素。

思考题

1. 方差分析的基本思想是什么?
2. 方差分析的应用条件有哪些?
3. 在进行方差分析时,如何判断结果是否显著?

第十一章
相关分析与回归分析

 本章概要

　　相关分析是对任何事物之间的强弱、直接间接的联系通过定量指标进行描述的一种统计学方法。相关性的元素之间需要存在一定的联系才可以进行相关分析。相关性不等于因果性,也不是简单的个性化,相关性所涵盖的范围和领域几乎涵盖了我们所见到的方方面面,在不同的学科中,其定义也有很大的差异。根据变量的不同类型,研究者可以选用各种各样的相关程度描述指标。相关分析可以帮助研究者在初步探索数据时了解变量之间的关系,并为后续深入分析和解释提供基础。相关系数是相关分析的具体表达,常见的相关系数包括皮尔逊相关系数、斯皮尔曼等级相关系数等。本章将介绍相关分析和回归分析的基本概念、基本原理和操作应用等。通过本章的学习,学生能够区分相关分析和回归分析的差异,并能在实际问题中判断运用哪种分析手段。

 **学习目标**

知识目标
(1) 了解相关分析、回归分析的基本概念。
(2) 熟悉相关系数及回归估计的计算与解读。
(3) 掌握SPSS分析软件工具的使用。

能力目标
(1) 能够根据实际问题选择合适的分析方法,并正确计算相关系数与回归系数。
(2) 能够通过解读相关分析、回归分析的结果,对实际问题提供有效的见解和建议。

素养目标
(1) 培养学生运用相关分析、回归分析解决实际问题的能力。
(2) 培养学生的批判性思维能力,使学生能够理性地评估相关分析、回归分析结果的可靠性,避免盲目接受或拒绝分析结果。

第一节 相关分析

一、概述

研究者想探究游客的感知价值、体验质量和行为意图之间的关系,于是随机抽取227名游客,让他们填写感知价值量表、体验质量量表和行为意图量表。而想了解游客的感知价值、满意度、体验质量和行为意图之间是否存在关联,研究者则需要运用相关分析。相关分析常用于数据分析的初步阶段,能够帮助研究者了解数据中变量之间的潜在关系。

(一)相关分析及类型

相关分析是一种统计学方法,用于研究两个或多个变量之间的关系和相互依赖程度。它主要专注于探索变量之间的相关性,包括线性关系的强度和方向。相关分析可以帮助研究者确定变量之间是否存在某种关联或相关性,并且可以量化这种关联程度的强弱和方向,帮助研究者在初步探索数据时了解变量之间的关系,为后续的深入分析和解释提供基础。相关分析通常用相关系数来衡量。

相关系数是相关分析的一种具体表达,用于衡量两个变量之间关系强度和方向的统计量。通常使用散点图来描述相关系数。相关系数的取值范围在-1到1之间,绝对值越接近1表示关系越强,正负号表示关系的方向(正相关或负相关)。通过计算相关系数,研究者可以量化关联性的强度和方向,判断变量是正相关、负相关还是无关。

常见的相关系数包括皮尔逊相关系数、斯皮尔曼等级相关系数等,每种相关系数有其适用的场景和假设条件。皮尔逊相关系数常用来衡量两个连续变量之间的线性关系,适用于数据呈正态分布且变量间呈线性关系的情况。斯皮尔曼等级相关系数常用来衡量有序变量之间的关系,基于变量的秩次而不是实际值,适用于数据不满足线性关系假设的情况。

(二)相关分析特点

相关分析作为一种统计分析方法,具有以下特点。

(1)衡量变量之间的关联性。相关分析可以有效地衡量两个或多个变量之间的关联程度,帮助研究者揭示变量之间的线性关系。通过计算相关系数,研究者可以量化关联性的强度和方向,判断变量是正相关、还是负相关,又或是无关。

(2)简单直观。相关分析方法简单直观,易于理解和说明。相关系数的取值范围为-1至1,绝对值越大表示关系越强,正负号表示关系的方向。

(3) 可用于初步探索数据。相关分析常用于数据分析的初步阶段,能够帮助研究者了解数据集中变量之间的潜在关系。它有利于快速发现变量之间的关联,为进一步分析提供线索和方向。

(4) 可检验相关性的显著性。通过假设检验,研究者可以确定计算得到的相关系数是否显著,即关联性是否不可能仅是由随机因素造成的。

(5) 非参数性质。一些相关系数(如斯皮尔曼等级相关系数等)具有非参数性质,不需要假设数据的特定分布,对数据的要求较为宽松。

(三) 相关分析与回归分析

相关分析和回归分析都可以用来考察两个连续变量间的关系,但反映的是不同侧面。其具体对比如表11-1所示。

表11-1 相关分析和回归分析对比

名称	定义	目的	方法	适用性
相关分析	相关分析是用于研究和描述两个或多个变量之间的关系程度和方向的统计分析方法,主要关注变量之间的关联性,衡量线性相关关系的强度和方向	探索和描述变量之间的关系,了解它们是如何一起变化的。量化变量之间的相关性,但不涉及因果关系的推断	使用相关系数(如皮尔逊相关系数、斯皮尔曼等级相关系数等)来衡量变量之间的关系。不涉及自变量和因变量的区分,只考虑变量之间的相互关系	适用于探索变量之间的关系、发现潜在的关联模式,为进一步分析提供基础。不涉及建立预测模型或解释变量间的因果关系
回归分析	回归分析是一种用于建立和解释变量之间因果关系的统计分析方法,主要用于预测和解释因变量如何随着一个或多个自变量的变化而变化	确定自变量对因变量的影响程度和方向,建立预测模型。描述和解释变量之间的因果关系,预测未来的变化趋势	使用回归模型(如线性回归、多元线性回归、逻辑回归等)来建立变量之间的数学关系。步骤包括确定自变量的系数(影响力)、拟合模型、检验模型显著性等	适用于解释变量间的因果关系,预测未来的变化趋势,进行因果推断。应用包括建立预测模型、控制变量、解释模型系数等

相关分析和回归分析的具体区别如下:

(1) 焦点不同。相关分析关注变量之间的关联程度和方向,主要探索变量间的相互关系。回归分析关注变量之间的因果关系,建立预测模型和解释模型的影响力。

(2) 应用目的不同。相关分析用于描述变量之间的关系,量化相关性,但不涉及因果推断。回归分析用于建立预测模型,解释自变量对因变量的影响,进行因果推断。

(3)方法和步骤不同。相关分析使用相关系数进行衡量,不区分自变量和因变量。回归分析要建立数学模型,确定自变量对因变量的影响,包括模型拟合、系数估计等步骤。

综上所述,相关分析和回归分析是常用的统计分析方法,它们分别适用于不同的分析场景和目的。在实际应用中,研究者根据研究问题和数据特点选择合适的分析方法是十分重要的。

二、基本原理

(一)皮尔逊相关系数

皮尔逊相关系数主要用于衡量两个连续变量之间的线性关系。它适用于数据呈正态分布且变量间呈线性关系的情况,通常用r表示,其取值范围在-1与1之间:$r=1$表示完全正相关,即两个变量呈现完全的正向线性关系,一个变量增加,另一个变量也随之增加。$r=-1$表示完全负相关,即两个变量呈现完全的负向线性关系,一个变量增加,另一个变量则会减少。

$r=0$表示两个变量之间不存在线性关系,但不代表完全没有关系。其公式如下:

$$r=\frac{\sum_{i=1}^{n}(X_i-\overline{X})(Y_i-\overline{Y})}{\sqrt{\sum_{i=1}^{n}(X_i-\overline{X})^2\sum_{i=1}^{n}(Y_i-\overline{Y})^2}}$$

其中,X_i和Y_i是两个变量的第i个观测值;$\overline{X}$和$\overline{Y}$是两个变量的样本均值;n是样本的数量。

(二)斯皮尔曼等级相关系数

斯皮尔曼等级相关系数主要用于衡量两个变量之间的单调关系,不要求数据呈正态分布。它适用于非参数分析的情况,对异常值不敏感,因此,其适用范围较皮尔逊相关系数要广得多。其公式如下:

$$r=\frac{\sum_{i=1}^{n}(X_i-\overline{X})(Y_i-\overline{Y})}{\sqrt{\sum_{i=1}^{n}(X_i-\overline{X})^2\sum_{i=1}^{n}(Y_i-\overline{Y})^2}}$$

各变量含义同上。

(三)点二列相关系数

点二列相关系数用于衡量一个二元变量和一个连续变量之间的关系。当一个变量是二元的（如性别），另一个是连续变量时使用。公式如下：

$$r_{pq} = \frac{\overline{X}_p - \overline{X}_q}{S_x}\sqrt{pq}$$

其中，p 为一个二元变量个数与总数之比，q 为另一个连续变量个数与总数之比，S_x 为连续变量的标准差。

（四）二列相关系数

二列相关系数常用于衡量两个二元变量之间的关系。它类似于皮尔逊相关系数，但适用于两个二元变量之间的关系。公式如下：

$$r_b = \frac{\overline{X}_p - \overline{X}_q}{\sigma_t} \times \frac{pq}{Y}$$

其中，p 表示二元变量中某一类别的频数比率；q 表示二元变量中另一类别的频数比率；$\overline{X}_p$ 表示与二元变量中 p 类别相对应的连续变量的平均数；$\overline{X}_q$ 表示与二元变量中 q 类别相对应的连续变量的平均数；σ_t 表示连续变量的标准差；Y 表示正态曲线下与 p 相对应的纵线高度。

三、分析步骤

相关分析的步骤主要分为以下几步。

（1）明确研究目的。研究者需要明确你希望探究的是哪两个或多个变量之间的关系。这些变量可以是定量的（如年龄、收入）或定性的（如性别、职业）。

（2）收集数据。研究者要根据研究目的，收集相关的数据。确保数据的真实性和准确性是至关重要的。数据可以来自实验、观察或现有的数据库。

（3）数据预处理。在进行相关分析之前，研究者可能需要对数据进行一些预处理。这可能包括数据清洗（去除或修正错误数据）、数据转换（如对数转换、标准化）等。

（4）选择合适的相关性度量方法。研究者要根据数据的类型和分布，选择合适的相关性度量方法。常用的方法包括皮尔逊相关系数、斯皮尔曼等级相关系数等。这些方法可以衡量变量之间的线性关系或非线性关系。

（5）计算相关系数。研究者要使用选定的方法计算变量之间的相关系数。这个系数通常会在 −1 和 1 之间，表示关系的强度和方向。接近 1 表示强烈的正相关，接近 −1 表示强烈的负相关，接近 0 表示几乎没有关系。

（6）解释结果。研究者要根据计算出的相关系数，解释变量之间的关系。如果相关系数接近 1 或 −1，那么可以认为两个变量之间存在较强的关系。然而，需要注意的是，即使相关系数很高，也不能直接推断因果关系。

（7）假设检验。为了确定观察到的关系是否真实存在，而不是由随机误差引起的，研究者需要进行假设检验。这通常涉及计算t值或Z值,并与临界值进行比较。

(8)结论与讨论。研究者要根据分析结果得出结论,并讨论可能的解释、局限性以及对未来研究的建议。

第二节 回归分析

一、概述

(一)回归分析及其类型

"回归"一词的起源,可以追溯自英国学者弗朗西斯·高尔顿发表的论文 *Regression Toward Mediocrity in Hereditary Stature* 中,该论文分析了孩童身高与父母身高之间的关系,发现可通过父母的身高预测子女的身高,当父母身高越高或越矮时,子女的身高会较一般孩童高或矮,但有趣的是,当父母亲身高很高或很矮(极端倾向)时,子女的身高会不如父母亲身高那么极端化,而朝向平均数移动,这就是著名的均值回归现象。自此之后,"Regression"这个名词,也就被研究者视为研究变量间因果或预测关系的重要同义词,并沿用至今。

回归分析是统计学中一种重要的分析方法,用于研究自变量(或预测变量)与因变量(或解释变量)之间的关系。回归分析旨在建立一个数学模型,描述自变量如何影响因变量的变化,以及预测或解释因变量的变化趋势。回归分析可以帮助研究者识别和量化变量之间的关系,包括线性关系和非线性关系。

常见的回归模型包括非线性回归、线性回归、多元线性回归和逻辑回归等。非线性回归用于研究自变量与因变量之间的非线性关系,模型可以是多项式模型、指数模型、对数模型等。线性回归用于研究一个自变量对一个因变量的线性影响关系。线性回归又分为一元线性回归和多元线性回归。多元线性回归用于研究多个自变量对一个因变量的线性影响关系。逻辑回归用于预测二分类或多分类的因变量,输出是概率值,常用于分类问题。

(二)回归分析特点

回归分析具有以下特点。

(1)在建立关系模型方面,回归分析旨在通过建立数学模型来描述自变量与因变量之间的关系。常见的回归模型包括线性回归、多元线性回归、逻辑回归等。

(2)在预测与解释方面,回归分析可以用于预测因变量的数值(如旅游接待人次、旅游收入等)或解释因变量的变化趋势。通过分析自变量对因变量的影响程度和方向,研究者可揭示变量间的因果关系。

（3）变量间关系。回归分析可以帮助识别和量化变量之间的关系,包括线性关系和非线性关系。研究者可以探索多个自变量对因变量的联合影响,分析变量间的交互作用。

（4）模型评估。回归分析需要对建立的模型进行评估和检验,以确保模型的准确性和可靠性常见的模型评估方法包括残差分析、拟合优度检验、参数估计等。

二、基本原理

（一）线性回归基本假设

回归分析所进行的变量关系的探讨,是基于某些统计假设情景下的。当这些假设不存在时,将导致偏误的发生。以下将介绍四个回归分析的重要假设。

1. 线性关系假设

线性关系指的是两个变量之间存在的比例关系,其中一个变量的变化总是以恒定的比例影响另一个变量。如果将这两个变量分别表示为 X 和 Y,那么线性关系可以用以下的数学公式来表示:

$$Y = bX + a + e$$

自变量和因变量之间存在线性关系。这意味着因变量的期望值在自变量的任何给定值附近都以恒定的速度变化。如果自变量与因变量的关系不是线性的,线性模型就无法刻画出两者的联系。构造出来的线性模型不具有参考价值,则不能采用线性回归来分析。

2. 误差独立性假设

每个观测值都是相互独立的。即样本中的每个观测值对应一个独立的个体或实验,不存在观测值之间的相关性。当误差项出现自我相关时,虽然仍可进行参数估计,但是标准误会产生偏误从而降低统计检验力,容易产生回归模型被拒绝的结果。残差自我相关的现象与衍生的问题,在时间序列分析或纵贯研究中可表述为因变量 Y 的取值相互独立,之间没有联系。反映到模型中,实际上就是要求残差间相互独立,不存在自相关,否则应当采用自回归模型来分析。

3. 正态性假设

残差(误差项)应当服从正态分布。通常假设误差项是独立分布的正态分布。对于一个观察值的线性方程式 $Y = bX + a + e$,其中 $bX + a$ 即为回归模型,各项均不是随机变量,仅有残差 e 为正态化随机变量,故 Y 也应呈正态分布。正态性假设并不总是成立,当数据呈现出偏态或峰态等特征时,如果研究者仍采用正态性假设进行分析,那么可能会导致推断结果的不准确。因此,在进行统计分析和推断时,研究者需要对数据进行正态性检验,以确定是否满足正态性假设。

4. 方差齐性假设

因变量的方差在自变量的各个取值点上是恒定的,即误差项的方差是恒定的。这意味着随着自变量的变化,因变量的方差不应该发生显著变化。就自变量的任何一个线性组合,因变量 Y 的方差均相同,实质就是要求残差的方差齐。如果统计测试在没有满足方差齐性假设的情况下进行,那么可能会导致误导性的结果。

(二)一元线性回归

进行简单回归分析对数据有一定的要求,这里给出的是基本的适用条件。

1. 回归参数的估计方法

最小二乘法是回归分析中一种常用的估计方法,可以用于解决估计一个或多个自变量与因变量之间关系的问题。它的基本思想是对数据点进行一条线性拟合,使得这条拟合线能够最小化所有数据点到该线距离之和的平方。其公式如下:

$$SS_t = \sum(Y_i - \overline{Y})^2$$
$$= \sum(Y_i' - \overline{Y})^2 + \sum(Y_i - Y_i')^2$$
$$= SS_{reg} + SS_e$$

等式左右同除 SS_t 后得到:

$$1 = \frac{SS_{reg}}{SS_t} + \frac{SS_e}{SS_t} = \frac{\sum(Y_i' - \overline{Y})^2}{\sum(Y_i - \overline{Y})^2} + \frac{\sum(Y_i - Y_i')^2}{\sum(Y_i - \overline{Y})^2}$$

2. 模型拟合度

当我们想知道一个解释性或者预测性的方程的效率如何,或者说方程对观察值的拟合程度如何,需要用到回归平方和。它是由 x 的变化引起的,反映了由于 x 与 y 的线性关系而产生的 y 的变化,是回归方程所能解释的部分。我们希望回归平方和越大越好。用一个指标来表示回归平方和占总平方和的比例,记为 R^2。

$$R^2 = \frac{\sum(\hat{y} - \overline{y})^2}{\sum(y - \overline{y})^2}$$

R^2 为方程的确定系数,它的取值在 0 和 1 之间。R^2 越接近 1,表明方程中的变量对 y 的解释能力越强。研究者通常将 R^2 乘以 100% 表示回归方程解释 y 变化的百分比。

当模型中的变量是线性关系时,R^2 是方程拟合优度的度量。R^2 越大,说明回归方程拟合数据越好,或者说 x 与 y 线性关系越强,即回归方程中的自变量对 y 的解释能力越强。当 R^2 等于 1 时,所有的观察值都落在拟合平面上。R^2 越小,说明 x 与 y 的线性关系越弱,它们之间的独立性越强,或者说对 x 的了解无助于对 y 的预测。当 R^2 接近 0 时,这说明 x 与 y 几乎不存在线性关系,但可能存在很强的非线性关系。

3. 回归方程显著性检验(F 检验)

F 检验是一种常用的假设检验方法,用于检验两个或两个以上总体的均值是否存在显著差异,或者检验回归模型中自变量对因变量的解释力度。在回归分析中,F检验主要用于检验回归方程的显著性,即模型中至少有一个自变量对因变量有显著影响。

以下是回归方程F检验的一般过程。

(1)建立回归模型。根据研究目的和数据特点,选择合适的自变量和因变量,建立回归模型。模型的形式可以是线性回归、多元线性回归、逻辑回归等,具体取决于数据的性质和研究需求。

(2)计算回归方程的各项指标。在建立回归模型后,需要计算回归方程的各项指标,包括回归系数、截距、残差平方和等。这些指标是后续进行F检验的基础。

(3)计算F统计量。F统计量是用于检验回归方程显著性的关键指标。其计算公式如下:$F=$(回归平方和/自变量个数)/[残差平方和/(样本容量-自变量个数-1)]。其中,回归平方和表示自变量对因变量的解释力度,残差平方和表示自变量无法解释的部分。

(4)确定F检验的临界值。根据所选的显著性水平(如$\alpha=0.05$)和自由度,查找F分布表或使用统计软件获取F检验的临界值。

(5)做出决策。将计算得到的F统计量与临界值进行比较。如果F统计量大于临界值,则认为回归方程至少有一个自变量对因变量有显著影响,拒绝零假设(H_0:所有回归系数均为0),接受备择假设(H_1:至少有一个回归系数不为0)。反之,如果F统计量小于等于临界值,则认为回归方程中的所有自变量对因变量的影响均不显著,接受零假设。

(6)解释结果。根据F检验的结果,对回归方程的解释力度和自变量对因变量的影响进行解释。如果F检验显著,说明自变量对因变量有显著影响,可以进一步分析各自变量的贡献程度。如果F检验不显著,则说明自变量对因变量的影响较弱或不存在影响,需要重新考虑模型的选择或数据的处理。

需要注意的是,在进行F检验时,研究者还需要考虑其他因素如多重共线性、方差齐性等对回归方程的影响。此外,F检验仅检验回归方程的显著性,而不涉及自变量和因变量之间的具体关系。因此,在进行回归分析时,研究者需要结合其他统计方法和实际情况进行综合分析和解释。

4. 回归系数显著性

回归系数t检验是一种用于检验回归模型中各个自变量对因变量影响的统计方法。在回归分析中,我们通常使用回归系数来量化自变量对因变量的影响程度。然而,这些回归系数是否真正反映了自变量和因变量之间的关系,以及这种关系是否具有统计显著性,需要通过回归系数t检验来验证。

进行回归系数t检验的一般步骤如下:

(1)建立回归模型,并估计回归系数。

(2)计算每个自变量的回归系数的标准误。

(3) 计算每个自变量的回归系数的 t 值。

(4) 确定 t 临界值。这通常取决于样本量、显著性水平和自由度等因素。

(5) 将每个自变量的回归系数的 t 值与 t 临界值进行比较,判断其是否显著不为零。

(三) 多元线性回归

多元线性回归和一元线性回归虽然在处理变量数量和复杂度上有所不同,但它们在基本概念和方法上存在着一些相似之处。

(1) 无论是多元线性回归还是一元线性回归,两者都基于变量之间的线性关系。这意味着,我们试图用一个或多个预测变量(自变量)的线性组合来预测一个响应变量(因变量)。

(2) 两者都使用回归方程来描述预测变量和响应变量之间的关系。这个方程可以表示为一个或多个预测变量的线性组合,加上一个误差项。

(3) 这两种回归方法都常常使用最小二乘法来估计回归方程的系数。最小二乘法是一种数学优化技术,它通过最小化预测值和实际值之间的平方差来找到最佳拟合线。

(4) 多元线性回归和一元线性回归都需要进行一系列的假设检验,如零假设检验,来验证模型的适用性和准确性。

(5) 一旦模型被建立,多元线性回归和一元线性回归都可以用来预测新的响应变量值,给定已知的预测变量值。

尽管两者在概念和方法上有许多相似之处,但多元线性回归在处理多个预测变量时需要考虑的问题和复杂性显然要高于一元线性回归。除上述提到的相似之处外,多元线性回归和一元线性回归还存在以下不同内容。

1. 方差膨胀因子

方差膨胀因子(VIF)是一种在多元线性回归中用于检测并量化自变量之间的多重共线性的统计指标。多重共线性意味着自变量之间存在高度的相关性,这可能导致回归模型的稳定性下降、预测准确性降低,以及参数估计的不确定性增加。其公式如下:

$$\mathrm{VIF} = \frac{1}{1 - R_i^2}$$

其中,R_i^2 是第 i 个自变量与其余自变量之间的多元决定系数。这个值表示当其他所有自变量保持不变时,第 i 个自变量能解释其自身变异的比例。

当 VIF 值大于 10 通常被认为是存在严重多重共线性的信号。这意味着模型的稳定性受到了影响,且估计的参数可能不够可靠。VIF 值介于 5 到 10 之间可能表示存在中等程度的多重共线性,这仍然可能对模型的解释和预测能力产生不良影响。VIF 值小于 5 通常表示多重共线性问题不严重,但仍建议进行进一步的诊断和调整,以确保模型的健壮性。

2. DW 值

DW 值，全称为 Durbin-Watson 值，是用于检验时间序列数据或回归分析中残差自相关性的一个统计量。在统计学中，当数据存在自相关性时，即一个数据点与前一个或后一个数据点之间存在某种依赖关系，那么这可能会影响模型的准确性和有效性。其计算公式如下：

$$\mathrm{DW} = \sum_{i=2}^{n}(e_i - e_{i-1})^2 / \sum_{i=1}^{n} e_i^2$$

其中，e_i 是第 i 个残差，n 是样本的数量。

DW 值的范围通常在 0 到 4 之间。当 DW 值接近 2 时，表示残差之间几乎没有自相关性。如果 DW 值明显偏离 2，则表明可能存在自相关性。

第三节　相关分析与回归分析 SPSS 案例操作

一、相关分析 SPSS 案例操作

例如，研究者想探究游客的感知价值、体验质量和行为意图之间的关系，随机抽取 227 名游客，让抽取样本填写感知价值量表、体验质量量表和行为意图量表。各量表的得分越高表示感知价值、体验质量越高，以及行为意图越明显。背景变量包括："性别"变量、"年龄"变量、"职业"变量、"文化程度"变量及"收入"变量。研究问题：游客的感知价值、体验质量和行为意图之间是否有显著的相关？

（一）操作程序

第一步，输入数据。

第二步：选择"分析（A）"—"相关"—"双变量"，打开"双变量相关性"对话窗口，如图 11-1 所示。

第三步：在左边变量清单中将目标变量"感知价值""体验质量""行为意图"选至右边"变量（V）"下的方框中。

第四步：在下方"相关系数"方框中勾选"皮尔逊（N）"选项，"显著性检验"方框中选取内定的"双尾（T）"，然后勾选最下方的"标记显著性相关性（F）"选项，点击"选项（O）"（见图 11-2），打开"双变量相关性：选项"对话框。

第五步：在"统计"方框中勾选"平均值和标准差（M）"及"叉积偏差和协方差（C）"选项，点击"继续（C）"按钮，回到"双变量相关性"对话框。

第六步：点击"确定"按钮。

第十一章 相关分析与回归分析

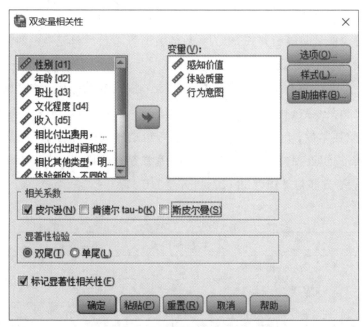

图 11-1 "双变量相关性"对话框

图 11-2 "双变量相关性:选项"对话框

（二）输出结果

表 11-2 所示为皮尔逊相关操作程序中所输出的描述性统计量，这些统计量包括平均值、标准差与个案数，涉及的三个变量为感知价值、体验质量、行为意图。

表 11-2 描述统计

	平均值	标准差	个案数
感知价值	3.2739	0.61631	227
体验质量	3.4342	0.60774	227
行为意图	3.1935	0.73646	227

根据感知价值、体验质量、行为意图三个变量两两配对所形成的相关矩阵,矩阵的对角线为变量与变量间的相关,其相关系数的数值等于1,其单元格中的协方差栏为变量本身的方差(变量与变量本身没有共变关系)。如表11-3所示,感知价值、体验质量和行为意图三个变量的方差分别为0.380、0.369、0.542,变量与其他变量间单元格数值依序为皮尔逊相关系数、相关系数显著性检验的p值、叉积平方和或离均差平方和、协方差数值、有效样本数,上三角矩阵数据与下三角矩阵数据相同。以感知价值和体验质量变量为例,皮尔逊相关系数为0.456,相关系数显著性检验p值为0.000,小于0.05,达到显著水平,平方和与叉积为38.627,协方差为0.171。

表 11-3 相关性

		感知价值	体验质量	行为意图
感知价值	皮尔逊相关性	1	0.456**	0.579**
	显著性(双尾)		0.000	0.000
	平方和与叉积	85.844	38.627	59.346
	协方差	0.380	0.171	0.263
	个案数	227	227	227
体验质量	皮尔逊相关性	0.456**	1	0.486**
	显著性(双尾)	0.000		0.000
	平方和与叉积	38.627	83.471	49.160
	协方差	0.171	0.369	0.218
	个案数	227	227	227
行为意图	皮尔逊相关性	0.579**	0.486**	1
	显著性(双尾)	0.000	0.000	
	平方和与叉积	59.346	49.160	122.577
	协方差	0.263	0.218	0.542
	个案数	227	227	227

**代表在0.01级别(双尾),相关性显著。

在皮尔逊相关操作程序中,如勾选"标注显著性相关性(F)"选项,那么在相关系数矩阵中如果p值小于0.05,会在相关系数右上方加注"*",若p值小于0.01或小于0.001时,会在相关系数右上方加注"**"。从表11-3中可以得知:感知价值与体验质量呈现显著正相关,相关系数为0.456($p=0.000<0.05$),两者关系为中度正相关;感知价值与行为意图呈现显著正相关,相关系数为0.579($p=0.000<0.05$),两者关系为中度正相关;体验质量与行为意图呈现显著正相关,相关系数为0.486($p=0.000<0.05$),两者关系为中度正相关。

二、回归分析SPSS案例操作

例如,研究者想探究游客的感知价值、体验质量和行为意图三者对游客的满意度的高低是否会造成影响,随机抽取227名游客,让他们填写感知价值量表、体验质量量表、行为意图量表及满意度量表。

(一)一元线性回归分析

研究问题:游客的感知对其满意度的高低是否会造成影响?

1. 操作程序

第一步:输入数据。

第二步:点击"分析(A)"—"回归(R)"—"线性(L)",打开"线性回归"对话框,如图11-3所示。

第三步:在左边变量清单中将目标变量"满意度"选至右边"因变量(D)"方框中,将"感知价值"选至右边"自变量(I)"方框中。

第四步:在"自变量(I)"下方"方法(M)"栏中选择"输入"选项。

第五步:点击"确定"按钮。

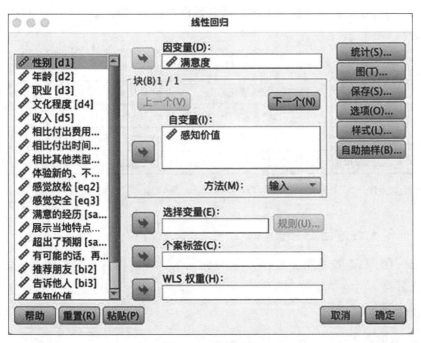

图11-3 线性回归

2. 输出结果

表11-4为回归模型的模型摘要,其中,一元预测变量与满意度的相关系数为0.612,决定系数(R^2)为0.386,调整后的R^2为0.383,标准估算的误差为0.45116。

表 11-4　模型摘要

模型	R	R^2	调整后 R^2	标准估算的误差
1	0.612[a]	0.386	0.383	0.45116

a.预测变量:(常量),感知价值。

表 11-5 为回归模型的方差分析摘要,其中,变量显著性检验的 F 值为 141.234,显著性检验的 p 值为 0.000,小于 0.05 的显著水平,表示回归模型整体解释变量达到显著水平。

表 11-5　ANOVA[a]

模型		平方和	自由度	均方	F	显著性
1	回归	28.747	1	28.747	141.234	0.000[b]
	残差	45.797	225	0.204		
	总计	74.545	226			

a.因变量:满意度。

b.预测变量:(常量),感知价值。

表 11-6 中,自变量感知价值回归系数显著性检验的 t 值为 5.812(p=0.000<0.05),达到显著水平。

表 11-6　系数[a]

模型		未标准化系数		标准化系数	t	显著性
		B	标准误差	Beta		
1	(常量)	0.872	0.174		5.001	0.000
	感知价值	0.319	0.055	0.342	5.812	0.000

a.因变量:满意度。

(二)多元线性回归分析

研究问题:游客的感知价值、体验质量和行为意图三者对游客的满意度的高低是否会造成影响?

1.操作程序

第一步:输入数据。

第二步:点击"分析(A)"—"回归(R)"—"线性(L)",打开"线性回归"对话框,如图 11-4 所示。

第三步:在左侧变量清单中将目标变量"满意度"选至"因变量(D)"方框中,将"感知价值""体验质量""行为意图"选至"自变量(I)"方框中。

第四步:在"自变量(I)"下方"方法(M)"栏中选择"输入"选项,点击"统计(S)"按钮,打开"线性回归:统计"对话框。

第五步:勾选"共线性诊断(L)"选项,如图11-5所示,点击"继续(C)"按钮,返回"线性回归"对话框。

第六步:点击"确定"按钮。

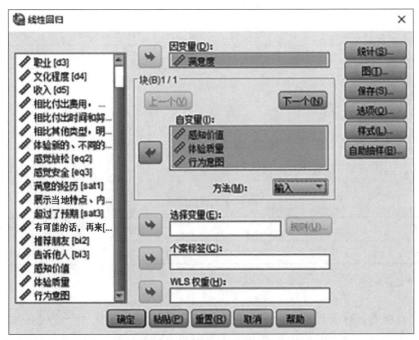

图 11-4 "线性回归"对话框

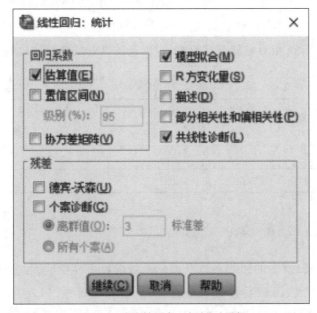

图 11-5 "线性回归:统计"对话框

2. 输出结果

表11-7所示为输入/除去的变量。在回归分析中,由于采用输入法,因而三个预测变量均会进入回归模型中,其进入的顺序依次为"行为意图""体验质量""感知价值",被选入的自变量顺序与自变量对效标变量的重要性无关。

表11-7 输入/除去的变量[a]

模型	输入的变量	除去的变量	方法
1	行为意图、体验质量、感知价值[b]	.	输入

a. 因变量:满意度。
b. 已输入所请求的所有变量。

表11-8为回归模型的模型摘要,由表中可知,三个预测变量与满意度的多元相关系数为0.719,决定系数(R^2)为0.517,调整后的R^2为0.511,标准估算的误差为0.40182。

表11-8 模型摘要

模型	R	R^2	调整后的R^2	标准估算的误差
1	0.719[a]	0.517	0.511	0.40182

a. 预测变量:(常量)、行为意图、体验质量、感知价值。

表11-9中变量显著性检验的F值为79.565,显著性为0.000,小于0.05的显著水平,表示回归模型整体解释变量达到显著水平。回归模型的整体性统计检验的F值达到显著,表示回归方程式中至少有一个回归系数不等于0,或者全部回归系数均不等于0,亦即至少有一个预测变量会达到显著水平。至于是哪些回归系数达到显著,则要从系数摘要表中的回归系数、相对应显著性检验的t值及其显著概率值加以判别。

表11-9 ANOVA[a]

模型		平方和	自由度	均方	F	显著性
1	回归	38.539	3	12.846	79.565	0.000[b]
	残差	36.005	223	0.161		
	总计	74.545	226			

a. 因变量:满意度。
b. 预测变量:(常量),行为意图,体验质量,感知价值。

表11-10为回归模型的回归系数及回归系数的显著性检验,包括未标准化回归系数、标准化回归系数、回归系数显著性检验的t值及显著性,以及共线性诊断的统计量——容差及方差膨胀因子(VIF)。

表 11-10 系数 a

模型		未标准化系数		标准化系数	t	显著性	共线性统计	
		B	标准误差	Beta			容差	VIF
1	(常量)	0.872	0.174		5.001	0.000		
	感知价值	0.319	0.055	0.342	5.812	0.000	0.625	1.600
	体验质量	0.120	0.052	0.127	2.305	0.022	0.718	1.393
	行为意图	0.298	0.047	0.382	6.377	0.000	0.603	1.658

a.因变量:满意度。

综上,我们可以得出未标准化的回归方程式:

满意度＝0.872＋0.319×感知价值＋0.120×体验质量＋0.298×行为意图

将样本的3个变量原始得分代入上述公式,可以得到每位样本观察值在"满意度"效标变量的"预测值";而将实际样本在"满意度"上测得的"实际值"减去"预测值",即可得出每个样本的"残差值"。但由于非标准化回归系数包含常数项(截距),无法比较预测变量的相对重要性,因而通常会将原始回归方程式再转化为标准化回归方程式。标准化回归方程式如下:

满意度＝0.342×感知价值＋0.127×体验质量＋0.382×行为意图

标准化回归系数因为已去除单位的影响,所以可作为自变量间解释力的比较。按照标准化系数可以看出,3个自变量中,以"行为意图"对因变量的影响较大,其次是"感知价值"变量,影响较小的变量为"体验质量"。由于3个自变量的标准化回归系数值均为正数,表示其对因变量的影响均为正向。3个自变量回归系数显著性检验的 t 值分别为 5.812(p＝0.000＜0.05)、2.305(p＝0.022＜0.05)、6.377(p＝0.000＜0.05),均达到显著水平。上述3个自变量的容忍度值均在0.600附近,VIF值均在2.000以下,未大于评价指标值10,这表示进入回归方程式的自变量间多元共线性的问题不是很明显。

多元共线性的常用评鉴指标有容忍度(TOL)、方差膨胀因子(VIF)、条件指标(CI)、特征值。在回归模型中如果TOL值小于0.10,VIF值大于10,CI值大于30,特征值小于0.01,则预测变量间可能存有多元共线性问题;相对的,在回归模型中,如果TOL值大于0.10,VIF值小于10,CI值小于30,特征值大于0.01,则预测变量间多元共线性问题就不存在。如表11-11所示,3个预测变量共可求出4个特征值,4个特征值中大于0.01者有4个,相对应的条件指标值小于30者也有4个,这表示自变量间不存在共线性问题。

表 11-11 共线性诊断 a

模型	维度	特征值	条件指标	方差比例			
				(常量)	感知价值	体验质量	行为意图
1	1	3.942	1.000	0.00	0.00	0.00	0.00

续表

模型	维度	特征值	条件指标	方差比例			
				（常量）	感知价值	体验质量	行为意图
1	2	0.027	12.143	0.28	0.01	0.07	0.67
	3	0.017	15.313	0.02	0.68	0.51	0.10
	4	0.014	16.805	0.70	0.31	0.42	0.23

a.因变量：满意度。

思考题

1. 简述相关系数的类别。
2. 简述相关分析的操作步骤。
3. 简述回归分析的类别。
4. 简述回归分析的操作步骤。

参考文献

[1] 邱皓政.量化研究与统计分析——SPSS（PASW）数据分析范例解析[M].重庆：重庆大学出版社，2013.

[2] 谢彦君.旅游研究方法[M].北京：中国旅游出版社，2018.

[3] 仇立平.社会研究方法[M].2版.重庆：重庆大学出版社，2015.

[4] 符想花.多元统计分析方法与实证研究[M].北京：经济管理出版社，2017.

[5] 风笑天.社会调查中的问卷设计[M].天津：天津人民出版社，2002.

[6] 席唤民.新编旅游统计学[M].7版.北京：旅游教育出版社，2017.

[7] 贾俊平，何晓群，金勇进.统计学[M].7版.北京：中国人民大学出版社，2018.

[8] 温忠麟，张雷，侯杰泰.有中介的调节变量和有调节的中介变量[J].心理学报，2006（3）.

[9] Nunnally J C，Bernstein I H.Psychometric Theory[M].3rd ed.New York:McGraw-Hill，1994.

[10] 罗伯特·F.德威利斯.量表编制:理论与应用[M].2版.魏勇刚，龙长全，宋武，译.重庆：重庆大学出版社，2004.

[11] 罗良清，魏和清.统计学[M].北京：中国财政经济出版社，2011.

[12] 王福保，闵华玲，叶润修.概率论及数理统计[M].上海：同济大学出版社，1984.

[13] Sarab Boslaugh.统计学及其应用[M].孙怡帆，等，译.北京：机械工业出版社，2016.

[14] 沈南山.数学教育测量与统计分析[M].合肥：中国科学技术大学出版社，2017.

[15] 李莉.统计学原理与应用[M].南京：南京大学出版社，2019.

[16] 黄振平，陈元芳.水文统计学[M].2版.北京：中国水利水电出版社，2017.

[17] 黄英，刘亚琼.统计学[M].重庆：重庆大学出版社，2017.

教学支持说明

为了改善教学效果,提高教材的使用效率,满足高校授课教师的教学需求,本套教材备有与纸质教材配套的教学课件和拓展资源。

我们将向使用本套教材的高校授课教师赠送教学课件或者相关教学资料,烦请授课教师通过电话、邮件或加入旅游专家俱乐部QQ群等方式与我们联系,获取"电子资源申请表"文档并认真准确填写后发给我们,我们的联系方式如下:

地址:湖北省武汉市东湖新技术开发区华工科技园华工园六路

邮编:430223

电话:027-81321911

E-mail:lyzjjlb@163.com

旅游专家俱乐部QQ群号:758712998

旅游专家俱乐部QQ群二维码:

群名称:旅游专家俱乐部5群
群　号:758712998

电子资源申请表

填表时间：_____年___月___日

1. 以下内容请教师按实际情况填写，★为必填项。
2. 根据个人情况如实填写，相关内容可以酌情调整提交。

★姓名		★性别	□男 □女	出生年月		★职务	
						★职称	□教授 □副教授 □讲师 □助教

★学校		★院/系	
★教研室		★专业	
★办公电话		家庭电话		★移动电话	
★E-mail（请填写清晰）				★QQ号/微信号	
★联系地址		★邮编	

★现在主授课程情况	学生人数	教材所属出版社	教材满意度
课程一			□满意 □一般 □不满意
课程二			□满意 □一般 □不满意
课程三			□满意 □一般 □不满意
其他			□满意 □一般 □不满意

教材出版信息						
方向一		□准备写	□写作中	□已成稿	□已出版待修订	□有讲义
方向二		□准备写	□写作中	□已成稿	□已出版待修订	□有讲义
方向三		□准备写	□写作中	□已成稿	□已出版待修订	□有讲义

请教师认真填写表格下列内容，提供索取课件配套教材的相关信息，我社将根据每位教师填表信息的完整性、授课情况与索取课件的相关性，以及教材使用的情况赠送教材的配套课件及相关教学资源。

ISBN（书号）	书名	作者	索取课件简要说明	学生人数（如选作教材）
			□教学 □参考	
			□教学 □参考	

★您对与课件配套的纸质教材的意见和建议，希望提供哪些配套教学资源：